Edition
Consulting

Herausgegeben von
Prof. Dr. Christel Niedereichholz

Lieferbare Titel:

Niedereichholz, Unternehmensberatung, Band 1:
Beratungsmarketing und Auftragsakquisition, 5. Auflage

Niedereichholz, Unternehmensberatung, Band 2:
Auftragsdurchführung und Qualitätssicherung, 5. Auflage

Niedereichholz · Niedereichholz (Hrsg.), Inhouse Consulting

Niedereichholz (Hrsg.), Internes Consulting

Niedereichholz · Niedereichholz, Consulting Insight

Schuster, E-Consulting

Inhouse Consulting

herausgegeben von
Prof. Dr. Christel Niedereichholz CMC
und
Prof. Dr. Dr. h.c. Joachim Niedereichholz

Oldenbourg Verlag München

Bibliografische Information der Deutschen Nationalbibliothek

Die Deutsche Nationalbibliothek verzeichnet diese Publikation in der Deutschen
Nationalbibliografie; detaillierte bibliografische Daten sind im Internet über
<http://dnb.d-nb.de> abrufbar.

© 2010 Oldenbourg Wissenschaftsverlag GmbH
Rosenheimer Straße 145, D-81671 München
Telefon: (089) 45051-0
oldenbourg.de

Lektorat: Wirtschafts- und Sozialwissenschaften, wiso@oldenbourg.de
Herstellung: Anna Grosser
Coverentwurf: Kochan & Partner, München
Gedruckt auf säure- und chlorfreiem Papier
Gesamtherstellung: Druckhaus „Thomas Müntzer" GmbH, Bad Langensalza

ISBN 978-3-486-59765-3

Vorwort der Herausgeber

Das Werk liefert einen fundierten Überblick zum Stand des Inhouse Consulting in Deutschland. Es wurde hierzu in zwei Abschnitte aufgeteilt, die Grundlagen und Praxisbeispiele behandeln.

Bei den **Grundlagen** führt Christel Niedereichholz von der HAfU GmbH in die „Modellvarianten des Inhouse Consulting" ein und liefert sozusagen ein Raster, das hilft, die verschiedenen, im zweiten Abschnitt vorgestellten Praxismodelle einzuordnen. Hierbei wird auch die Vielfalt der Ziele und Erwartungsvorstellungen, von Unternehmensleitungen, die bei der Gründung von Inhouse Consulting Einheiten bestehen, vorgestellt.

Betriebsblindheit ist ein Vorwurf, der Inhouse Consultants oft gemacht wird. Alexander Moscho, Burkhard Zimmermann und Liesa Wisberg von der Bayer Business Services GmbH klären in ihrem Beitrag „Propheten im eigenen Lande – Wege mit dem Risiko der Betriebsblindheit im Inhouse Consulting umzugehen" wie mit den Risiken dieser Betriebsblindheit umgegangen werden kann und wie erreicht wird, dass sie keine negativen Auswirkungen hat.

In diesem Zusammenhang diskutieren anschließend Thomas Duve, Axel Krüger und Christoph Müller in ihrem Beitrag „Neutralität der Beratung – ein spezifisches Problem für Inhouse Consultants?" wie mit einer objektiven Auftragsabwicklung durch das Inhouse Consulting das Vertrauen des Auftraggebers gewonnen wird.

Hierbei spielen natürlich die Kompetenz und das Verantwortungsbewusstsein der Mitarbeiter die tragende Rolle. Diesem Thema widmet sich Richard Glahn in seinem Beitrag „Erfolgsfaktor Mensch im prozessorientierten Inhouse-Consulting".

Für interne und externe Berater entsteht oft das Problem, unter Zeitdruck eine Lösung zu finden, was auf Kosten der Genauigkeit und des Qualitätsniveaus geht. Dies diskutieren Thomas P. Kühn und Caroline Heuermann in ihrem Beitrag „Kurzfristig retten versus nachhaltig entwickeln – Häufige Spannungsfelder interner Unternehmensberater" aus der Sicht der TUI Deutschland GmbH.

Anschließend stellt Joachim Niedereichholz in dem Beitrag „Inhouse Consultants aus der Sicht von externen Beratern und Klienten" die Ergebnisse einer Umfrage der HAfU GmbH zum Thema, wie externe Berater die internen Kollegen sehen und wie sie von ihren internen Klienten beurteilt werden, vor.

Der Beitrag von Marlon Jung, Rick Vogel und Karen Voß „Knowledge Governance von Inhouse Consulting" verdeutlicht, dass das kompetente Management der Wissenskomponente für Inhouse Consultants einen hohen Stellenwert besitzen muss.

Es ist kein Geheimnis, dass Inhouse Consulting Einheiten die Unterstützung externer Berater benötigen. Roland Springer und Hans Marquart stellen mit ihrem Beitrag „Partnerschaftskonzept „Inhouse Consulting" ein Modell vor, mit dem das Zusammenwirken interner und externer Berater optimiert werden kann.

Die **Praxisbeispiele** zeigen die große Spanne der Einsatzmöglichkeiten von Inhouse Consulting auf und werden mit einem Beitrag von Meik Führing, Ralf Klinge und Thomas Paul zu den „Erfolgsfaktoren einer internen Beratung am Beispiel der Commerz Business Consulting GmbH" eingeleitet. Die Autoren betonen, dass eine bewusste Positionierung mit einem klaren Profil ein Haupterfolgsfaktor für eine interne Beratungseinheit ist.

Energieunternehmen stützen sich bei der Lösung ihrer Probleme schon lange auf interne Beratungseinheiten. Dies wird in dem Beitrag „Beratung in der Energiewirtschaft – Die MCG Management Consulting Group GmbH" von Paul-Vincent Abs aus der Sicht des EON-Konzerns erörtert.

Wie Inhouse Consulting in öffentlichen Betrieben eingesetzt wird, zeigt anschaulich der Beitrag „Inhouse Consulting in der Öffentlichen Verwaltung am Beispiel der BKK Gesundheit" von Michael Ahrens und Andreas Dumm.

Michael C. Blum und Siegfried Steininger zeigen in ihrem Beitrag „Dornier Consulting – Symbiose interner und externer Beratung" auf, wie aus einer internen Beratungseinheit ein international agierendes Beratungsunternehmen entsteht.

Auch eine im internationalen Verbund operierende Großforschungseinrichtung muss sich interner Beratung bedienen, was Manfred J. Senden und Jürgen Ortner in ihrem Beitrag „Strategieentwicklung und Umsetzung in Anlehnung an das Deutsche Zentrum für Luft- und Raumfahrt" anhand der Entwicklung bei der DLR verdeutlichen.

Die Schweizerische Bundesbahnen, führendes Bahn- und Logistikunternehmen Europas, betraut ihre interne Beratungseinheit mit vielfältigen Aufgaben, was David Baer, Samuel Ruggli und Martin Schenk in ihrem Beitrag „Die SBB Consulting" darlegen.

Die Aus- und Fortbildung von Inhouse Consultants ist ein nicht zu vernachlässigendes Thema, das Robert Dörzbach im Rahmen der Kompetenzentwicklung und Veränderungsbegleitung bei EnBW mit seinem Beitrag „Der integrierte Consulting- und Entwicklungsansatz der EnBW Akademie" behandelt.

Der Beitrag von Michael Müller „MBtech Consulting – von der Inhouse-Beratung zur ganzheitlichen Unternehmensberatung" stellt die Kompetenzen und Aufgabenfelder der Inhouse Beratung im Daimler Konzern vor und beschließt damit die Praxisbeispiele.

Die Herausgeber danken allen Autoren für Ihre Beiträge, dem Oldenbourg Verlag für die Unterstützung bei der Formatierung und Drucklegung des Werkes und Dr. Trotter von der Association of Internal Management Consultants (AIMC) der USA für sein Geleitwort.

Christel Niedereichholz   Joachim Niedereichholz

Geleitwort

In this book you will find examples of how successful corporations in Germany have organized to use internal consultants to effect change and improve performance. Here in the United States and through our networks around the world we are seeing more and more companies establish internal consulting units in their firms.

The Association of Internal Management Consultants (http://www.aimc.org) was created in 1972, and has more than 130 member organizations in the United States with a growing membership internationally. This includes a new European Chapter which had its inaugural meeting in Germany in November of 2009 with additional meetings planned on key areas of interest. Plans are also underway to establish additional chapters in both the Far East and Middle East.

Some of the key drivers of the global emergence of internal consulting, include:

- the increasing speed and complexity of change coupled with the need for more integrated process, technology and change initiatives;
- the need for a greater transfer of technology from externally-driven projects to sustain benefits;
- the realization of the importance of effective implementation of key projects and the role of internal expertise in making that happen.

Internal consultants in the AIMC represent a variety of organizations, including major multinational corporations and large public sector organizations. Key practice areas include strategic/operational planning; process improvement and organizational effectiveness/development and change management.

Internal consultants are very knowledgeable in their industry, but usually lack the broader perspective and level of support of external consultants. The AIMC has endeavored to fill that void by creating this powerful network to share learnings and developing our knowledge base focusing on the effective management of internal consulting groups, including: our Consulting Operations Model; the Internal Consulting (IC) Performance Measurement Scorecard; our IC Competency Model and Assessment Tool; and a knowledge base of best practices and skill building interventions. Other member services include our Annual International Conference; periodic Affinity Group conference calls; Newsletters and best practices research projects. We have also developed a Transformational Change Leadership Methodology which is being used in skill-building workshop sessions.

The value of internal consulting is growing in recognition around the world. It provides a competitive edge for firms as they face the challenges of the new millennium. In fact several leading research organizations have found a considerable growth in IC practices in large organizations—observing that this is a threat to external consultants. We however view externals as potential strategic partners to help provide the most value for the firm's overall consulting spend.

Dr. William D. Trotter, Managing Director

Association of Internal Management Consultants (AIMC)

Inhalt

I   Grundlagen

Modellvarianten von Inhouse Consulting: Die Vielfalt der Ziele und Erwartungen von Unternehmensleitungen

Prof. Dr. Christel Niedereichholz CMC*

---

* Prof. Dr. Christel Niedereichholz ist Gründerin und wissenschaftliche Leiterin der Heidelberger Akademie für Unternehmensberatung GmbH.

1   Thesen

Das Thema Inhouse Consulting wird wieder verstärkt öffentlich diskutiert. Die Proponenten sprechen von einem ungebremsten Wachstum, die Opponenten von dramatischem Niedergang wegen Nichterfüllung der Erwartungen des Managements. Und in der Mitte stehen die Interpreten, die ein „Auf und Nieder" festgestellt haben.

In allen Fällen wird versäumt, zunächst einmal die Vielfalt der Entstehungsgeschichten und Erscheinungsformen darzustellen, aus denen die unterschiedlichen Zielsetzungen und Erwartungen der jeweiligen Unternehmensleitungen deutlich werden. Da sich Unternehmensziele schnell ändern können, ist dem Inhouse Consulting eine gewisse Volatilität nicht abzusprechen.

Hinzu kommt, dass in vielen Unternehmen mehrere Inhouse Consulting Modelle mit unterschiedlichen Zielsetzungen und Lebenszyklen nebeneinander existieren.

Zunächst drei Thesen:

These 1: Als Definition soll gelten: Interne oder Inhouse Consulting Einheiten unterstehen, auch wenn sie rechtlich selbstständig (z.B. in der Rechtsform einer GmbH) und auf dem externen Markt tätig sind, der Willensbildung einer Unternehmensleitung. Es sind keine unabhängigen Beratungsunternehmen.

These 2: Die Erwartungen von Unternehmensleitungen an Inhouse Consultants sind viel zu unterschiedlich, um allgemein und zusammenfassend von Erfüllung oder Nichterfüllung dieser Erwartungen sprechen zu können. Ebenso wenig kann man pauschal eine wie auch immer geartete zusammenfassende Beurteilung aussprechen.

These 3: Es gibt zu viele verschiedene Inhouse Consulting Modelle, um generell ein Wachstum oder Niedergang feststellen zu können: Manche Modelle verlieren an Bedeutung, andere nehmen zu.

These 4: Die Volatilität des Geschäftsfelds Inhouse Consulting ergibt sich aus
*   veränderten strategischen Zielen der Unternehmensleitungen,
*   veränderter Zusammensetzung der Unternehmensleitung: Der oder die Mentoren und Sponsoren des Inhouse Consulting sind nicht mehr präsent, neue Köpfe haben andere Vorstellungen über das Thema,
*   der Tatsache, dass die „Schließung" der Einheit von Anfang an eine strategische Option war,
*   der Tatsache, dass der Impact der Inhouse Consultants im Zeitverlauf nicht überzeugt hat und die Unternehmensleitung deshalb das Interesse an diesem Geschäftsfeld verliert.

2   Inhouse Consulting Modelle

Im Folgenden werden die unterschiedlichen Inhouse Consulting Modelle und die jeweiligen strategischen Intentionen der Unternehmensleitungen an Beispielen beschrieben. Zur Charakterisierung der Modelltypen wurden schlichte, einprägsame Begriffe gewählt. Im Interesse der besseren Vergleichbarkeit werden alle Modelle in einem einheitlichen Format dargestellt.

Die hier gezeigten Beispiele können inzwischen nicht mehr aktuell sein, weil die Inhouse Beratung schon wieder geschlossen oder in eine andere Richtung umgewandelt wurde.

Ein Beispiel: Besonders kurz war der Lebenszyklus der IC Einheit in einem deutschen Telekommunikationskonzern: Im Januar wurde ihr Start mit großem Festakt und magentafarbenem Fesselballon gefeiert und im August des gleichen Jahres war sie schon wieder geschlossen.

Unter diesen Rahmenbedingungen können alle hier aufgeführten Beispiele nur Referenzcharakter haben.

2.1   Modell „Umwandlung"

Die „Umwandlung" ist das am häufigsten realisierte Modell. Vorrangiges Ziel der Unternehmensleitung ist es in diesen Fällen keineswegs, eine interne Beratungseinheit zu schaffen. Im Zentrum des Interesses stehen die, durch hohe Gemeinkosten unangenehm auffallenden, Querschnitts- oder Sekundärbereiche des Unternehmens. Diese Abteilungen sind für eine Leitungsebene, die sich der wertorientierten Unternehmensführung verpflichtet fühlt, meist ein Buch mit sieben Siegeln und ein Dorn im Auge. Ziel ist es deshalb, Transparenz zu schaffen und die internen Servicebereiche in Bezug auf ihren Wertbeitrag messbar zu machen. Was liegt da näher, als sie in eine interne Lieferantenposition zu zwingen? Im Grunde ist dieses Modell ein Etikettenschwindel. Es geht nicht um die Gründung einer Beratungseinheit, sondern um die Beantwortung der Frage: „Wie viel trägt dieser Bereich eigentlich zum Unternehmensergebnis bei?" Je nach Ergebnis lauern im Hintergrund die strategischen Optionen down sizing, outsourcing oder closing down.

Die Leiter dieser Querschnittsbereiche werden zunächst veranlasst, ihre bisherigen Serviceleistungen in Produktform zu gießen, dafür interne Verrechnungspreise zu finden und diese Produkte intern zu vermarkten. Die internen Kunden haben nun die Wahl, diese Leistungen zu kaufen, sie selbst zu erstellen oder externe Dienstleister ins Haus zu holen. Das heißt, die bisher konkurrenzlose Serviceleistung steht nun im Wettbewerb. Das Hauptproblem für die neuen „Consultants" besteht oft aber darin, überhaupt vermarktbare Produkte zu definieren. Das wird deutlich in der Aussage des Leiters der Abteilung Personalentwicklung eines DAX 30 Unternehmens, der sich plötzlich in der Situation eines Leiters „Inhouse Consulting HR

Development" sah: „Wir können doch nur externe Trainer anheuern, Räume reservieren und Brötchen bestellen. Wie sollen wir das als Leistung intern verkaufen?"

Inhouse Consulting Modell	Absicht der Unternehmensleitung	Beispiel
„Umwandlung" Klassische Querschnittsabteilungen wie IT, Organisation, Controlling, Revision, Personalentwicklung, Qualitätsmanagement, Arbeitssicherheit u.a. werden in „ Inhouse Beratung", „Business Partner", „Integriertes Managementsystem" oder „Shared Services" umbenannt.	Querschnittsbereiche können in ihrer Performance nicht über die Marktleistung gemessen werden, da sie nur nach „innen" liefern. Durch Umbenennung in die interne Lieferantenfunktion „Consulting" werden sie gezwungen, ihre Services wie Produkte intern zu vermarkten. Dadurch werden sie messbar. Meist im Zusammenhang mit Restrukturierungen oder Outsourcing.	**Häufigstes Modell:** z.B. Telekom, Deutsche Post, Deutsche Bank, BASF

Abb. 2.1   Modell „Umwandlung"

Die Mitarbeiter einer in dieser Form umgewandelten Abteilung stehen entweder unter Schock, weil sie sich in der neuen Rolle zunächst nicht zurechtfinden oder sie sind euphorisch, weil sie, leider oft zu Unrecht annehmen, als interner Consultant sei man unentbehrlich und der Arbeitsplatz sicher.

2.2   Modell „Kaderschmiede"

Auch bei diesem Modell spielt die Gründung einer nachhaltigen Beratungseinheit im Unternehmen nicht die Hauptrolle, da nur eine befristete Verweildauer (ca. 3 Jahre) der Führungskräfte und Mitarbeiter in dieser Geschäftseinheit vorgesehen ist. Das widerspricht grundlegend der Unternehmensphilosophie externer Beratungsunternehmen, wo darauf geachtet wird, dass zumindest ein Stamm an Seniors und Führungskräften langfristig im Unternehmen verweilt, um vor allem Erfahrung, Kundenbindungen und persönliche Netzwerke aufzubauen und zu pflegen. Zusammen mit Kontinuität gelten diese als die wichtigsten Erfolgsfaktoren.

Das Modell „Kaderschmiede" kann auch nur virtuell bestehen: Eine interne Führungskraft, z.B. der Leiter Personalmanagement übernimmt fallweise die Rolle des IC Managers: Beratungsbedarf aus den Geschäftsbereichen wird grundsätzlich bei ihm gemeldet. Er stellt auf der Basis des Mitarbeiterinformationssystems ein passendes internes Projektteam zusammen und wählt einen Projektleiter aus. Dabei kommen vor allem junge, viel versprechende Nachwuchskräfte in die Auswahl. Ihnen soll durch die wechselnden Aufgaben eine Art job rotation geboten werden. Sie lernen das Unternehmen schneller und besser kennen und können ihre fachliche und soziale Kompetenz beweisen. Diese internen Mitarbeiter werden für die Projektlaufzeit von ihren Regelaufgaben freigestellt. Das Team bearbeitet das Problem oder die gestellte Aufgabe und löst sich sofort danach wieder auf. Eine Umsetzung oder auch nur Umsetzungsbegleitung findet meist nicht statt. Der Projektleiter und die Teammitglieder gehen in ihre Lienen- oder Stabsfunktionen zurück. Bei diesem Modell wird immer wieder beklagt, dass ein Wissensmanagement-System fehlt, was das von den einzelnen, wechselnden Projektteams erarbeitete Problemlösungswissen und die Beratungstools erfasst und für die folgenden Projektgruppen verfügbar macht.

Inhouse Consulting Modell	Absicht der Unternehmensleitung	Beispiel
„Kaderschmiede" High Potentials werden für eine Zeit von maximal 3 Jahren in der Inhouse Beratung getestet und gehen dann in die Primärorganisation zurück.	1. Assessment für High Potentials 2. Weiterbildung 3. Job Rotation-Ersatz 4. Reduktion externer Beraterbudgets	ABB Siemens Pfleiderer

Abb. 2.2   Modell „Kaderschmiede"

2.3   Modell „Projekthinterbliebene"

Bei komplexen, langläufigen Projekten, die in gemischten Teams durchgeführt wurden, ergibt sich bekanntlich in den meisten Fällen die so genannte Rückführungsproblematik. Das heißt, es ist nicht möglich, die internen Projektmitarbeiter, die für längere Zeit zusammen mit externen Beratern im Team gearbeitet haben, an ihre ursprünglichen Positionen zurückzuführen. Dort haben sich inzwischen ihre Nachfolger schon bestens eingearbeitet und auf Dauer eingerichtet.

Inhouse Consulting Modell	Absicht der Unternehmensleitung	Beispiel
„Projekt-Hinterbliebene" Nach Abschluss eines längeren Restrukturierungsprojektes mit externen Beratern ergibt sich für die internen Teammitglieder die „Rückgliederungsproblematik". Andererseits haben sie von den Externen sehr viel gelernt.	Drei Fliegen mit einer Klappe schlagen: 1. Beseitigen der Rückgliederungsproblematik 2. Neue Profitquelle durch Tätigkeit auf dem externen Markt 3. Spezieller Wissenserwerb durch Beratung wettbewerbsnaher Klienten	Porsche Consulting

Abb. 2.3   Modell „Projekthinterbliebene"

Andererseits hat durch die Zusammenarbeit mit den externen Beratern die fachliche Kompetenz der internen Teammitglieder meist so stark zugenommen, dass sie nach Projektabschluss für ihre alten Positionen auch überqualifiziert sind.

Meist versucht man, im Laufe des Projektes, neue Stellen zu definieren, die exakt den Profilen der internen Teammitglieder entsprechen. Wenn es aber im Zuge des Projektes nicht gelingt, diese höher qualifizierten Stellen zu schaffen, dann hat die Unternehmensleitung ein Problem.

Da die Internen von den externen Beratern im Verlauf des Projektes sehr viel gelernt haben, bietet es sich an, sie weiter als Inhouse Consultants zu beschäftigen. Bei diesem Modell kommt meist sofort der externe Beratungsmarkt ins Visier, weil im eigenen Hause die notwendigen Optimierungsprozesse gerade abgeschlossen wurden und die neu ernannten Inhouse Consultants im eigenen Unternehmen auf absehbare Zeit nicht mehr viel zu tun haben.

Ist die so entstandene Consultingeinheit im externen Markt erfolgreich, ergibt sich für die Unternehmensleitung der positive Aspekt einer zusätzlichen Gewinnquelle, die völlig unabhängig vom Kerngeschäft sprudelt.

Wenn es gelingt, im externen Markt auch Aufträge von Wettbewerbern der Muttergesellschaft, ihren Lieferanten und Kunden zu akquirieren, hat dieses Modell den zusätzlichen Vorteil, dass business intelligence aktiviert werden kann.

2.4   Modell „Terminator"

In vielen Unternehmen verstehen sich die Controller und Revisoren ohnehin als Berater des Managements, auch wenn dies häufig nur eine Wunschvorstellung ist. Wird die klassische Querschnittsabteilung „Controlling" oder „Revision" zur Inhouse Consultingeinheit, so entspricht dies in den meisten Fällen dem Modell „Umwandlung".

Wegen ihres speziellen, stark fokussierten Beratungsspektrums sollen sie trotzdem als eigenständiges Modell dargestellt werden. Dieses Spektrum ergibt sich organisch durch die Erweiterung ihres ursprünglichen Controller – Kerngeschäfts und hat den Vorteil, dass auf den vorhandenen Kernkompetenzen aufgebaut werden kann.

Mit so harmlosen Produktnamen wie „Geschäftsbereichsanalysen" ziehen diese Controller-Consultants dann rund um den Globus durch den Konzern und spüren Potentiale zur Kostensenkung und Ertragssteigerung auf.

Obwohl im eigenen Hause unterwegs, haben sie sozial und zwischenmenschlich häufig stärkere Probleme als externe Kostensenker. Die Bezeichnung als „Terminator des Vorstands", um nur einen kommunikationsfähigen Begriff zu verwenden, erhalten sie oft von ihren eigenen Kollegen.

Inhouse Consulting Modell	Absicht der Unternehmensleitung	Beispiel
„Terminator" Entsteht meist aus den Abteilungen Controlling und Interne Revision. Führen im Konzern weltweit und kontinuierlich Kostensenkungs- und Restrukturierungsprojekte durch. Liefern Entscheidungsvorlagen für Schließung von Geschäftsbereichen.	Ständig wiederkehrend durch interne Mitarbeiter überprüfen lassen, welche Einheiten restrukturiert oder geschlossen werden können. Die Einsparungen werden dem Impact der Inhouse Beratung zugerechnet.	BASF

Abb. 2.4   Modell „Terminator"

Das Thema „Der Controller als Inhouse Consultant" hat eine hohe Aktualität, weil es praktisch nur einer Ergänzung der Regelaufgaben des Controllings bedarf, um eine schlagkräftige Truppe aufzubauen. Viele Methoden, Vorgehensmodelle und Werkzeuge der Controller sind identisch mit denen der Berater. Und die mentalen Modelle ähneln sich auch.

Auch der Hochschulbereich hat inzwischen reagiert und bietet MBA und EMBA Studiengänge mit der Widmung „Controlling und Consulting" an, die auf reges Interesse stoßen (s. www.controlling-consulting.ch/de).

2.5   Modell „Vorruhestand"

In den achtziger und neunziger Jahren, lange bevor das Thema „Rente mit 67" als Gegenbewegung aktuell wurde, sind immer mehr Unternehmen dazu übergegangen, ihre Führungskräfte mit Erreichen des 60. Lebensjahres in den vorgezogenen Ruhestand zu verabschieden. In vielen Unternehmen wurde diese Praxis der Zwangspensionierung sogar eine Art vertraglich vereinbartes internes Gesetz.

Es dauerte nicht lange, bis man merkte, dass diese Vorgehensweise für das Unternehmen negative Auswirkungen hat: Führungskräfte, mit sechzig zum überwiegenden Teil noch hochproduktiv und dynamisch, verließen das Unternehmen und mit ihnen der in Jahrzehnten erworbene Wissens- und Erfahrungsschatz. Auch die Kundenbeziehungen und geschäftswirksamen sozialen Netze wurden in Mitleidenschaft gezogen.

Es wurde ein Ausweg gesucht, der die bestehende Praxis und die vertraglichen Vereinbarungen nicht aushebelte und gleichzeitig einen Nutzen für alle Beteiligten stiftete.

Es entstand die Idee, den pensionierten Führungskräften eine weitere Beschäftigungsmöglichkeit innerhalb des Unternehmens aber außerhalb der payroll zu bieten, die sich nicht täglich auf dem Golfplatz oder bei der Gartenarbeit langweilen wollten. Finanziell bereits durch ihr ursprüngliches Arbeitsverhältnis gut abgesichert, sollten sie auch nur ein relativ bescheidenes Salär erhalten.

Inhouse Consulting Modell	Absicht der Unternehmensleitung	Beispiel
„Vorruhestand" Nicht mehr benötigte Führungskräfte, oft auch der der 1. Ebene, erhalten das Angebot, als interne/externe Berater, Interimmanager oder Kundenbeiräte weiter tätig zu sein.	1. Know-how und Netzwerke der Führungskräfte weiter im Unternehmen zu halten. 2. Profitquelle 3. Flexible Personalreserve	Sulzer Deutsche Bank Philips

Abb. 2.5   Modell „Vorruhestand"

Das Modell „Vorruhestand", oft auch uncharmant als „Elefantenfriedhof" bezeichnet, wurde zunächst bei der schweizerischen Sulzer AG eingeführt. Die Deutschen Bank hat diese Idee dann mit Gründung der „DB Management Support GmbH" nachempfunden. Der Ansatz ist hochinteressant, insbesondere für den Fall, dass sich mehrere Konzerne unterschiedlicher Branchen zu einem Senior – Expertenpool zusammenschließen. Dadurch können interdisziplinäre Projektteams (z.B. Banker, Jurist, Pharmazeut, Anlagetechniker) gebildet werden, die exakt den Anforderungen einer speziellen Aufgabenstellung entsprechen. Das Hauptproblem dieses Modells besteht jedoch darin, mit den interessierten Führungskräften ein Assessment mit der Fragestellung durchzuführen, wer tatsächlich als Consultant oder Beirat geeignet ist. Die Ergebnisse sind sehr unterschiedlich, denn häufig sind auch Führungskräfte interessiert, die weder ein Handy bedienen können noch wissen, wie man ein Notebook einschaltet, da ihnen diese Aufgaben in der Vergangenheit von hilfreichen Menschen abgenommen wurden.

2.6   Modell „Puzzle"

Mit dem vorrangigen Ziel einer Restrukturierung und massiven Kostensenkung werden mehrere, bisher selbständige Bereiche eines Unternehmens, die im weitesten Sinne eine Beratungsleistung erbringen, zu einer neuen Einheit zusammengefasst. Für Außenstehende erschließt sich meist überhaupt nicht, inwiefern die einzelnen Teile dieses Puzzles überhaupt kompatibel sein sollen.

Dieses Modell ist konfliktanfällig und es bedarf einiger Mühe, die unterschiedlichen Kulturen zusammen zu führen. Häufig will ein Bereich die anderen dominieren und es ist dann schnell von „feindlicher Übernahme" die Rede. Als Leiter einer so entstandenen Einheit muss man vor allem in Menschenführung hochkompetent sein.

Inhouse Consulting Modell	Absicht der Unternehmensleitung	Beispiel
„Puzzle" Verschiedenste Querschnittsbereiche, wie z.B. „Arbeitssicherheit", „Qualitätsmanagement", „REFA" und „Entsorgung" werden zu Inhouse Consulting oder ähnlicher Bezeichnung zusammengefasst.	1. Restruktuierung 2. Reorganisation 3. Personalabbau 4. Zentralisierung	Fast alle Konzerne, u.a. Deutsche Bahn Telekom

Abb. 2.6   Modell „Puzzle"

Es empfiehlt sich, bei diesem Modell zunächst eine längere Startphase einzuplanen, um den unterschiedlichen Kulturen Zeit und Gelegenheit zu geben, sich mental einander anzunähern. Dies geschieht am besten, indem man versucht, gemeinsam im Konsens eine Vision und ein Leitbild zu entwickeln.

Der zweite schwierige Schritt ist hier, stärker als bei allen anderen Modellen, das gemeinsame Produkt- oder Leistungsspektrum klar herauszuarbeiten, zu homogenisieren und marktfähig zu machen.

Die dritte Herausforderung besteht darin, von den potentiellen internen Kunden auch als professionelle Beratertruppe anerkannt zu werden.

2.7   „Softe Umsetzer"

In Konzernen mit einflussreichen Personalvertretungen werden interne Beratungseinheiten gebildet, die vorrangig die Aufgabe haben, die zahlen- und faktengetriebenen Konzepte externer Berater noch einmal beteiligungs- und konsensorientiert mit den betroffenen Mitarbeitern nachzuarbeiten und dann die Umsetzung unter massivem „soft skill" – Einsatz zu begleiten. Folgerichtig bezeichnen sich diese Inhouse Berater als „Prozessbegleiter". Die Bezeichnung Prozess bezieht sich auf den inhaltsneutralen Terminus „Veränderungsprozess".

In der Beratungsbranche geht man von der Faustregel aus, dass die Umsetzung eines Konzeptes dreimal soviel Zeit beansprucht wie die Analyse und die Konzeptentwicklung zusammen. Bei einer Umsetzung mit starkem Beteiligungsanspruch verlängert sich dieser Zeitbedarf so erheblich, dass es keinen Sinn macht, Externe damit zu beauftragen. Insofern ist dieser Ansatz vernünftig und wirtschaftlich. Dies gilt natürlich nur unter der Voraussetzung, dass die Tagesätze der Prozessbegleiter wesentlich unter denen der externen Berater liegen, was nicht immer der Fall ist.

Inhouse Consulting Modell	Absicht der Unternehmensleitung	Beispiel
„Softe Umsetzer" („Wir kommen, wenn die Rambos weg sind") Externe Berater werden nicht mit der Umsetzung beauftragt. Inhouse „Prozessberater" aus der eigenen Personal- oder Organisationsentwicklung begleiten die Umsetzungen.	1. Ruhigstellung der Personalvertretungen 2. Reduktion externer Beraterbudgets 3. Umsetzung harter Konzepte durch weiches Veränderungsmanagement, dadurch bessere Nachhaltigkeit (?)	VW Coaching/Consulting DaimlerChrysler

Abb. 2.7   Modell „Softe Umsetzer"

2.8   Modell „Neugründung"

Entgegen allgemeiner Einschätzung ist die echte Neugründung einer internen Beratungseinheit ein relativ seltenes Modell. Häufig ist es der Beharrlichkeit eines Vorstandsmitglieds zu verdanken, wenn eine Unternehmensleitung der Gründung eines Geschäftsbereichs außerhalb vom Kerngeschäft zustimmt.

Dieses Modell wird häufig mit dem Ansatz „Kaderschmiede" verbunden: Die Führungskräfte der neu geschaffenen Einheit kommen aus dem eigenen Unternehmen und gehen nach einem festgelegten Zeitablauf zurück in die Primärorganisation. Erst langsam setzt sich durch, als Leiter dieser Einheiten auch Führungskräfte aus externen Beratungsunternehmen anzuheuern. Wie bei allen neueren Entwicklungen, die für das eigene Unternehmen marketingrelevant sein könnten, hat auch hier McKinsey & Coup. wieder die Nase vorn. Sie stellen nicht nur die Leiter von Inhouse Einheiten, sondern bieten sich auch als verlängerte Werkbank und Trainer der Inhouse Mitarbeiter an.

Inhouse Consulting Modell	Absicht der Unternehmensleitung	Beispiel
„Neugründung" Die Inhouse Beratung ist eine echte Neugründung	1. Reduktion externer Beratungsbudgets 2. Kaderschmiede 3. Know-how im eigenen Hause aufbauen und halten 4. Zusätzliche Profitquelle neben dem Kerngeschäft	Siemens Management Consulting

Abb. 2.8   Modell „Neugründung"

Bei diesem Modell steht als Ziel eindeutig die Reduktion externer Beraterbudgets im Vordergrund. Mit dem Prozentsatz der Honorarreduktion für Externe weisen diese Einheiten auch immer den wesentlichen Teil ihres Impacts nach.

Das Beratungsspektrum ist ähnlich breit wie bei einem externen Consultingunternehmen.

2.9   Modell „Know-how Aufbau"

In diesem Modell wird die Inhouse Beratungseinheit mit dem Ziel gegründet, spezielles Know-how, das im externen Beratungsmarkt nicht, oder qualitativ und quantitativ noch nicht ausreichend angeboten wird, durch eigene Initiative zu schaffen.

Dies gilt besonders bei neuen Themen im technik- und produktionsnahen Bereich, wie z.B. Lean Manufacturing, Lean Maintenance, Lean Sales und After Sales und Lean Six Sigma.

Inhouse Consulting Modell	Absicht der Unternehmensleitung	Beispiel
„Know-how Aufbau" Die Inhouse Beratung ist eine Neugründung aus vorwiegend bereits bestehenden Personalressourcen.	1. Im externen Beratungsmarkt nicht vorhandenes Spezialwissen selbst aufbauen, oft in Zusammenarbeit (Kosten!) mit öffentlichen Hochschulen im In- und Ausland. 2. Besetzung neuer thematischer Marktnischen 3. Zusätzliche Profitquelle durch externe Projekte	MBtech Consulting

Abb. 2.9   Modell „Know-how Aufbau"

Diese Beratungseinheiten wachsen meist sehr schnell und sind rund um den Globus durch eigene Konzerneinheiten voll ausgelastet.

Wegen des hohen Innovationsgrades und des sich daraus ergebenden Bedarfs an Aus- und Weiterbildungsangeboten arbeiten sie oft eng mit Hochschulen zusammen. Gemeinsam werden dann neue MBA Studiengänge (z. B. MBA ILMC International Lean Manufacturing Consulting) konzipiert, die inhaltlich auf die Bedürfnisse der internen Beratungseinheit abgestimmt sind und für die ausgewiesene Spezialisten des Unternehmens als Lehrbeauftragte fachlichen Input liefern.

2.10   Modell „Rückzug"

„Consulting Banking – Unternehmensberatung als Bankdienstleistung" so hieß die Zauber-
formel der deutschen Geld- und Kreditwirtschaft ab Mitte der achtziger Jahre.

Inhouse Consulting Modell	*Absicht der Unternehmensleitung*	*Beispiele*
„Rückzug" Das historische Modell „Consulting Banking" bei dem Finanzdienstleister vorwiegend ihre Firmenkunden beraten wollten, hat nicht funktioniert und wurde still in Beratung für die eigenen Organisationen umgewandelt.	1. Organisierter Rückzug aus dem externen Beratungsmarkt 2. Aufgebautes Know-how halten und der eigenen Organisation zur Verfügung stellen 3. Vermeidung, bzw. Reduktion externer Beratungsbudgets bei bankspezifischen Themen	Diverse Banken Sparkassen Volks- und Raiffeisenbanken (z.B. Genoconsult)

Abb. 2.10   Modell „Rückzug"

Die Vision „Unternehmensberatung als logische Weiterentwicklung des Bankgeschäfts mit
dem Firmenkunden" war reizvoll, bot sie doch aus Sicht der Bankstrategen die Lösung des
klassischen Zielkonflikts „Gewinn versus Sicherheit". Mit Unternehmensberatung sollten
sich beide Ziele nicht mehr widersprechen, wie es bei fast allen Bankprodukten und -
dienstleistungen der Fall ist. Im Gegenteil, beide Zielsetzungen sollten fortan simultan erreicht werden: Mehr Sicherheit bei Kreditentscheidungen durch zusätzliche Einblicke in die
leistungswirtschaftlichen Bereiche eines Kredit nehmenden Firmenkunden, und gleichzeiti-
ger Ausbau des provisionsabhängigen Geschäfts.

Bei der Realisierung der neuen Dienstleistung der Banken und Sparkassen wurden ganz
unterschiedliche Organisationsformen gewählt, die von Kauf oder Beteiligung über Koopera-
tionsformen bis zu Eigengründungen von Beratungstöchtern reichten. Das Kernproblem
bestand darin, dem Bankkunden glaubhaft zu machen, dass zwischen der Bank und der durch
sie vermittelten hauseigenen oder kooperierenden Unternehmensberatung kein Informationsaustausch über den Kunden stattfindet. Kaum ein Kunde war bereit, dieser Argumentation
Glauben zu schenken. Das Problem wurde dadurch verstärkt, dass in den meisten Fällen die
Beratung den Bankkunden zu spät, d.h. erst bei Gefährdung des Kreditengagements angetra-
gen wurde. Der Rückzug erfolgte still und auf breiter Front. Heute beraten die meisten dieser
Einheiten nur noch die eigene Organisation und sind damit klassische Inhouse Consultants
geworden.

3   Fazit

- Inhouse Consulting ist ein höchst volatiles Geschäftsfeld. Die Volatilität ergibt sich aus der Eigenart der spezifischen Modelle, ist oft gewollt und hat nichts mit Niedergang zu tun.
- Erfolgsfaktoren für Inhouse Consulting sind:
    - Commitment des Managements, das häufig auch volatil ist und immer wieder neu aktiviert werden muss.
    - Positiver „Bottom Line Impact", am besten durch einen kontinuierlichen Impactbericht nachgewiesen, in dem nicht nur der operative Gewinn der Inhouse Consultants, sondern die weiteren, immateriellen Nutzenpotentiale, die durch ihre Tätigkeit aktiviert werden, dargestellt sind.

Propheten im eigenen Lande – Wege mit dem Risiko der Betriebsblindheit im Inhouse Consulting umzugehen

Dr. Alexander Moscho, Dr. Burkhard Zimmermann, Liesa Wilsberg[*]

---

[*] Dr. Alexander Moscho ist Leiter Business Consulting der Bayer Business Services GmbH; Dr. Burkhard Zimmermann ist Principal und Head of Performance Improvement bei Business Consulting; Liesa Wilsberg ist Consultant bei Business Consulting.

1   Was verbirgt sich hinter dem Begriff Betriebsblindheit?

Im Laufe der letzten Jahre haben Inhouse-Beratungen eine beachtliche Verbreitung in Unternehmen unterschiedlichster Branchen und Größen erlebt. Dabei ist neben dem Größenwachstum eine zunehmende Professionalisierung und qualitative Steigerung dieser Einheiten festzustellen. Gerade vor dem Hintergrund rückläufiger Budgets für externe Berater nehmen sowohl innerhalb als auch außerhalb von Unternehmen Diskussionen über das Für und Wider von internen Beratern zu.[1] Auftraggeber heben positiv hervor, dass Inhouse-Berater den Vorteil kürzerer Einarbeitungszeiten gegenüber externen Beratern haben. Zudem bewerten sie die erbrachten Leistungen als qualitativ absolut vergleichbar. Eine häufig zitierte Limitation ist jedoch die, dass interne Beratungen nur begrenzten Zugang zu Wissen jenseits der eigenen Unternehmensgrenzen besitzen. Aus der internen Rolle heraus erscheint dies erst einmal plausibel. Doch gibt es effektive Wege, dieser oftmals als „Betriebsblindheit" bezeichneten Herausforderung erfolgreich zu begegnen. Einige dieser Wege werden im Folgenden skizziert, wobei der nachhaltige Erfolg interner Beratungen Grund zur Annahme gibt, dass diese Ansätze erfolgreich umgesetzt werden.

Sind Mitarbeiter lange Zeit im gleichen Unternehmen beschäftigt und somit auf Dauer einer einzigen Unternehmensorganisation sowie -kultur ausgesetzt, besteht die Gefahr, dass Gewohnheiten und tägliche Routine nicht mehr aktiv hinterfragt werden. Die Mitarbeiter wissen häufig nicht mehr genau, warum gewisse Abläufe etabliert sind. Dieser zunehmend unkritisch werdende Blick sowie fehlende Impulse von Außen unterstützen die Entstehung von sogenannter „Betriebsblindheit".[2] Die Fähigkeit zur Selbstkritik am vorherrschenden System sowie Veränderungswillen gehen verloren. Als Konsequenz bleibt das Unternehmen hinter seinem eigentlichen Potenzial zurück und gefährdet unter Umständen seine Innovations- beziehungsweise Wettbewerbsfähigkeit.

Entsprechend sollte es Ziel eines jeden Unternehmens sein, dieses Phänomen möglichst zu minimieren, damit sich eine solche Einstellung gar nicht erst im Unternehmen manifestieren kann.

Vorkehrungen, um der Entstehung von Betriebsblindheit vorzubeugen, liegen in der Öffnung des Unternehmens nach außen, also der Aufnahme externer Impulse, zum Beispiel in Form von Orientierung an Best Practices, Benchmarking, Kooperationen sowie gemeinsamen Publikationen einzelner Mitarbeiter mit Hochschulen[3], aber auch in der adäquaten Ausgestaltung interner Organisationsstrukturen und Arbeitsweisen. Ein häufig angewendeter Ansatz

---

[1]   Vgl. Bayer Business Services (2008): S. 12 f.

[2]   Vgl. Dievernich, F. (2002): S. 13 ff.

[3]   Vgl. Trautmann et al. (2009) und Tate et al. (2009).

besteht im Engagement von Unternehmensberatungen, um neue Denkweisen, Einflüsse und Ideen in das Unternehmen hineinzutragen und gegebenenfalls zu verbreiten.

Der sich in den letzten Jahren abzeichnende Trend zur verstärkten Nutzung von internen Beratungsleistungen lässt die Frage aufkommen, ob Inhouse-Beratungen diesem Anspruch ebenfalls gerecht werden können. Laut der Studie „Der Inhouse Consulting Markt in Deutschland"[4] zeichnen sich Inhouse-Beratungen vor allem durch hervorragende Kenntnisse ihres Unternehmens sowie durch kürzere Einarbeitungszeiten aus. Verbesserungsansätze werden von einigen Kunden sowie externen Beobachtern aber vor allem im Bezug auf die Gefahr der Betriebsblindheit gesehen.[5]

2 Die wahrgenommene Betriebsblindheit der Inhouse-Beratungen

Die vermeintlichen Limitationen, die Inhouse-Beratungen zugeschrieben werden, stellen die Themen Betriebsblindheit sowie die Unfähigkeit, über die Grenzen des eigenen Unternehmens hinausblicken zu können, dar. Wenig überraschend wird dieses Vorurteil insbesondere von Vertretern externer Beratungshäuser gefördert, die den zunehmenden Konkurrenzdruck „von innen" spüren: „Sie gucken kaum über den eigenen Tellerrand" so ADL-Chef Michael Träm.[6] Oder Stefan Eikelmann, Deutschland-Chef von Booz & Company: „Interne Berater sind häufig genauso betriebsblind wie das eigene Management in dem Sinne, dass sie die Verhältnisse in anderen Unternehmen der Branche nicht so gut kennen."[7] Gerade wenn interne Berater lange in der entsprechenden Funktion tätig sind, wird den Experten eine entsprechende Routine und Betriebsblindheit vorgeworfen. Dies würde durch seltene Wechsel der Berater in Projekten und Themengebieten sowie dem Einsatz außerhalb von Teamkonstellationen verstärkt.

Ein weiterer Vorbehalt, der auch dem Stichwort Betriebsblindheit zugeordnet werden kann, liegt in der oft guten Vernetzung interner Berater im eigenen Konzern. Die Sorge, dass persönliche Ansichten und Projektinhalte in andere Bereiche und Hierarchieebenen des Unternehmens durchdringen, wird vor allem dann geäußert, wenn keine direkten Erfahrungswerte mit Kultur und Professionalität einer internen Beratung vorliegen.

---

[4]   Vgl. Bayer Business Services (2008).

[5]   Vgl. Vogel, R. / Voß, K. (2008): S. 218 und Bayer Business Services (2008): S. 14.

[6]   Vgl. Terpitz, K. (2008): S. 1.

[7]   Vgl. Terpitz, K. (2008): S. 1.

Weniger häufig wird dagegen die Verbreitung von internem Know-how innerhalb des Unternehmens als problematisch gesehen. Im Gegenteil wird hier der Vorteil für das Gesamtunternehmen meist über persönliche Interessen gestellt und somit „Best Practice Transfer" zwischen Unternehmensteilen gefördert. Eine interne Beratung kann dabei einen entscheidenden Beitrag leisten.

Weiterhin wird bezüglich externem Benchmarking und der Kenntnis von Märkten sowie Wettbewerbern eine Schwäche bei Inhouse-Beratungen gesehen. Hier wird häufig die Vermutung geäußert, dass keine ausreichenden Erfahrungswerte und entsprechenden Daten vorlägen. Von externen Beratungen wird erwartet, intime Kenntnisse über Wettbewerber zu erhalten, was in aller Regel aus Gründen der Vertraulichkeit gar nicht und wenn, dann meistens in anonymisierter Form geschieht und nur selten im nachhaltigen Interesse der betroffenen Einzelunternehmen sein kann. Für diese erhofften Einblicke in Konkurrenzunternehmen wird in Kauf genommen, dass eigenes Unternehmenswissen ebenfalls Verbreitung bei der Konkurrenz findet.

3   Ansätze zur Vermeidung von Betriebsblindheit

Bei den Ansätzen, mit denen der vorgeworfenen Betriebsblindheit begegnet werden kann, ist zwischen einer internen Sicht auf die Inhouse-Beratung sowie einer Beschäftigung aus externer Sicht zu unterscheiden. Entscheidend für den langfristigen Erfolg einer internen Beratung ist dabei, beide Aspekte in Einklang zu bringen und diese Grundprinzipien als Voraussetzung für eine Kultur des Vertrauens und der Leistungsfähigkeit umzusetzen.

Im Folgenden werden Erfahrungen und Konzepte dargestellt, die seit der Neuaufstellung von Bayer Business Consulting im Jahr 2006 gesammelt und erarbeitet wurden. Die hohe Nachfrage nach den Beratungsleistungen innerhalb des Bayer-Konzerns sowie das stetige Wachstum und die hohe Kundenzufriedenheit mögen dabei als Beleg für eine hohe Akzeptanz und den Erfolg der gewählten Ansätze dienen.

3.1   Interne Ansätze

Bei den internen Ansätzen zur Vermeidung von Betriebsblindheit sind drei wichtige Bereiche zu nennen:

Mitarbeiter – Beratung ist ein sogenanntes „People Business": Als wertvollstes Gut eines Unternehmens gelten die Mitarbeiter, deren optimale Auswahl, Entwicklung und Motivation sicherzustellen ist.

Organisation – also der Aufbau und die „Vision". Hier ist der unternehmensinterne Geschäftsauftrag der internen Beratung entscheidend.

Arbeitsweise – die Abläufe und die Kultur einer internen Beratung definieren den Erfolg in der täglichen Arbeit mit den Kunden. Hier sind Regeln und beschriebene Prozesse im Sinne eines Qualitätsmanagements genauso wichtig wie die gelebten Werte des Unternehmens und der Mitarbeiter, die das Verhalten wesentlich bestimmen.

Die folgenden Ausführungen fokussieren diejenigen Teilaspekte der angesprochenen Bereiche, deren Berücksichtigung zur Vermeidung von Betriebsblindheit beitragen kann.

3.1.1   Mitarbeiter

Auswahl und „Diversity"

Entscheidend für den Erfolg von Unternehmen, insbesondere in der Beratung, intern sowie extern, sind deren Mitarbeiter. Sie sollten vielfältige und relevante Ausbildungen, Kompetenzen, Erfahrungen sowie Expertisen mitbringen. Diese Vielfältigkeit, auch „Diversity" genannt, ist ein entscheidender Erfolgsfaktor auch bei der Vermeidung von Betriebsblindheit. So bringen gut ausgebildete Hochschulabsolventen neuestes Wissen aus Lehre und Forschung in den Konzern. „Young Professionals" und berufserfahrene Experten, die eingestellt werden, können auf entsprechende Erfahrungen zurückblicken und bringen oft Einblicke in Strukturen sowie aktuelles Know-how anderer Unternehmen mit. Hierbei sind Kandidaten mit Berufserfahrung bei externen Beratungen von hohem Interesse, da Sie die Beratungstätigkeit als solche kennen und entsprechende funktionale und industriespezifische Kenntnisse mitbringen. Generalisten wie Spezialisten werden hier gleichermaßen angesprochen, um ein möglichst breites Spektrum an Themen und Expertise zu bedienen. Auch eine Vielfalt kultureller Hintergründe bei Mitarbeitern hat sich als wesentliches Element einer kreativen und lebendigen Beratungskultur erwiesen, da Problemstellungen und Projektaufträge aus unterschiedlichen Blickwinkeln angegangen und die Besonderheiten in einer globalisierten Wirtschaft im Sinne des Kunden berücksichtigt werden können.

Rotationsmodell

Eines der wichtigsten Instrumente, Betriebsblindheit entgegen zu wirken, ist das sogenannte „Rotationsmodell": Mitarbeiter verbringen in der Regel drei bis fünf Jahre in der internen Beratung und wechseln dann in Linienfunktionen des Konzerns. Als elementarer Teil des Geschäftsmodells einer internen Beratung wird diese Vorgehensweise auch bei den Mitarbeitern als Karriereweg sehr geschätzt. Durch den Wechsel der Mitarbeiter und die dadurch entstehenden regelmäßigen Neueinstellungen wird gewährleistet, dass Prozesse und Organisationen immer wieder von neuem hinterfragt werden. Diese Rotation gilt dabei für alle Ebenen der Beratungseinheit – vom Consultant bis zum Principal (Abteilungsleiter) und wird durch Einstellungen auf allen Hierarchiestufen unterstützt. Im September 2009 beschäftigte Bayer Business Consulting acht Principals, 24 (Senior) Project Manager sowie 47 (Senior) Consultants. Davon sind in den ersten drei Quartalen des Jahres 2009, bis einschließlich September, 30 externe und vier bereits bei Bayer beschäftigte Mitarbeiter neu eingestellt worden. Gleichzeitig sind 10 Mitarbeiter aus Bayer Business Consulting in leitende Funktionen des Bayer-Konzerns gewechselt.

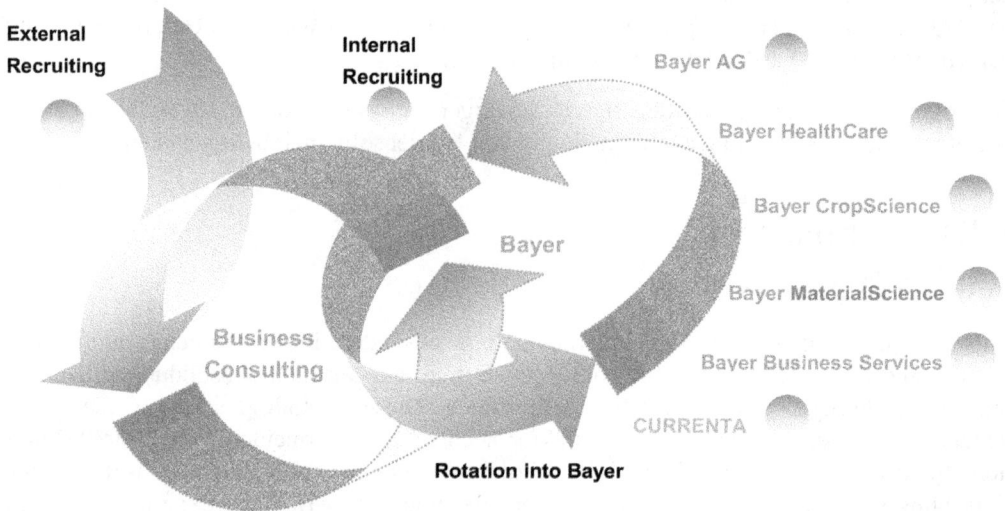

Abb. 3.1   *Das Mitarbeiter-Rotationsmodell von Bayer Business Consulting*

Auszeiten

Weitere Konzepte zur Bereicherung des Erfahrungsschatzes einer internen Beratung können sogenannte „Auszeiten" darstellen. Dabei werden Mitarbeiter ganz oder teilweise für Weiterbildungen wie Promotionen oder MBAs freigestellt. Man lässt das Arbeitsverhältnis ruhen mit der klaren Vereinbarung, dass nach Abschluss dieser Zeit ein Wiedereintritt in die interne Beratung vorgesehen ist. Die gewonnen Erfahrungen fließen in die Projektarbeit ein und können neue, wertvolle Impulse beisteuern.

Personalentwicklung (Fortbildungen/Seminare)

Ein professionelles Personalentwicklungskonzept trägt dazu bei, die Kompetenzen und Erfahrungen der eigenen Berater auszubauen. Eine ständige Weiterbildung durch Seminare, Schulungen und Trainings mit ca. 10–15 Tagen pro Jahr sind ein wesentlicher Bestandteil, der Betriebsblindheit entgegenzuwirken und neue Anregungen auch von außen ins Unternehmen zu holen. Die Kooperation mit externen Seminaranbietern oder auch anderen Unternehmen, wie zum Beispiel innerhalb des Inhouse Consulting Round Tables, ist dabei ein wesentlicher Erfolgsfaktor.[8]

Persönliche Netzwerke der Berater

Nicht zuletzt seien die immer weiter verbreiteten Netzwerke der Mitarbeiter genannt, die sich im Zeitalter des Web 2.0 längst über die Unternehmensgrenzen hinweg etabliert haben. Alumni-Netzwerke von früheren Firmen und Universitäten bilden die Quelle für spannende Anregungen und neue Trends, auf die unter Berücksichtigung der Vertraulichkeit zugegriffen werden kann.

3.1.2   Organisation

Bevor auf die einzelnen organisatorischen Elemente eingegangen wird, ist zunächst abzugrenzen, welche Kunden eine interne Beratung bedient. Im vorliegenden Artikel soll ausschließlich auf diejenigen Inhouse-Beratungen fokussiert werden, die nur interne Kunden, das heißt im Wesentlichen Tochtergesellschaften und Beteiligungen des eigenen Konzerns, beraten. Es gibt daneben zahlreiche Beispiele von internen Beratungen, die sich zunehmend dem externen Markt geöffnet haben, oder sogar im Laufe ihrer Entwicklung überwiegend wie externe Berater fungieren, wie zum Beispiel bei Porsche Consulting.

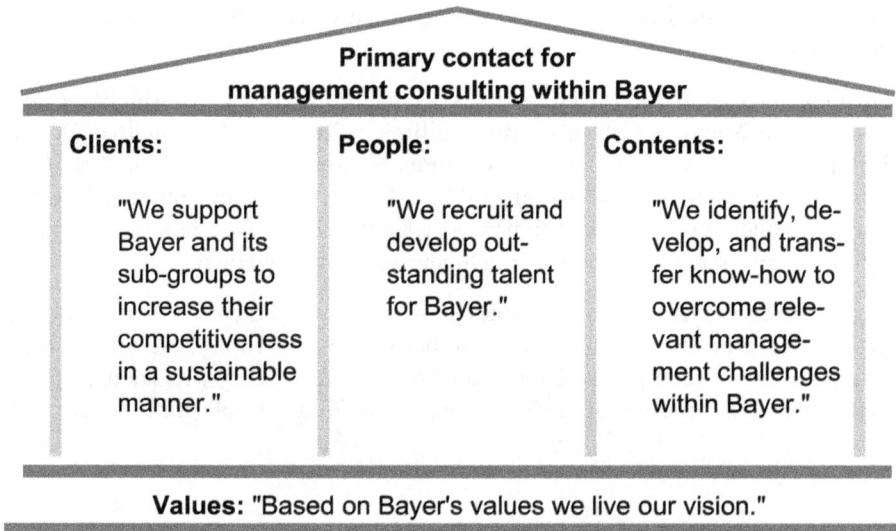

Primary contact for management consulting within Bayer

Clients:	People:	Contents:
"We support Bayer and its sub-groups to increase their competitiveness in a sustainable manner."	"We recruit and develop outstanding talent for Bayer."	"We identify, develop, and transfer know-how to overcome relevant management challenges within Bayer."

Values: "Based on Bayer's values we live our vision."

Abb. 3.2   Vision von Bayer Business Consulting, die als Basis für das Geschäftsmodell der internen Beratungseinheit dient und den unternehmensinternen Anspruch und Auftrag deutlich formuliert.

---

[8]   Vgl. Moscho, A. et al. (2009): S. 31–50.

Wesentliche Elemente der Organisation, wie etablierte Knowledge-Management-Prozesse, Einteilung in funktionale Fachgruppen, Größe der Einheit sowie mögliche Formen des Wissenstranfers basieren auf einer klar definierten Vision, die auch einer internen Beratung zu Grunde liegen sollte. Abb. 3.2 zeigt beispielhaft die Vision von Bayer Business Consulting.[9]

Knowledge-Management/Research

Vorraussetzung für die Nachhaltigkeit jeder Beratung – und somit auch einer internen Beratung – sollte ein fundiertes Knowledge-Management sein. Diese Funktion beinhaltet nicht nur das Sammeln und Aufbereiten von internem Wissen, welches im Laufe der Projektarbeit erworben wird, sondern auch die systematische Suche in öffentlich zugänglichen oder käuflich erwerbbaren Informationsquellen[10].

Zunächst sollte eine solche Aufgabe in den jeweiligen Beraterteams verankert sein. Diese erarbeiten im Laufe eines Projektes ein tiefes Verständnis für die bearbeitete Themenstellung und sind am Ende eines Projektes in der Regel gut in der Lage, das gewonnene Wissen in zugänglicher und komprimierter Form für zukünftige Projekte zur Verfügung zu stellen. Dabei hilft ein etablierter Knowledge-Management-Prozess, der Standard-Dokumentationen bei Projektabschluss vorgibt und eine entsprechende Vollständigkeit sicherstellt. Eine Datenbank dient der Ablage und guten Zugänglichkeit über intelligente Suchfunktionen, wobei die kundenseitigen Vertraulichkeitsvorgaben beachtet werden müssen. Generelle Prinzipien, Vorgehensweisen sowie Methoden und Werkzeuge sind dabei von besonders hohem Wert für zukünftige Themenstellungen. Ein professioneller Knowledge-Management-Prozess dient dabei vor allem der Erweiterung des „Blickfeldes" und ist auch für die Arbeit externer Beratungen unerlässlich.

In der Vergangenheit hat sich bei Bayer Business Consulting eine eigene Abteilung „Research and Knowledge Management" als extrem hilfreich für die Arbeit interner Berater herausgestellt. Hier können von Beratern Suchaufträge gestellt werden, um insbesondere Informationen aus dem externen Umfeld zu erhalten. Dabei kann nicht nur auf Internet-Recherchen, sondern auch auf käufliche Studien oder Kontakte zu Instituten, wie beispielsweise Hochschulen oder Marktforschungsunternehmen zugegriffen werden.

Auf diese Weise werden externe Informationen für Projekte in professioneller Weise zur Verfügung gestellt, die eine Bearbeitung objektivierbar werden lassen und die interne Sicht des Beraterteams erweitern, zum Beispiel für Fragen des Benchmarkings. Kundenseitig und bei den Beraterteams wird diese Art der Informationsbeschaffung als sehr hilfreich empfunden.

---

[9]   Vgl. Moscho, A. et al. (2009): S. 31–50.

[10]   Vgl. Hengst-Gohlke, N. (2007): S. 22 f.

Auch wenn die Ressourcen der Gesamtgröße der internen Beratung angepasst sein sollten[11], ist die Unterstützung durch externe Firmen und Institute sehr empfehlenswert, um Spitzen abzupuffern beziehungsweise das Portfolio abzurunden.

Funktionale Fachgruppen („Practices")

Ein weiteres Element, systematisch Fachwissen innerhalb einer Beratung aufzubauen, zu pflegen und damit erfolgreich Betriebsblindheit zu vermeiden, sind sogenannte funktionale Fachgruppen, auch „Practices" genannt. Darunter werden Organisationsformen gefasst, die eine Gruppe von funktionalen Experten innerhalb der internen Beratung bilden, um zu bestimmten Fachthemen Wissen sowohl aus externen wie internen Quellen zu sammeln und weiterzuentwickeln. Eine Möglichkeit, diese Gruppen zu strukturieren, bildet die Wertschöpfungskette eines Unternehmens, beispielhaft sollen hier die funktionalen Fachgruppen von Bayer Business Consulting genannt sein:

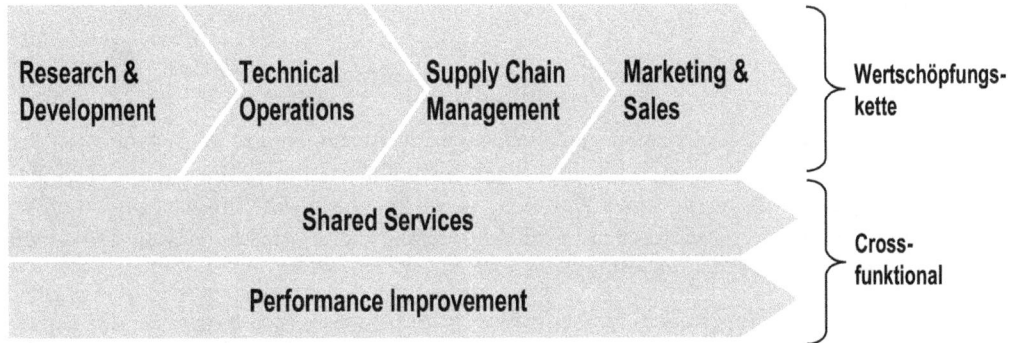

Abb. 3.3 *Die Wertschöpfungskette eines Unternehmens als Grundlage für den Aufbau interner Fachgruppen innerhalb der Bayer Business Consulting*

Damit diese „Practices" keinen zu theoretischen oder akademischen Fokus bekommen, ist bei der Auswahl der Themen auf einen möglichst großen Praxisbezug und eine hohe Relevanz für die Kunden zu achten. Ein guter Ansatz, um praxisnahe Themen zu finden und für Kunden aufzubereiten ist neben Kunden- und Expertenbefragungen die Trendanalyse. Aus aktuellen globalen Trends, sogenannte Megatrends wie Globalisierung, Urbanisierung, alternde Gesellschaft oder Erderwärmung, kann eine Trend-Diskussion für die einzelnen funktionalen Bereiche angestoßen werden. Es hat sich in der Vergangenheit als fruchtbar für neue Gedanken und zukünftige Strategien erwiesen, aktuelle, mit Fakten untermauerte Trends mit Kunden zu diskutieren.

---

[11] Für 100 Berater können zwei bis drei professionelle „Researcher" eine gute Größenordnung sein.

Kritische Größe

Einen wesentlichen Erfolgsfaktor, um Betriebsblindheit gar nicht erst aufkommen zu lassen, stellt eine kritische Größe interner Beratungseinheiten dar. Eine kritische Größe ermöglicht die angebotenen Beratungsfelder umfänglich anbieten sowie eine nachhaltige Pflege beziehungsweise den Ausbau der Fähigkeiten und des Wissens garantieren zu können.

So existieren in vielen Konzernen kleinere Beratungseinheiten, die einer Geschäftseinheit oder einer Tochtergesellschaft dienen. Meist sind diese Einheiten jedoch zu klein, um ein breites Beratungsspektrum entlang der Wertschöpfungskette anbieten sowie ausreichend Ressourcen und Expertise vorhalten zu können. Eine Größe von etwa 100 Beratern bei einem internationalen Konzern wie Bayer mit circa 109.000 Mitarbeitern und rund 33 Milliarden Euro Umsatz hat sich als sinnvoll herausgestellt. Unterhalb einer Mindestgröße von 60–70 Beratern erscheint es schwer, ein nachhaltiges Beratungsgeschäft für die gesamte Wertschöpfungskette zu betreiben. Einzig eine funktionale Spezialisierung könnte von kleineren Organisationsformen ermöglicht werden, jedoch mit dem Nachteil erheblicher Schwankungen in der Nachfrage.[12]

Transfer von Wissen

Ein weiterer wesentlicher Treiber von Performance-Verbesserungen und Innovationen ist der Transfer von Wissen zwischen Kunden und damit auch Unternehmenseinheiten. Bei globalen Projekten, die alle Bereiche eines Konzerns betreffen, kann der Einsatz einer internen Beratung besonderen Wert stiften, da die Einhaltung einheitlicher Standards auch über einen längeren Zeitraum gewährleistet werden kann.

In diesem Zusammenhang ist auch der Transfer von Wissen zwischen Regionen zu nennen, was bei internationalen Projekten zu einer schnellen Verbreitung von Konzepten, wie zum Beispiel im Controlling oder beim Working Capital Management, führt. Ein solches Vorgehen stiftet insbesondere für Strukturen, die stark regional geprägt sind, Wert. Dazu zählen unter anderem Verwaltungs-Bereiche und lokale oder regionale Märkte. Hier werden die sogenannten „Best Practice Transfers" von Region zu Region und von Land zu Land oft geschätzt. Mit dieser Katalysator-Rolle tragen Inhouse-Beratungen sogar zur Überwindung von Betriebsblindheit in anderen Teilen ihrer Unternehmen bei. Dabei zeigt die Erfahrung, dass interne Einheiten auf eine wesentlich höhere Akzeptanz treffen können als externe Berater.[13]

Die Kunden einer internen Beratungseinheit profitieren vom Wissen, welches durch Projektarbeit in anderen Teilen des Konzerns erarbeitet wurde. Das Thema Vertraulichkeit spielt dabei in den meisten Fällen keine einschränkende Rolle, wenn es mit dem Kunden offen diskutiert wird und entsprechende Grenzen des Transfers vereinbart werden.

---

[12]   Vgl. Petmecky, A./Deelmann, T. (2005): S. 8.

[13]   Bayer Business Services (2008): S. 13.

3.1.3   Arbeitsweise

Neben den aufbauorganisatorischen Elementen ist die Arbeitsweise einer internen Beratung von entscheidender Bedeutung, wenn es darum geht, Betriebsblindheit zu vermeiden.

Teamarbeit

Die Arbeit in Teams fördert eine umfassendere und differenziertere Sicht auf Fragestellungen von Kunden, weshalb sie in fast allen Beratungsunternehmen die bevorzugte Arbeitsweise für das Projektgeschäft darstellt. Die Besetzung der Projektteams mit unterschiedlichen, relevanten Erfahrungshintergründen, Ausbildungen und Kompetenzen zählt daher zu den Erfolgsfaktoren – auch für die interne Beratung („Team Diversity"). Durch den Team-Ansatz kann insbesondere in der Problemlösungs- und Strukturierungsphase von Projekten Betriebsblindheit vermieden werden. Hier kommen unter anderem auch Experten und die Research-Abteilung Wert stiftend zum Einsatz und bringen Sichten aus unterschiedlichen Blickwinkeln ein.

Arbeitskultur: Faktenbasiert und nicht-hierarchisch

Zählen politisch opportunistische und an Hierarchien angepasste Herangehensweisen zu den klassischen Hemmnissen guter Projektergebnisse, so tragen sie auch wesentlich zur Betriebsblindheit bei. Eine faktenbasierte Arbeitsweise, bei der das beste Argument den höchsten Stellenwert bekommt und für das Gesamtunternehmen die beste Lösung entstehen lässt, ist essentiell für ein gutes Beratungsgeschäft. Dabei stellt ein gesundes Maß an Risikobereitschaft, in einem Umfeld ohne Akquise-Druck und hierarchisches Denken neue und unkonventionelle Wege zu gehen, ein wichtiges Element zur Vermeidung von Betriebsblindheit dar. Bei Bayer Business Consulting ist dies durch die Aufhängung innerhalb einer internen Servicegesellschaft und den gleichzeitig direkten Beziehungen bis zum Vorstand des Bayer-Konzerns gewährleistet. Diese Organisation ermöglicht eine hohe Akzeptanz für vertrauliche Kundenarbeit und gleichzeitig ein kaum hierarchisch geprägtes Agieren.

Projektwechsel und –vielfalt

Wie bei Linienfunktionen häufig beobachtet, schleichen sich im Alltag Gewohnheiten und Standards ein, die immer seltener hinterfragt werden. Das gleiche Phänomen ist – unabhängig von der Frage ob interne oder externe Beratung – auch bei längeren Projekten zu beobachten. Ein wesentlicher Hebel, hier der Betriebsblindheit vorzubeugen, ist der regelmäßige Wechsel von Projektmitarbeitern nach etwa vier bis sechs Monaten. Auch wenn Kunden häufig die neue Einarbeitungsphase als zusätzliche Belastung sehen, helfen „neue Augen" und das Hinterfragen bisheriger Abläufe oft, neue Lösungsansätze und Verbesserungen in die Arbeit einfließen zu lassen. Diese Wechsel sind insbesondere dann sehr effektiv, wenn auf ein breites Portfolio von Projekten in unterschiedlichen Funktionen und Marksegmenten zurückgegriffen werden kann, wobei sich hier der Kreis zur „kritischen Größe" einer internen Beratung schließt.

Kreativtechniken

Der systematische Einsatz von Kreativtechniken in Beratungsprojekten und das bewusste Berücksichtigen sogenannter „Projektreviews" im Sinne eines Innehaltens im Tagesgeschäft und systematischen Hinterfragens der gewählten Vorgehensweise gegebenenfalls unter Hinzuziehen projektexterner Experten und Gäste ist Teil einer Projektkultur, die durch Selbstreflexion Betriebsblindheit entgegenwirkt. Hier haben sich „off-site workshops" mit externen Experten oder Gastrednern sowohl innerhalb als auch außerhalb des eigenen Unternehmens als hilfreich erwiesen. Auf spezifische Kreativtechniken, die Betriebsblindheit entgegenwirken, sei hier nicht weiter eingegangen, siehe zum Beispiel „The Pyramid Principle: Logic in writing and thinking"[14].

Schwarmintelligenz

Das Thema Schwarmintelligenz genießt in den letzten Jahren eine hohe öffentliche Aufmerksamkeit und hat Eingang in viele Bereiche von Forschung und Unternehmen gefunden, unter dem Schlagwort „Swarm Intelligence"[15].

Das Potential, welches in einem Unternehmen wie Bayer mit über 100.000 Mitarbeitern vorhanden ist, kann genutzt werden, um neue Ansätze und Innovationen zu finden. In regelmäßigen Abständen kann hier von der Intelligenz des gesamten Unternehmensnetzwerks Gebrauch gemacht werden, wie Beispiele zeigen. Ein kürzlich initiiertes Programm, im Rahmen der im Jahr 2007 gestarteten Innovationsoffensive der Bayer AG, des Geschäftsbereichs „Consumer Care", beinhaltete eine interne Umfrage aller Mitarbeiter zu den Eigenschaften und Vermarktungsmöglichkeiten eines zukünftigen Produktes. Auch wenn abgewogen werden muss, inwieweit Fragestellungen einer breiteren Öffentlichkeit beziehungsweise Mitarbeiterschaft offenbart werden sollen, so stellt dieses Instrument eine hervorragende Möglichkeit dar, Betriebsblindheit zu vermeiden, und dieser kreativ und konstruktiv zu begegnen.

3.2   Externe Ansätze

Eine Reihe von Ansätzen, Betriebsblindheit nachhaltig zu vermeiden, zielt darauf ab, externe Partnerschaften aufzubauen, um neue Ideen und Impulse aus anderen Industriebereichen, zum Beispiel externen Beratungen, konkurrierenden Unternehmen, branchenfremden Unternehmen, Hochschulen und Kunden, in das Unternehmen hineinzutragen und zu verbreiten. Dies ist eine wichtige Vorraussetzung dafür, dass interne Berater das firmeneigene System nicht als gegeben annehmen. Regelmäßige Konfrontation mit äußeren Impulsen, ermöglichen eine differenzierte und kritische Beobachtung sowie die Fähigkeit zur Selbstreflexion aufrecht.

---

[14]   Vgl. Minto, B. (2008).

[15]   Vgl. Kennedy, J. et al. (2001).

3.2.1   Kooperation mit externen Beratungen

Im Rahmen von Projekten

Die Zusammenarbeit mit externen Unternehmensberatungen im Rahmen von Beratungsprojekten im eigenen Unternehmen kann für interne Berater zu einem direkten Erfahrungsaustausch sowie Wissenstransfer genutzt werden. Neben neuen Ideen, Best Practices und Industrie Know-how, das von externen Beratern eingebracht wird, können alternative Herangehensweisen dazu dienen, die eigenen Methoden zu hinterfragen und gegebenenfalls zu verbessern. Bayer Business Consulting hat in der Vergangenheit bereits häufig – und in unterschiedlichen Konstellationen – mit externen Beratungen zusammengearbeitet.

Im Rahmen von Workshops

Eine weitere Form von Zusammenarbeit mit externen Beratungen besteht in der Form gemeinsamer Workshops zu aktuell relevanten Themen für das eigene Unternehmen. Vorteile für externe Beratungen bestehen in der Bindung zum Unternehmen sowie der Auseinandersetzung mit Themen, die für das Unternehmen durchaus in Form von Projekten relevant werden könnten. Interne Beratungen können wiederum vom Wissenstransfer und der direkten Herausforderung eigener Kompetenzen gegenüber externen Beratungen profitieren.

3.2.2   Kooperation mit Hochschulen

Die Kooperation interner Beratungen mit Hochschulen führt zu einer Erweiterung des Horizontes hinsichtlich aktueller Forschungsinhalte, Entwicklungen sowie methodischer Arbeitsweisen, die unter Umständen Anstöße für das Hinterfragen, Ergänzen oder Verbessern von eigenen Paradigmen geben können. Vor allem Kooperationen, die das Verfassen von Dissertationen unterstützen, sowie Freistellungen interner Berater, die an der Entwicklung und Veröffentlichung wissenschaftlicher Theorien mitwirken, fördern eine interne Auffrischung und Auseinandersetzung mit neuen Impulsen. Als Beispiel sei hier die Kooperation zwischen Bayer Business Consulting und der Universität zu Köln, der European Business School (EBS), der Fachhochschule Dortmund sowie der Ludwig-Maximilians-Universität (LMU) München genannt.

3.2.3   Orientierung an Kunden des Unternehmens

Die enge Orientierung an den Kunden des eigenen Konzerns, also den Kunden der intern beratenen Kunden, ist einer der wichtigsten Punkte im Hinblick auf die Fähigkeit zur kritischen Selbstreflexion einer internen Beratung. Es ist ein wichtiges Prinzip, stets die Anforderungen des Kunden an das Produkt, sowie das aktuelle Marktgefüge in den Fokus der eigenen Tätigkeiten zu rücken. Fußen Maßnahmen, die für die interne Konzernoptimierung entwickelt wurden, nicht auf den von den Kunden gewünschten Standards, riskiert das Unternehmen, seine Stellung am Markt zu gefährden. Weiterhin muss sichergestellt werden, dass sich eine Inhouse-Consulting-Einheit nicht durch übermäßigen Umgang mit internen Prozessen von den Anforderungen des Marktes entfernt.

3.2.4   Öffnung nach Außen

Die generelle Öffnung nach Außen in Form von permanenter Orientierung an „Best in Class" Performances sichert die Marktnähe der internen Beratung und garantiert somit eine kontinuierliche Verbesserung der eigenen Beratungsleistungen. Durch den Kontakt sowie Vergleich mit „konkurrierenden" Anbietern wird sichergestellt, dass die internen Beratungsleistungen konkurrenzfähig und auf dem Niveau des externen Marktes bleiben. Dies wird durch die häufige Teilnahme an sogenannten „Pitch-Situationen" mit externen Beratungen als objektiver „Test" für die Leistungsfähigkeit der internen Beratung unter Beweis gestellt. Der hierbei bereits häufiger realisierte Auftragsgewinn der Bayer Business Consulting kann in diesem Fall als Bestätigung der Vergleichbarkeit von Leistungen interner und externer Beratungen herangezogen werden.

3.2.5   Der Inhouse Consulting Roundtable – Initiative „dichter dran"

Der „Inhouse Consulting Roundtable" hat sich als eine wichtige Austauschplattform zwischen internen Beratungseinheiten führender deutscher Unternehmen etabliert. Dessen Initiative „dichter dran" verfolgt das Ziel, einen Einblick in die Arbeit im Inhouse Consulting zu gewähren, aber auch einen Informationsaustausch zwischen den Mitgliedern zu pflegen. Mitglieder der Initiative sind: Bayer, BSH Bosch und Siemens Hausgeräte, Commerzbank, Deutsche Bahn, Deutsche Bank, E.ON (MCG Management Consulting Group), Telekom, KfW und RWE. Neben der Schaffung eines klaren Profils für den Bereich Inhouse Consulting, dient diese Zusammenarbeit dem Wissensaustausch zu Themenbereichen wie Methodik oder Qualitätsstandards über verschiedene Industriezweige hinweg. Darüber hinaus haben sich Kooperationsfelder in den Bereichen Training und Öffentlichkeitsarbeit entwickelt.

4   Fazit

Betriebsblindheit als weit verbreitetes Phänomen macht grundsätzlich auch vor internen Beratungseinheiten nicht Halt. Analog zu externen Beratungshäusern können jedoch durch eine gute Organisation, exzellente Mitarbeiter und eine offene und faktenbasierte Arbeitsweise wirksame Schritte unternommen werden, dieser Herausforderung erfolgreich zu begegnen. Innerhalb des Bayer-Konzerns können durch die organisatorische Diversifizierung in die drei Teilkonzerne Bayer HealthCare, Bayer CropScience und Bayer MaterialScience

Erfahrungen aus unterschiedlichen Industriezweigen ausgetauscht und verglichen werden. Auf diese Weise wird zur Gewinnung von neuen Anregungen und damit zur Vermeidung von Betriebsblindheit beigetragen.

Wichtig ist, das Bewusstsein und die aktive, kontinuierliche Beschäftigung mit dem Thema zu schaffen, um für Kunden das bestmögliche Ergebnis zu erzielen. Dabei hilft es weder, mit Polemik gegen Konkurrenten vorzugehen noch sich auf interne Stärken zurückzuziehen. Im Gesamtergebnis kommt es auf die Kundenanforderungen im Einzelfall an, ob und wie interne oder externe Beratungen unterstützen können. Der nachhaltige Erfolg sowohl interner wie externer Beratungen gibt Grund zur Annahme, dass es hier keine richtige oder falsche Antwort geben kann. Inhouse-Beratungen fördern durch Generierung, Aktivierung und Vermittlung von Wissen den Prozess des organisationalen Lernens und können unternehmensinterner Impulsgeber sein, ohne betriebsblind zu werden.[16]

5 Referenzen

Bayer Business Services (2008): Der Inhouse Consulting Markt in Deutschland, Leverkusen 2008.

Dievernich F. (2002): Das Ende der Betriebsblindheit? München und Mering, 2002.

Hengst-Gohlke, N. (2007): Wissensmanagement in Beratungsunternehmen, in: Wissensmanagement, Jg. 2007, Heft 5, S. 22–23.

Kennedy, J./Eberhart, R. C./Shi, Y. (2001): Swarm Intelligence, San Francisco, 2001.

Minto, B. (2008): The Pyramid Principle: Logic in writing and thinking, Harlow 2008.

Moscho, A. (2009): Bayer Business Services: Aufbau und Etablierung eines professionellen Inhouse Consulting in einem globalen Konzern, in: Moscho, A./Richter, A.: Inhouse-Consulting in Deutschland: Markt, Strukturen, Strategien. Wiesbaden, 2010.

Petmecky, A./Deelmann, T. (2005): Warum gibt es Berater? Warum gibt es nicht ausschließlich Berater?, Berlin/Heidelberg 2005.

Schmidt, L./Brandt, N./Ahlers, F. (2000): Inhouse-Consulting in der betrieblichen Praxis. In.: Zeitschrift Führung + Organisation, Jg. 2000, Heft 5, S. 260–267.

Tate, W./Ellram, L./ Bals, L./Hartmann, E. (2009): Offshore outsourcing of services: An evolutionary perspective, in: International Journal of Production Economics, Volume 120, Issue 2, S. 512–524.

---

[16] Vgl. Schmidt, L. et al. (2000): S. 265.

Terpitz, K. (2008): Propheten im eigenen Lande, in: Handelsblatt 19.12.2008, S. 26.

Trautmann, G./Bals, L./ Hartmann, E. (2009): Global Sourcing in Integrated Network Structures: The Case of Hybrid Purchasing Organizations, in: Journal of International Management, Volume 15, Issue 2, S. 194–208.

Vogel, R./Voß, K. (2008): Inhouse Consulting – Praktische Verbreitung und organisatorische Gestaltung, in: Zeitschrift der Unternehmensberatung, Jg. 2008, Heft 5, S. 216–222.

Neutralität der Beratung – ein spezifisches Problem für Inhouse Consultants?

*Dr. Thomas Duve, Axel Krüger und Christoph Müller**

* Dr. Thomas Duve ist Leiter Internes Consulting der KfW Bankengruppe. Axel Krüger und Christoph Müller sind Senior Projektmanager im Internen Consulting der KfW Bankengruppe.

1   Einleitung

Inhouse Consultingeinheiten scheuen den Vergleich mit externen Unternehmensberatungen nicht. Der besondere Nutzen dieses Geschäftsmodells für das eigene Unternehmen wurde und wird, wie auch in diesem Band, schon mehrfach beleuchtet. Beim Vergleich mit externen Beratern werden aber auch spezifische Schwächen gesehen. Neben der durch das Geschäftsmodell bedingten verringerten Möglichkeit, externe Benchmarkingdaten und Best Practice-Ansätze in Projekte einzubringen, wird vor allem die Frage der im Vergleich zu externen Beratungen geringeren Neutralität herausgestellt.

Insbesondere im deutschen Kontext wird das Thema der Neutralität viel diskutiert. Dies kann mit der Entstehungsgeschichte vieler interner Consultingeinheiten zusammenhängen, die wie das interne Consulting der KfW-Bankengruppe aus Einheiten, die mit Beratermethoden normative Vorgaben zur Umsetzung bringen sollten, hervorgegangen sind.

Für die Zwecke dieses Artikels definieren wir als den wesentlichen Aspekt der Neutralität das Vertrauen des Auftraggebers in eine objektive Auftragsabwicklung durch das Inhouse Consulting. Dies gilt insbesondere für Fälle, in denen der Auftraggeber die Untersuchung nicht selbst ausgelöst hat und/oder mit ihren Zielen nur teilweise einverstanden ist – eine Konstellation, die bei vielen Effizienzsteigerungs- und Umorganisationsprojekten anzutreffen ist.

2   Rahmenbedingungen für das Inhouse Consulting und deren Auswirkungen auf einen „neutralen" Beratungsansatz

2.1   Geschäftsmodell des Inhouse Consulting

Das Geschäftsmodell des Inhouse Consulting ist auf Kontinuität ausgerichtet: Zu internen Kunden werden langfristige Beziehungen aufgebaut, die durch langfristig dem Unternehmen zur Verfügung stehende Mitarbeiter betreut werden. Aus diesem Umstand erwächst die Problematik, dass jeder interne Consultant im Verlauf seines internen Beraterlebens mit seiner im Unternehmen entstandenen eigenen „Historie" und der Historie der internen Consultingorganisation konfrontiert wird. Dies kann – zumindest aus Sicht der Kunden – ein neutrales Vorgehen schwierig machen.

Externe Beratungen entwickeln auch eine eigene Historie, haben aber hiermit aufgrund der Tatsache, dass agierende Personen ausgetauscht werden können, im Regelfall nur ein kleineres Problem.

Vor diesem Hintergrund stellt sich die Frage, wie man mit dem Projektgeschäft umgeht, insbesondere bei Projekten, die in potenziell konfliktiven Konstellationen durchgeführt werden. Die Fragen, die jedes Inhouse Consulting intensiver als eine externe Beratungsgesellschaft beantworten muss, lauten:

1. Können solche Beratungsaufträge „neutral" abgewickelt werden?
2. Welches Vorgehen müssen die internen Berater wählen, um eine vertrauensvolle Zusammenarbeit sicherzustellen?
3. Wie kann das Geschäftsmodell des Inhouse Consulting langfristig gesichert werden?

2.2 Unterschiedliche Projekttypen in der Praxis

Um auf diese Fragen die richtigen Antworten zu finden, ist es sinnvoll, verschiedene Projekttypen, die in der Praxis der Strategie und Organisationsberatung existieren, differenziert zu betrachten. (vgl. Abbildung 2.1):

1. Management- und Strategieberatung: Hierunter fallen beispielsweise die Entwicklung und Überprüfung strategischer Fragestellungen und Kostenreduzierungsprojekte. Auftraggeber dieser Projekte ist in der Regel der Vorstand.
2. Organisations- und Prozessberatung: Dazu gehören im Wesentlichen die Analyse und Optimierung von Geschäftsprozessen und Organisationsstrukturen. Zu den Auftraggebern gehört neben dem Vorstand auch häufig die erste Führungsebene.
3. Prozessdokumentation und -management: Diese Projekte befassen sich mit der Konzeption und Realisierung prozessorientierter Darstellungen von Abläufen und Regelungsinhalten. Schwerpunktmäßig werden diese von der ersten Führungsebene initiiert.
4. Projektmanagement: Hierunter fallen Aufgaben der Strukturierung, dem Aufsetzen und der laufenden Koordination von (Groß)-Projekten. Schwerpunktmäßig werden diese Themen von der ersten und zweiten Führungsebene initiiert.

Die Grenzen zwischen den einzelnen Projekttypen verlaufen fließend, häufig finden sich auch andere Bezeichnungen in Praxis wieder. Ebenso können einzelne Projekte mehrere Projekttypen auf sich vereinen (z.B. Strategie- und Prozessberatung).

Projekttypen	Beispiele	Auftraggeber
Management- und Strategieberatung	• Entwicklung/Implementierung von Strategien	• Vorstand
Organisations- und Prozessberatung	• Analyse und Optimierung von Geschäftsprozessen • Um- und Neuorganisationen	• Vorstand • 1. Führungsebene
Prozess- dokumentation und -management	• Prozessorientierte Darstellungen von Abläufen und Regelungsinhalten	• Vorstand • 1. Führungsebene
Projekt- management	• Strukturierung und Aufsetzen von Projekten • Projektkoordination und – steuerung	• Vorstand • 1. Führungsebene • 2. Führungsebene

Abb. 2.1   Projekttypen

2.3   Anforderungen an das Inhouse Consulting

Beratungsprojekte, die das interne Consulting durchführt, unterscheiden sich grundsätzlich nicht von Projekten, die durch externe Beratungsgesellschaften begleitet werden. Es treten die gleichen Konfliktpotenziale auf, die auch Externe wahrnehmen. Auftraggeber erwarten von den internen und externen Beratern gleichermaßen eine neutrale, weisungsungebundene Auftragsabwicklung.

Eine neutrale Projektabwicklung ist insbesondere bei den Projekttypen „Prozessmanagement" und „Projektmanagement" vergleichsweise einfach. Hier werden die internen Berater bei der Lösung von Problemen häufig in der Rolle eines „Coachs" gesehen, der die Kunden befähigen soll, eigene Lösungen zu entwickeln. Zudem haben die unmittelbaren Projektergebnisse meist geringe Auswirkungen auf die Verantwortlichkeitsbereiche des Managements.

Anspruchsvoller wird es, wenn die beratene Einheit die Untersuchung nicht selbst ausgelöst hat und/oder mit ihren Zielen nur teilweise einverstanden ist.

Projekttypen	Auftraggeber	Konfliktpotenziale in Projekten
Management- und Strategieberatung	• Vorstand	• hoch
Organisations- und Prozessberatung	• Vorstand • 1. Führungsebene	• hoch
Prozess- dokumentation und -management	• Vorstand • 1. Führungsebene	• gering
Projekt- management	• Vorstand • 1. Führungsebene • 2. Führungsebene	• gering

Abb. 2.2   *Konfliktpotenziale in Projekten.*

Dies trifft häufig auf Projekte zu, die sich mit Aufbaustrukturen, Personalkapazitäten oder Kostensenkungsfragestellungen beschäftigen. In diesen Fällen ist in der Regel der Vorstand der Auftraggeber. Solche Projekte haben per se einen hohes Konfliktpotenzial. Hier werden letztendlich Einfluss, Verantwortung und Macht in einem Unternehmen neu definiert. Nicht selten sind die Zielvorstellungen des Top-Managements umzusetzen.

Das Konfliktpotenzial drückt sich hier nicht nur in Form divergierender Ansichten zu Projektvorgehen und Projektergebnissen aus, sondern wird verschärft durch die Tatsache, dass der interne Consultant als Teil der Unternehmenshierarchie auch unbequeme Wahrheiten dem Management widerspiegeln muss.

Aufgrund der Abhängigkeit zu einem Kunden können diese Konflikte für die internen Consultants als Person und für das Geschäftsmodell der Consultingeinheit kritisch werden. Aber: Gerade diese Art von Projekten ist das „Salz in der Suppe" und muss zum Standard-Projektportfolio des internen Consulting gehören.

Im folgenden Kapitel wird analysiert, wie diese Spannungen (interessante Projekte – aber hohe „Sprengkraft") reduziert werden können.

3   Nachhaltige Akzeptanz des Inhouse Consulting

Nachstehend betrachten wir die Wahl der richtigen organisatorischen Verankerung der internen Beratung und die vertrauensbildende Durchführung von Projekten als entscheidende Bedingungen für eine nachhaltige Akzeptanz des Inhouse Consulting.

3.1   Aufbauorganisation und Verantwortung

Die organisatorische Verankerung des Inhouse Consulting hat Signalwirkung für die internen Kunden und sollte in Anbetracht des unterschiedlichen Konfliktpotenzials der verschiedenen Projekttypen auf das Angebotsportfolio abgestimmt sein.

Eine interne Beratung, die das gesamte Portfolio wie unter 2.2. dargestellt abdeckt, sollte idealerweise in einem Stabsbereich vorstandsnah aufgehängt sein. Die möglicherweise sensiblen und politisch brisanten Inhalte bergen ein hohes Maß an Konfliktpotenzial. Diese Aufhängung gibt zum einen der Wichtigkeit der Projekte Nachdruck, demonstriert aber gleichermaßen – und darum geht es hier – dass keinerlei Fachbereichsinteressen einer neutralen Untersuchung entgegenstehen. Zudem ermöglicht diese Ansiedlung schnelle Entscheidungswege.

Wie in Abbildung 3.1 dargestellt, gibt es je nach Schwerpunkt der Projekttätigkeit unterschiedlich geeignete organisatorische Verankerungsmöglichkeiten für das Inhouse Consulting. Einheiten, die Strategieprojekte mit typischerweise hohem Konfliktpotenzial durchführen, sind idealerweise direkt am Vorstand aufgehängt. Durchschlagskraft, Schnelligkeit und größtmögliche Neutralität sind Voraussetzungen für eine erfolgreiche Bearbeitung dieser Projekttypen.

Inhouse Consulting Einheiten mit Schwerpunkt in der Organisations- und Prozessberatung oder in Prozessdokumentation und –management sind ebenfalls idealerweise in einem Stabsbereich am Vorstand aufgehängt. So ist in diesem Fall eine Verankerung im Stabsbereich Organisation ideal, da hier üblicherweise Konventionen und Standards zu Prozessen und Organisation gesetzt werden und deren Einhaltung und Umsetzung bei dieser Verankerung gesichert sind.

		Organisatorische Verankerung	
Projekttypen	Konfliktpotenzial	Stabsbereich am Vorstand	Operative Fachfunktion
Management- und Strategieberatung	hoch	+	-
Organisations- und Prozessberatung	hoch	+	-
Prozess- dokumentation und -management	gering	+	+
Projekt- management	gering	+	+

Abb. 3.1   Organisatorische Verantwortung

Die Projekttypen Prozess- und Projektmanagement weisen wie unter 2.2. dargestellt ein eher geringes Konfliktpotenzial auf. Eine Verankerung in einem Stabsbereich am Vorstand ist nicht zwingend, kann jedoch sinnvoll und förderlich sein, wenn spezifische Interessen einer neutralen Abwicklung in einer Fachfunktion entgegenstehen. Für eine Verankerung des In-house Consulting mit Fokus auf Projekt Management in einer operativen Fachfunktion spricht wiederum die fachliche Einbettung und das hierdurch vorhandene Spezial Know How, welches so an einer übergeordneten Stelle nicht vorgehalten werden kann.

Zusammenfassend sehen wir die richtige Aufbauorganisation als Basis, um weitestgehend unabhängig agieren zu können. Sie ist entscheidend für die Wahrnehmung und nachhaltige Akzeptanz der Einheit im Unternehmen.

Doch auch in der Bearbeitung der Projekte sind Besonderheiten zu berücksichtigen, um den Anspruch der Neutralität zu untermauern und das Spannungsverhältnis zwischen anspruchs-vollen Projekten einerseits und möglichen Konflikten andererseits zu mildern.

3.2   Transparenz im Vorgehen und in der Ergebnisherleitung

Je transparenter und nachvollziehbarer das Vorgehen und die Ergebnisfindung im Rahmen eines Projektes ist, desto weniger lassen sich Meinungen halten, das Inhouse Consulting sei nicht neutral oder würde vorbestimmte Ergebnisse des Auftraggebers eines Projektes argu-mentativ unterfüttern. Zu solch einem vertrauensbildenden Vorgehen zählt, dass im Rahmen der Ergebnisfindung alle validen Alternativen diskutiert und bewertet werden und keine

Option außer Acht gelassen wird, die ex post möglicherweise als „bewusstes Auslassen" gedeutet werden könnte.

Die Transparenz und Nachvollziehbarkeit bei der Vorbereitung bzw. Entscheidungsfindung ist somit Voraussetzung für eine nachhaltige Akzeptanz des Inhouse Consulting. Hieran muss sich die Einheit messen lassen. Etwaigen Vorwürfen, das Inhouse Consulting sei nicht neutral und es gäbe Absprachen oder gar „Gefälligkeitsgutachten" kann mit einem Nachweis der transparenten Entscheidungsfindung entgegengetreten werden.

Natürlich lassen sich nicht immer Meinungsverschiedenheiten verhindern und es mag unterschiedliche Auffassungen über „die richtige Entscheidung" oder „das richtige Ergebnis" geben. Als Konsequenz muss es für diese Konfliktfälle klare, für das gesamte Haus transparente Eskalationswege geben.

Während diese „Regeln" auch durchaus für externe Beratungen Gültigkeit haben, sind sie jedoch von besonderer Bedeutung für ein Inhouse Consulting, da dessen nachhaltige Existenz von der Akzeptanz und dem Vertrauen der internen Kunden abhängt. Hat der externe Berater nach einem „Misserfolg" bei einem Kunden die Möglichkeit auf andere Unternehmen auszuweichen, ist das Inhouse Consulting in einem größeren Abhängigkeitsverhältnis zu seinen internen Kunden – denn ist man mit den Leistungen und dem Vorgehen des Inhouse Consulting nicht zufrieden, spricht sich dies im Unternehmen schnell herum – und kann somit die Akzeptanz und damit die Existenz des Inhouse Consulting bedrohen.

4   Fazit

Wenn Berater in konfliktiven Situationen erfolgreich agieren wollen, ist die durch die Beteiligten wahrgenommene Neutralität ein wichtiger Aspekt. Je konfliktiver die Situation, umso intensiver werden Berater auf „Zeichen der Parteilichkeit" beobachtet. Dies gilt sowohl für interne als auch für externe Berater.

Der Vorwurf, die internen Berater seien per se nicht neutral, kann zumindest teilweise durch eine sachgerechte Aufbauorganisation und durch maximale Transparenz im Projektvorgehen und in der Ergebnisherleitung entkräftet werden.

Bei näherer Betrachtung stellt man zudem fest, dass externe Beratungsgesellschaften ein starkes akquisitionsgetriebenes Interesse an der Ausweitung von Projekten haben. Hierdurch geraten auch diese nicht selten in den Verdacht, „Erfüllungsgehilfen des Auftraggebers" zu sein.

Vollständige Neutralität im Beratungsgeschäft existiert also nicht: Dem Auftraggeber, als auch den weiteren Projektbeteiligten muss klar sein, dass interne und externe Consultingeinheiten nicht völlig bindungsfrei in einem unternehmerischen Beziehungsgeflecht agieren können.

Die eingangs skizzierte Schwäche mangelnder Neutralität ist somit kein Spezifikum des Inhouse Consulting. Sie ist vielmehr ein strukturelles Problem, das interne und externe Berater – wenn auch in unterschiedlicher Ausprägung – gleichermaßen betrifft.

Erfolgsfaktor Mensch im prozess-orientierten Inhouse-Consulting

*Dr. Richard Glahn**

* Dr. Glahn ist freiberuflicher Trainer und Berater und bildet hausinterne Berater aus.

1   Hinführung

Inhouse-Consulting kennt eine Reihe von Arbeitsgebieten, beispielsweise das Erarbeiten passender Produkt- und Marktstrategien, die marktgerechte Anpassung von Unternehmensstrukturen oder das Optimieren von Prozessen. Letzteres steht im Fokus des vorliegenden Beitrags.

Im Rahmen von Prozessverbesserungen trifft man immer wieder auf eine gewisse „Methodengläubigkeit". Unbestritten ist, dass die Wahl der Methode einen großen Einfluss darauf hat, wie gut und passend erzielte Lösungen letztlich sein können. Ebenso wesentlich ist nach Auffassung des Verfassers jedoch das „Setting", in dem Prozessprobleme identifiziert, bearbeitet und gelöst werden.

In einer Vielzahl von Unternehmen – insbesondere in größeren Unternehmen – werden zur Prozessverbesserung Experten-Teams eingesetzt, entweder in Form von ganzen Abteilungen, die beispielsweise „Business Excellence" heißen oder aber in Form von freigestellten Mitarbeitern, die für einen gewissen Zeitraum bedeutende Verbesserungsprojekte leiten, um danach eine Linienführungsfunktion übernehmen zu können. Mit Blick auf ihre Verbesserungsarbeit werden diese Experten meist gut ausgebildet, so dass sie in der Regel mehrere Verbesserungsmethoden beherrschen. Im Zuge ihres Wirkens binden sie dann zwar die von einem Problem betroffenen Mitarbeiter in die Beschreibung der Probleme mit ein, jedoch beteiligen sie diese tendenziell nicht oder nur bedingt an der aktiven Lösungsfindung – die sich die Experten gerne selbst auf die Fahnen schreiben.

Die Lösungen, die mit solch einem Vorgehen gefunden werden, sind oft logisch begründbar und von Kennzahlen untermauert. In der betrieblichen Praxis werden sie jedoch von den Mitarbeitern entlang der geänderten Prozesse nicht immer getragen, weil diese nicht ausreichend mit einbezogen wurden und sich entsprechend nicht mit der Lösung identifizieren. Manchmal werden die so entstehenden Lösungen sogar abgelehnt und blockiert. Die betroffenen Mitarbeiter erleben es dabei so, dass sie lediglich ein paar Impulse stiften durften, dass ihr fachliches Know-how und ihre Erfahrungen mit den Abläufen, vor allem aber ihre Ideen zur Verbesserung nicht wirklich nachgefragt wurden. Am Ende eines solchen Veränderungsprozesses wird dann trotzdem erwartet, dass die Mitarbeiter die Lösungen nutzen bzw. umsetzen, die nicht mit ihnen, sondern für sie erarbeitet wurden. Nach Erfahrungen des Verfassers führt diese Vorgehensweise zu – in der Regel nicht offen ausgetragenen, aber verborgend schwelenden – Konflikten und letztlich zu suboptimalen Ergebnissen der Verbesserungsaktivitäten.

Der gewünschte Erfolg hingegen, die dauerhafte und von möglichst vielen Mitarbeitern getragene Veränderung von Abläufen stellt sich nach Erfahrung des Verfassers erst dann ein, wenn es gelingt, das Gros der Mitarbeiter an der Weiterentwicklung der Abläufe und deren eindeutiger Ausrichtung auf den Kunden umfänglich zu beteiligen – im Idealfall so, dass die Mitarbeiter Veränderungen von sich aus herbeiführen wollen. Dies klingt nun fast wie eine Platitude aus einer Unternehmensbroschüre und es wird wohl kaum einen Unternehmenslenker geben, der sich dieses Engagement seitens der Mitarbeiter nicht wünscht. Jedoch wird dieses Ziel nur in den wenigsten Unternehmen erreicht.

Um dieses Ziel zu erreichen, hat der Verfasser sowohl als Leiter hausinterner Unternehmensberatungen in Unternehmen unterschiedlicher Größe als auch als externer Berater die besten Erfahrungen nicht mit einzelnen Großprojekten und weit reichenden Umstrukturierungen gemacht, sondern mit der Durchführung einer Vielzahl kleinerer Workshops, in deren Rahmen schließlich alle Mitarbeiter regelmäßig ihre Ideen einbringen und das Unternehmen durch die Umsetzung selbst definierter Maßnahmen voran bringen können – „bottom up", nicht „top down". So verbessern sich schrittweise nicht nur die Ergebniszahlen, sondern es verbessert sich auch die Unternehmenskultur – hin zu einem von gegenseitigem Vertrauen und Wertschätzung geprägten Miteinander und Füreinander entlang des gesamten Geschäftsprozesses, in dem stets der interne und letztlich der externe Kunde im Vordergrund steht. Um zu einer solchen Arbeits- bzw. Prozesskultur zu gelangen, die nicht auf punktuelle Verbesserungen ausgerichtet ist, sondern letztlich die von Mitarbeitern getragene Veränderung des gesamten Unternehmens ermöglicht, hat es sich bewährt, hausinterne Moderatoren auszubilden. Diese Prozessbegleiter fungieren im Rahmen des Veränderungsprozesses nicht als Problemlöser, sondern als neutrale Begleiter.

Damit stellen sich zwei Fragen. Erstens: Wie könnte mit Bezug auf die Kritik an Experten-Teams ein Inhouse-Consulting strukturell und personell aufgebaut sein, damit das soeben skizzierte Ergebnis einer prozessorientierten Arbeitskultur erreicht werden kann? Und zweitens: Wie bildet man Inhouse-Consultants bzw. Moderatoren aus, damit sie in der Lage sind, Sachbearbeiter und Facharbeiter dafür zu gewinnen, alle Abläufe systematisch auf den Kunden auszurichten?

2 Ein Inhouse Consulting-Modell zur Mitarbeiterbeteiligung

Grundsätzlich und unabhängig von der Methode, die letztlich zum Einsatz kommen soll, sind drei Ebenen zu unterscheiden, auf denen Prozessverbesserungen erzielt werden können: der Arbeitsplatz, die Arbeitsgruppe und der gesamte Geschäftsprozess. Die meisten Verbesserungsmethoden fokussieren die dritte Ebene, die Prozessebene. Nach Erfahrung des Verfassers ist es jedoch so, dass man dem Ziel reibungsfrei funktionierender Prozesse erst wirklich nahe kommen kann, wenn auf allen drei Ebenen regelmäßig und engagiert verbessert wird. Erst dann ist es möglich, dass Informationen und Material fließen, und zwar möglichst

- fehlerfrei,
- zum richtigen Zeitpunkt,

- in der richtigen Menge,
- an die richtige Person.

Ein Blick auf die drei Ebenen: Auf der Ebene des Arbeitsplatzes geht es um die Verbesserung individueller Arbeitsabläufe, um den eigenen Arbeitsplatz. Ganz besonders geht es auf dieser Ebene jedoch darum, die Mitarbeiter für das Thema Verbesserung „abzuholen" und persönlich zu beteiligen, sie in ihrem eigenen Arbeitsumfeld erfahren zu lassen: „Ich selbst kann etwas verändern", „Meine Meinung ist wichtig", „Ich werde ernst genommen". Die zweite Ebene ist dann die Fortführung dieses Gedankens auf Abteilungsebene, mit Fokus auf der Verbesserung des Informations- bzw. Materialflusses innerhalb ganzer Büroabteilungen bzw. Produktionsbereiche. Mit der dritten Ebene wird schließlich der Informations- und Materialtransfer zwischen den einzelnen Funktionen verbessert. Der Fokus liegt nun auf den Schnittstellen.

- Ebene 3: Geschäftsprozesse und deren Schnittstellen
- Ebene 2: Abteilungsprozesse
- Ebene 1: Alle Arbeitsplätze

Markant ist, dass die Verbesserungsbemühungen vielerorts primär auf die Produktion ausgerichtet sind. Zwar sind dort die Symptome von Prozessproblemen am besten „greifbar", jedoch ist es oft so, dass die Ursachen für die Probleme der Produktionsbereiche in den Bürobereichen liegen – mal in der Konstruktion, mal im Projekt-Management oder im Einkauf und durchaus auch im Vertrieb. Um nicht nur an den Symptomen von Prozessproblemen herumzuwerkeln, sondern vielmehr deren Ursachen aufspüren und beseitigen zu können, bietet es sich daher an, das eben skizzierte 3-Ebenen-Modell nicht nur in der Produktion, sondern im gesamten Unternehmen zu nutzen. Der Rahmen des 3-Ebenen-Modells bietet dann methodisch ausreichend Möglichkeiten, für jedes Problem die passende Vorgehensweise zum Einsatz zu bringen. Bietet sich in einer Situation vielleicht ein so genanntes Prozess-Mapping an, so führen andere Fragestellungen vielleicht zum Einsatz von „5S", einem Wertstromdesign oder einer Vorgehensweise aus der „Six-Sigma-Toolbox". Hier muss man sicher darauf achten, dass man nicht desorientierend viele Vorgehensweisen zum Einsatz bringt – weniger ist vielleicht mehr.

Der unternehmenskulturelle Wandel hin zu einem Prozessbewusstsein, einer spürbaren Orientierung an den Belangen des (internen und externen) Kunden vollzieht sich – wie angedeutet – weniger durch die zum Einsatz gebrachten Methoden, sondern vielmehr durch die Umsetzung des 3-Ebenen-Modells, dadurch dass die Mitarbeiter jeder Abteilung auf jeder Ebene systematisch mit einbezogen und ihr Know-how und ihre Erfahrungen ernst genommen werden. Wenn dies der Fall ist, kommt es erfahrungsgemäß schrittweise dazu, dass die Mitarbeiter Eigenverantwortung für ihre Prozesse entwickeln, ja sogar Workshops einfordern, sobald sie Missstände identifizieren.

Auf einem Werksrundgang in einem Unternehmen, in dem der Verfasser als Leiter Inhouse-Consulting das 3-Ebenen-Modell aufgebaut hatte, trafen er und eine Besuchergruppe zufälligerweise zwei Mitarbeiter, die von der Besuchergruppe angehalten und gefragt wurden, wie sie denn das Verbesserungsprogramm des Unternehmens finden und wie sie es finden, soviel Verantwortung für die Prozesse zu übernehmen. Die Antworten:

„Was wir hier haben, ist nicht irgendein Verbesserungsprogramm. Das ist vielmehr eine Philosophie, eine Grundeinstellung der Arbeit gegenüber. Wenn wir uns nicht ständig darum bemühen besser zu werden, werden wir irgendwann überholt. Und das wollen wir nicht".

„Ich kann hier soviel Verantwortung übernehmen. Ich fühle mich in meiner Ehre als Arbeiter ernst genommen. Für mich gibt's eigentlich nichts Schöneres, als hier zu arbeiten."

Auch Vorstandsvorsitzende zeigen sich begeistert. Zitat auf einer Abschlusspräsentation eines abteilungsübergreifenden Prozess-Workshops: „Leute, dass Sie gute Ergebnisse präsentieren, habe ich erwartet. Aber Sie und Sie – Sie haben doch fast zehn Jahre nicht miteinander gesprochen. Und Sie und Sie sind beileibe auch nicht immer einer Meinung. Und heute stehen Sie hier vorne und sagen: WIR wollen dies künftig so tun. WIR sind der Auffassung, dass dieses oder jenes die beste Lösung ist. WIR haben uns dazu entschieden, künftig dieses oder jenes abzustellen. Leute, das ist das größte Frustbewältigungsprogramm, das ich je gesehen habe!"

Dies sind Auszüge aus dem Spektrum von Ergebnissen zu denen ein solcher Aufbau von prozessorientiertem Inhouse-Consulting führen kann. Nebenbei bemerkt: Der Gewinn dieses Unternehmens wurde in nur fünf Jahren vervielfacht – ohne eine Entlassung. Zu Beginn der Einführung des 3-Ebenen-Modells lag der Gewinn schon leicht über dem Branchendurchschnitt. Die Branche ihrerseits hatte im selben Zeitraum lediglich 35 Prozent Gewinnzuwachs zu verzeichnen. Die obigen Zitate zeigen dabei, wie wichtig es ist, Menschen zu beteiligen, getreu dem englischen Ausspruch: „Tell me, I forget – Show me, I remember – Involve me, I understand." Damit die Mitarbeiter die Wichtigkeit von Veränderung, besser: Verbesserung verstehen, muss man sie beteiligen. Wenn sie dann mittels ihrer unmittelbaren Beteiligung beginnen zu verstehen, wie wichtig kontinuierliche Verbesserung ist, sind sie oft bereit, sich immer stärker einzubringen. Und mit dem Zitat des Vorstandsvorsitzenden wird noch ein zweiter Punkt deutlich: Prozessprobleme sind in ganz vielen Fällen „soziale Probleme". Oft werden Prozessprobleme viel zu technisch und methodenlastig angegangen, wobei es in vielen Fällen bereits zum Erfolg führen würde, wenn man einfach nur im Kreise aller Betroffenen miteinander redet – von Moderatoren begleitet, strukturiert und zielorientiert über die Probleme und entsprechende Lösungsansätze, den Frust, der aus schlechten Prozessen resultiert, auf diese Weise beseitigend.

Entscheidend für den Erfolg ist auch das Rollenbewusstsein aller beteiligten Personen. Dies betrifft nicht nur die Inhouse-Consultants bzw. Moderatoren, denen das nächste Kapitel gewidmet ist, sondern ganz besonders auch die Führungskräfte, denn die Grundvoraussetzung für einen erfolgreichen Verbesserungsprozess ist, dass dieser von allen Führungskräften, insbesondere von der Unternehmensleitung aktiv gestützt wird. Entsprechend sollte das Rollenbewusstsein der Beteiligten das folgende sein:

Die *Unternehmensleitung* steht aktiv hinter dem Konzept, kommuniziert dies wiederkehrend und zeigt angemessene Wertschätzung für die Beteiligung an Verbesserungsaktivitäten.

Die *Führungskräfte* tragen in ihrem jeweiligen Bereich die Verantwortung für das Thema Verbesserung. Dabei werden Sie von dem Koordinator und den Moderatoren unterstützt.

Der *Koordinator* ist idealerweise Mitglied des direkt an die Unternehmensleitung berichtenden Managements. Er ist das bindende Glied zu seinen Führungskreis-Kollegen und koordiniert den gesamten Verbesserungsprozess.

Die *Moderatoren* führen das 3-Ebenen-Modell unter der fachlichen Führung des Koordinators ein und führen nach der Einführungsphase auf allen drei Ebenen kontinuierlich Workshops durch. Es hat sich bewährt, keinen Mitarbeiter für diese Aufgabe freizustellen, sondern das Thema auf viele Schultern zu verteilen, also ein Team von nebenberuflichen hausinternen Beratern zu bilden. In vielen Unternehmen, die der Verfasser beim Aufbau eines solchen Inhouse-Consultings begleitet hat, ist dies Bestandteil systematischer Personalentwicklung für Führungsnachwuchs. Denkbar ist natürlich auch ein Team aus Vollzeit-Moderatoren.

Die *Mitarbeiter* werden als Experten ihrer jeweiligen Arbeitsabläufe gesehen, denn sie sind diejenigen, die täglich mit diesen Abläufen zu tun haben. Konsequenterweise werden Arbeitsabläufe im Rahmen von Workshops durch die betroffenen Mitarbeiter optimiert. Dabei werden die Mitarbeiter von Moderatoren begleitet.

3 Ausbildung hausinterner Prozessbegleiter und Workshopdurchführung

Wie im vergangenen Kapitel deutlich wurde, ist die Rolle der Moderatoren von besonderer Bedeutung. Ohne Begleitung durch sie würden sich die Mitarbeiter zuweilen in Diskussionen über ihre Prozessprobleme verheddern. Ist hingegen Begleitung gegeben, ist es wichtig, dass diese neutral und nicht direktiv ist. Lösungen, die nicht mit den betroffenen Mitarbeitern basierend auf deren Know-how und Erfahrungen, sondern sozusagen mit der Lösung „im Gepäck" für sie erarbeitet werden, werden oft nicht angenommen.

Wie bereits angedeutet, plädiert der Verfasser dafür, eine passende Anzahl von Sachbearbeitern bzw. Facharbeitern zu Moderatoren auszubilden, die sich dann nebenberuflich mit ca. 10 Prozent ihrer Arbeitszeit als Inhouse-Consultant einbringen. Dabei soll an dieser Stelle betont werden, wie Erfolg versprechend es ist, Mitarbeiter neben- und nicht hauptberuflich einzubinden. Auf diese Weise ist gewährleistet, dass die Inhouse-Consultants den Kontakt zur Arbeitswirklichkeit nicht verlieren. Nur allzu oft ist zu beobachten, wie das Thema Prozessverbesserung bezüglich der Methoden „intellektualisiert" wird, sobald es Vollzeit-Verbesserern in die Hand gegeben wird. Sind die Inhouse-Consultants selbst noch im Gesamtprozess tätig, werden meist pragmatische Herangehensweisen favorisiert; für Methoden-Monster ist dann wenig Raum. Nicht zuletzt durch diesen Pragmatismus, aber auch durch die

Wahrnehmung, dass die Inhouse-Consultants „welche von uns" sind, lassen sich viele Mitarbeiter auf Sachbearbeiter- und Facharbeiterebene für ein Mitmachen gewinnen.

Die künftigen „Teilzeit-Inhouse-Consultants" werden mit einer kurzen Schulung vor den ersten Workshops und dann im Zuge dieser Workshops im Learning-by-Doing-Verfahren schrittweise zu unternehmensinternen (Teilzeit-)Beratern bzw. Moderatoren ausgebildet. Die Schulung beinhaltet die folgenden Themen:

- Überblick über das Gesamtkonzept des Unternehmens zum Thema Prozessverbesserung, inklusive der zum Einsatz kommenden Methode(-n)
- Praktische Übung im eigenen Unternehmensumfeld: Prozessschwächen erkennen und verstehen
- Theorie: Präsentationstechniken, Moderationstechniken (insbesondere Visualisierung von Ideen und Lösungen), Verbal- und Körpersprache, theoretische Grundlagen zu Kommunikation sowie zu Verhaltensweisen und -ursachen (Kenntnisse in Körpersprache sind besonders wichtig, denn die Diskussionssituationen stellen den Moderator auch vor die Herausforderung, Unausgesprochenes zu verstehen und adäquat mit in die Diskussion einfließen zu lassen).
- Praktische Übung: Präsentieren/Moderieren (im Fokus: Verbal- und Körpersprache)
- Checklisten: Wie bereitet man Verbesserungsworkshops vor? Wie führt man sie durch? Wie verfolgt man die Umsetzung der Maßnahmen? Wie dokumentiert man?

Der erste Workshop jeder Ebene (Arbeitsplatz, Arbeitsgruppe, Schnittstelle) sollte dann von einem erfahrenen Moderator begleitet werden, um den neuen Moderatoren eine Orientierung zu bieten. Bei den Folgeworkshops sind die Moderatoren in der Regel auf sich selbst gestellt – bislang stets mit Erfolg. Weil Moderieren ein „Knochenjob" ist und viel Konzentration erfordert, sollte mindestens in der Anfangsphase jeder Workshop von einem Zweier-Moderatoren-Team geleitet werden. Für wichtig erachtet der Verfasser es auch, dass die Moderatoren-Teams an jedem Unternehmensstandort sowie innerhalb von Workshops heterogen besetzt sind. So ergänzen und stärken sich die Team-Mitglieder gegenseitig durch ihre Andersartigkeit.

Dass die reine Methodenkenntnis zum Thema „Prozesse verbessern" höchstens die halbe Miete ist, ist bislang deutlich geworden. So ist es an dieser Stelle angebracht, die Anforderungen zu nennen, die an einen Moderator zu stellen sind. Ein Moderator sollte:

- … neutral und offen für jedes Ergebnis sein. (Nicht der Moderator, sondern dieTeilnehmer sind die „Bescheidwisser" und können Probleme und Lösungsansätze am besten beurteilen. Entsprechend empfiehlt es sich, Moderatoren möglichst nicht für die Verbesserung von Abläufen einzusetzen, von denen sie im Tagesgeschäft selbst betroffen sind. Sonst laufen sie Gefahr, den Workshop nicht zu moderieren, sondern zu dominieren.)
- … gleichwohl auf sein Ziel fokussiert sein, den Workshop zu Ergebnissen zu führen. (Inhaltlich sollte es dem Moderator „egal" sein, welches Ergebnis erzielt wird. Jedoch liegt es in seiner Verantwortung, dass ein brauchbares Ergebnis erzielt wird.)
- … gut zuhören können.

- … den roten Faden aber dennoch nie verlieren und im passenden Moment wieder zur Diskussion zurückführen können.
- … bei Bedarf Impulse geben, sich dann aber wieder zurück nehmen können.
- … Ideen, Strukturen, Abläufe und Ergebnisse visualisieren können.
- … darauf achten, dass er alle Teilnehmer mit in die Lösungsfindung einbezieht.
- … die Inhalte und Ziele des Verbesserungsprogramms im Rahmen von Präsentationen und bei kritischen Fragen souverän darstellen und vermitteln können.
- … eine positive Ausstrahlung haben.
- … Menschen einschätzen können.
- … bei Präsentationen und auch während der Moderation passend sprechen, also mit angemessener und ansprechender Lautstärke, passender Sprechgeschwindigkeit und deutlich.
- … auf seine Körpersprache achten, also stets der Diskussions- bzw. Zuhörergruppe zugewandt bleiben und Offenheit zeigen sowie nicht dominant oder unterwürfig auftreten, der Situation und seiner eigenen Rolle eben angepasst.

Ein guter Trainer vermittelt all dies anhand von Beispielen und Übungen im Rahmen einer Grundlagenschulung für Moderatoren. Bleibt die Frage, wie denn ein moderierter Workshop zustande kommt und wie er abläuft.

Der Ausgangspunkt für einen Workshop ist in der Regel ein Problem, genauer: ein Prozesssymptom, das innerhalb einer Abteilung oder sogar abteilungsübergreifend zu Unstimmigkeiten geführt hat. Nicht selten gibt es zu dem entsprechenden Thema bereits Regeln, wie bspw. Arbeits- oder Verfahrensanweisungen. Dennoch erachten es manche der am Prozess Beteiligten für richtig, eine eigene Vorgehensweise zu bevorzugen. Das Ziel des Workshops besteht nun nicht darin, diese Workshop-Teilnehmer erkennen zu lassen, dass die existierenden Regeln der richtige Weg seien, sondern vielmehr darin, den Prozess in seiner Gesamtheit gemeinsam mit allen Beteiligten zu analysieren und Einsichten zu schaffen – im Rahmen eines professionell begleiteten Diskurses. In diesem werden:

- Symptome besprochen,
- Einsichten in die Probleme und deren Ursachen gewonnen sowie
- die Symptome durch gute, Orientierung gebende und von allen Beteiligten akzeptierte Standards ersetzt.

Oftmals tritt dann interessanterweise zutage, dass dem bislang beständig andersartigen Prozesshandeln bestimmter Workshop-Teilnehmer nicht Ignoranz und Sturheit zugrunde lagen, sondern vernünftige Gedanken, Handlungsantriebe und Erfahrungswerte, von denen das gesamte System profitieren kann, indem es die Bereitschaft zeigt, bestehende Standards weiter zu entwickeln anstatt auf deren Existenz zu verweisen oder diese gar mit disziplinarischer Gewalt durchsetzen zu wollen. Auch wird mit einem solchen Diskurs dem vielfach vorzufindenden Wunsch nach mehr Selbstbestimmtheit genüge getan, indem alle Betroffenen bei der Weiterentwicklung bestehender Standards aktiv eingebunden sind und deren Neugestaltung mitbestimmen können – Kreativität beim Finden passender Standards statt bei der späteren Arbeit.

In diesem Zusammenhang soll die Rolle des Moderators nochmals auf den Punkt gebracht werden: Damit die Workshop-Teilnehmer bereit sind, Symptome von Arbeitsabläufen bildlich gesprochen loszulassen, müssen sie passend einbezogen und angesprochen werden. Wie in der wirklichen Welt hat man es innerhalb von Arbeitsprozessen mit Individuen zu tun, deren Handlungsmotive nicht nur von der Organisation (hier: Unternehmen) geprägt sind, sondern auch von völlig eigenen Erfahrungen. Beispielsweise wird man einen in der Tendenz an klaren Regeln orientierten Menschen nicht mit der Aussicht auf harmonischeres Miteinander gewinnen und einen ausgesprochenen Menschenfreund nicht mit der Aussicht auf ein eindeutiges Gefüge von Handlungsorientierungen. Einem guten Moderator gelingt es, mit Blick auf das Workshop-Ziel, den Informations- und Materialfluss zu verbessern, die individuellen Handlungsmotive der Teilnehmer zu erkennen und im Rahmen seiner Moderation zu berücksichtigen, so dass die Gruppe letztlich gemeinsam einen von allen Beteiligten akzeptierten Standard erarbeiten kann.

Ablauf von abteilungsübergreifenden Prozess-Workshops

Vorbereitung

1. **Abstimmung der Moderatoren untereinander**

2. **Mit internem Kunden (der Bereich, in dem die Prozess-Symptome auftreten) vereinbaren, aus welchen Abteilungen die weiteren Teilnehmer kommen sollten**

3. **Vorbesprechung mit allen Teilnehmern, Vergegenwärtigung des Themas und des Ziels**

4. **Raum vorbereiten, Moderatorenausrüstung checken**

Durchführung

5. **Gemeinsam mit allen Teilnehmern:**
   Visualisierung des zu analysierenden
   (Teil-)Prozesses und aller Prozess-Symptome

6. **Einschätzung des Aufwand-Nutzen-**
   Verhältnisses aller Prozess-Symptome
   mit allen Teilnehmern

7. **Bearbeitung aller Prozess-Symptome**
   • **Beschreiben des Symptoms/Problems**
   • **Erarbeitung der Ursachen**
   • **Lösungsvorschläge / Maßnahmen definieren**
   • **Präsentation der Lösungsvorschläge vor allen betroffenen Führungskräften**
   • **Umsetzen der Maßnahmen**

Nachbereitung

8. **Nach drei Monaten: Erneutes Treffen zur Überprüfung der Wirksamkeit der Maßnahmen**

Abb. 3.1   Workshop-Ablauf „Prozess-Workshops"

4   Fazit

Will man eine Arbeits- bzw. Prozesskultur erzielen, in der stets der interne und letztlich der externe Kunde im Vordergrund steht, ist es wichtig, alle Ebenen der Arbeitsabläufe systematisch mit einzubeziehen – alle Arbeitsplätze, alle Arbeitsgruppen und alle Geschäftsprozesse bzw. deren Schnittstellen. Damit man dabei nicht der Versuchung erliegt, zu methodenorientiert und „technisch" vorzugehen, bietet es sich an, sich bewusst zu machen, dass nicht alleinig die Auswahl bestimmter Methoden entscheidend ist, sondern dass es vielmehr die Menschen sind, die das Unternehmen bewegen. Um die Beteiligung der Mitarbeiter effizient und motivierend zu gestalten, sollten einige Kollegen gezielt zu Moderatoren ausgebildet werden, die dann neben ihrer sonstigen Tätigkeit regelmäßig kurze, aber effiziente Verbesserungsworkshops durchführen, in deren Rahmen Schritt für Schritt auf allen drei Ebenen das gesamte Verbesserungspotenzial eines Unternehmens erschlossen und schließlich genutzt wird. Nach Erfahrungen des Verfassers ist das Ergebnis nicht nur eine Verbesserung des operativen Unternehmensergebnisses, sondern auch eine Veränderung der Unternehmenskultur, die sich eindeutiger am Kunden und seinem Bedarf orientiert.

5   Weiterführende Literatur

Bieber, K./ Leikep, S.: Der Weg: Effizienz im Büro mit Kaizen-Methoden, Berlin 2006.

Elhardt, S.: Tiefenpsychologie: Eine Einführung, Stuttgart 2005.

Glahn, R.: Effiziente Büros – Effiziente Produktion: In drei Schritten zu exzellenten Abläufen im gesamten Unternehmen. Antworten auf die wichtigsten Fragen zum nachhaltigen Erfolg, Ansbach 2010.

Glahn, R.: World Class Processes: Rendite steigern durch innovatives Verbesserungsmanagement – oder wie Sie gemeinsam mit Ihren Mitarbeitern betriebliche Prozesse auf Weltklassenniveau erreichen, Ansbach 2007.

Molcho, S.: Körpersprache, München 1998.

Kurzfristig retten versus nachhaltig entwickeln – Häufige Spannungsfelder interner Unternehmensberater

Thomas P. Kühn, Dr. Caroline Heuermann*

---

* Thomas P. Kühn: Head of MI&S Business Transformation, TUI Deutschland GmbH
   Dr. Caroline Heuermann: Senior Consultant MI&S Business Transformation, TUI Deutschland GmbH.

1   Einführung

Der Aufbau und die Entwicklung eines Inhouse Consulting bei der TUI Deutschland GmbH während der letzten 10 Jahre brachten eine Reihe von Erfahrungen mit sich, die exemplarisch für die Herausforderungen interner Beratungseinheiten stehen. Die Möglichkeiten und Entwicklungsfelder, aber auch die Schwierigkeiten und „Stolpersteine" bei der Erfüllung interner Beratungsaufträge sowie zentrale Erkenntnisse und Empfehlungen daraus werden im Folgenden betrachtet.

Der Beitrag beginnt mit einer kurzen Übersicht über das Unternehmen, bevor der Entwicklungspfad der internen Beratungseinheit MI&S, ihre heutigen Aufgabenschwerpunkte und Beratungsprodukte und damit einhergehend eine Bandbreite von möglichen Inhouse Consulting-Aktivitäten aufgezeigt werden (Kapitel 2). Die zentralen Herausforderungen und Möglichkeiten der Beratungsaktivitäten von MI&S werden exemplarisch anhand eines aktuellen Großprojektes zur Etablierung eines kontinuierlichen Verbesserungsprozesses, der Initiative TUI exzellent!, erläutert (Kapitel 3). Abschließend werden die wesentlichen Learnings bisheriger Beratungsaktivitäten zusammenfassend herausgearbeitet und daraus plakativ zentrale „Do's & Don'ts" interner Beratungen abgeleitet (Kapitel 4).

2   Die interne Beratungseinheit der TUI Deutschland GmbH

2.1   Kurzvorstellung und Einordnung der TUI Deutschland GmbH

Die Tourismusaktivitäten der TUI AG (mit Ausnahme der TUI Hotels & Resorts) wurden 2007 mit dem englischen Reisekonzern First Choice zur TUI Travel plc. verschmolzen. Die Division Mainstream als größter Sektor der TUI Travel plc. bündelt das klassische Urlaubsreisegeschäft und gliedert sich in drei so genannte Quellmarktverantwortungen (Northern Europe, Central Europe und Western Europe). Die TUI Deutschland GmbH[17] agiert im Geschäftsbereich Central Europe nicht nur als reiner Reiseveranstalter, sondern ebenso als Führungsgesellschaft des Geschäftsbereichs. Somit werden von der Quellmarktgeschäftsführung rund 70 weitere Gesellschaften in Deutschland, Österreich, Schweiz, Polen und Südosteuro-

---

[17]   Im Weiteren vereinfacht TUI Deutschland genannt.

pa verantwortet. Diese Unternehmen haben vor allem die Reiseveranstaltung und den Reisevertrieb zum Geschäftszweck (Ausnahme bildet die Fluggesellschaft TUIfly), oder sind Shared Service-Gesellschaften des Konzerns. Im Geschäftsjahr 2008/09 erzielte der Geschäftsbereich mit 9,7 Mio. Gästen und rund 10.000 Mitarbeitern einen Umsatz von 5,5 Mrd. €. In ihrer Funktion als Reiseveranstalter ist die TUI Deutschland der größte Einzelveranstalter in Europa.

2.2 Entwicklung der Beratungseinheit Management Information & Support (MI&S)

Die wichtigsten Leistungen des Reiseveranstalter-Geschäfts sind der Einkauf, die Bündelung und die Vermarktung der verschiedensten touristischen Leistungen. Die Begleitung der Reisedurchführung und die Kundennachbetreuung gehören ebenfalls zu den zentralen Aufgaben. Eine besondere Bedeutung kommt in integrierten Touristikunternehmen der Kapazitäts- und Verkaufssteuerung der relevanten Risiken (z.B. Konzernassets Flug und Hotel) zu. Neben klassischen Controllingfunktionen ergeben sich für die TUI Deutschland hier besondere Anforderungen an eine umfassende Bereitstellung von relevanten Steuerungsinformationen. Dazu wurde seit 1997 das TUI Führungs- und Informationssystem TUFIS entwickelt.

Diese zunächst aus dem Controlling getriebenen Business Intelligence-Aktivitäten, wurden im Jahr 2001 in eine eigene Abteilung (Management Information & Support) im Ressort des CFO ausgegliedert. Gründe für eine separate Einheit waren im Wesentlichen inhaltliche Fokussierung und Weiterentwicklung, klarere Kommunikation des Unterstützungs- und Beratungsansatzes, höhere Akzeptanz insbesondere bei Tochtergesellschaften sowie ein geschärftes Profil im externen Auftritt gegenüber Beratern und relevanten Systemanbietern und nicht zuletzt dem Arbeitsmarkt.

Von Anfang an bestanden neben den Aufträgen rund um das Thema Informationsbereitstellung regelmäßig projektbezogene Einzelaufträge mit klassischem Beratungscharakter. In diesem Zusammenhang wurden häufig Mitarbeiter von MI&S mit unterschiedlichsten Aufträgen in unternehmensweite Großprojekte mit externen Beratungsunternehmen eingebracht.

Um diesem Aufgabenspektrum und den persönlichen Herausforderungen gerecht werden zu können, gab es neben den inhaltlichen Qualifikationsangeboten zum Thema Business Intelligence eine konsequente Vermittlung von allgemeinen und systemischen Beratungsqualifikationen. Zu nennen sind hier insbesondere:

*   Präsentations- und Moderationsfähigkeiten
*   Workshopdesign und -durchführung
*   Konfliktlösungsverhalten
*   Selbstreflexionsfähigkeit
*   Verstehen von Verhaltensmustern von Gruppen und Individuen

Nicht zuletzt durch Vorträge bei Konferenzen und Veröffentlichungen kamen Kontakte zu konzernfremden Unternehmen zu Stande, die teilweise auch zu intensiverer Zusammenarbeit oder externen Beratungsaufträgen an MI&S führten.

Über die Jahre entstand so eine interne Beratungseinheit, die längst über ihren ursprünglichen Auftrag hinaus Projekte akquiriert und sich zunehmend als kompetenter Unterstützungsbereich im Unternehmen etabliert. Heute nennt sich MI&S „die interne Unternehmensberatung der TUI Deutschland". Die mittlerweile als Bereich in der Organisation verankerte Einheit besteht aus drei Abteilungen und bietet ein umfangreiches Beratungsportfolio an.

Business Intelligence

MI&S Business Intelligence hat für die TUI Deutschland und weitere Unternehmen des Geschäftsbereichs Europa Mitte das Thema Business Intelligence von Konzeptentwicklung bis zur Umsetzung gebracht und bis heute laufend zu einem strategischen Wettbewerbsvorteil weiterentwickelt. Die Abteilung fungiert dabei als Beratungseinheit für alle internen Unternehmensbereiche und bearbeitet das gesamte Feld vom Datenmanagement bis zur Bereitstellung von prozessorientierten Entscheidungs- und Steuerungsinformationen.

Durch die umfangreiche und sehr komplexe Integration von inzwischen rund 50 operativen Systemen wurde mit dem TUI Führungs- und Informationssystem TUFIS eine zentrale Informationsbasis geschaffen. Der Fokus lag dabei von Anfang an auf der Entwicklung eines ertragsorientierten Management Support-Konzepts, das über eine rein technische Datenkonsolidierung weit hinausgeht. In anderen Gesellschaften wurden eine Anzahl weiterer Informationssysteme konzipiert und entwickelt und sukzessive zu einem integrierten Enterprise Data Warehouse ausgebaut.

Die Leistungen der MI&S Business Intelligence Consultants kommen in diesen Vorhaben hauptsächlich in den Bereichen zum Einsatz, die sowohl betriebswirtschaftliches Know how als auch spezifische Prozesskenntnisse erfordern:[18]

- Analyse der Steuerungs- und Entscheidungsprozesse und des sich daraus ergebenden Informationsbedarfs in unterschiedlichen Unternehmensbereichen
- Entwicklung einheitlicher betriebswirtschaftlicher Logiken zur Konsolidierung von Informationen aus verschiedenen Bereichen und operativen Systemen
- Design benutzergerechter Steuerungs- und Entscheidungsinformationen
- Konzeption der technischen Integration von Steuerungsinformationen in operative Systeme

MI&S Business Intelligence verantwortet neben dem Business Consulting ebenfalls die IT-technische Implementierung der Lösungen. Erfolgsfaktor hier ist die Führung einer eigenen IT-Abteilung, die als Competence Center mit den Business Consultants zusammenarbeitet. Darüber hinaus wird zur langfristigen Sicherstellung von Wettbewerbsvorteilen durch entscheidungsgerechte Informationslösungen die Entwicklung und laufende Aktualisierung der

---

[18] Vgl. Kühn & Wunderlich (2008), S. 100f.

Informationsmanagement-Strategie als Beratungsleistung für den CFO der TUI Deutschland erbracht.

Business Transformation

Wie bereits erwähnt unterstützte MI&S seit längerem Veränderungsprojekte in unterschiedlicher Form, zunächst insbesondere im Zusammenhang mit der Einführung von BI Lösungen notwendige Prozessanpassungen und Rollenveränderungen in der Organisation. In der Folge wurde der Fokus erweitert, z.B. um die Unterstützung von Strategieprozessen, Prozessanalysen, Ableitung von Handlungsfeldern und Projektverfolgung sowie die Mitarbeit in und Unterstützung von Projektprogrammen. Dabei wurden relevante Kompetenzen in den Feldern Projektbegleitung, Prozessberatung und allgemeine Beratungsmethoden aufgebaut. Mit dem Zeitpunkt, in dem Transformationsprojekte über 30% der MI&S Ressourcen beanspruchten, wurde zur weiteren Fokussierung und Professionalisierung im Jahr 2005 eine eigene Einheit gegründet. MI&S Business Transformation berät und unterstützt seither das Management aktiv bei der kontinuierlichen Erneuerung und Entwicklung im Geschäftsbereich Europa Mitte.

Eine der Aufgaben besteht in der Anlage, Ausgestaltung und Durchführung von Strategieprozessen auf Unternehmens- und Geschäftsbereichsebene. Dies schließt auch eine Verzahnung mit unternehmensweiten Zielvereinbarungsprozessen und strategisches Controlling im Sinne regelmäßiger Reviews des Fortschritts strategischer Handlungsfelder gemeinsam mit dem Managementteam ein.

Die Hauptaktivitäten der Abteilung liegen in qualitativen und quantitativen Geschäftsprozessanalysen mit anschließender Gestaltung und Verbesserung ausgewählter Prozesse und Schnittstellen bis hin zur Etablierung von komplexen Prozessmanagementsystemen zur kontinuierlichen Verbesserung. In nahezu allen Fällen spielen dabei die Ableitung und Strukturierung von Handlungsfeldern und Optimierungskonzepten eine wichtige Rolle. Klassisches Projektmanagement von Einzelprojekten und Multiprojektprogrammen stellt sicher, dass nicht nur Ideen und Konzepte entstehen, und trägt zur Umsetzungsstärke bei. Darüber hinaus sind die Anlage, Steuerung und Begleitung in Umsetzungs- und Changeprozessen im Sinne einer systemischen Beratung essentieller Teil der Beratungsleistung.

Business Innovation

Aus der Unterstützung diverser Veränderungsprojekte resultierte der Auftrag der Geschäftsführung der TUI Deutschland, einen strukturierten Innovationsprozess zu implementieren und die Innovationskultur zu entwickeln. Dazu wurde im Jahr 2008 eine dritte Abteilung im Bereich MI&S aufgebaut.

Von der Idee über den Prototyp hin zum Geschäftsaufbau: MI&S Business Innovation koordiniert, berät und unterstützt bei der Identifizierung und Implementierung neuer Geschäftsfelder. Die internen Berater unterstützen Bereiche, Abteilungen, aber auch einzelne Kolleginnen und Kollegen, die etwas verändern und gestalten wollen. Damit wird ein Nährboden für innovative Lösungen und Ideen geschaffen. „Innovation" wird dabei als unternehmerische Grundhaltung und nicht etwa als delegierbare Aufgabe einer zentralen Einheit verstanden.

Der strukturierte F&E-Prozess teilt sich in drei zentrale Elemente: die Phasen „Suchen & Finden", „Prototyping" sowie eine auf die Organisation ausgerichtete Gatingstruktur. In der Phase „Suchen & Finden" wird im Sinne einer Open Innovation-Logik eine weitestgehende Öffnung des Prozesses gegenüber Kunden, Partnern etc. etabliert. Am deutlichsten wird dies bei der Ideenfindung. Neben üblichem Marktscreening werden Ideenworkshops durchgeführt, bei denen ausgewählte Gruppen von Stakeholdern neue Geschäftsideen kreieren. Standardisiertes Desk Research ermittelt im Folgenden die wichtigsten Kennzahlen, um erste Geschäftsmodellvariationen abzuleiten. In einer zweiten Phase, dem „Prototyping", werden relevante Fragestellungen live getestet, wobei auch hier wieder die Chancen von Open Innovation genutzt werden. Am Ende steht die Abbildung der gewonnenen Erkenntnisse in einem Businessplan, auf Basis dessen über einen möglichen Geschäftsaufbau entschieden wird.

Eine wesentliche Funktion nimmt der von MI&S Business Innovation durchgeführte „Gatingprozess" ein. Dabei werden die Ideen nach phasenrelevanten Kriterien bewertet und sofort über eine Weiterverfolgung entschieden. Das erforderliche Gremium trifft sich monatlich und bildet die wesentlichen fachlichen Kompetenzen der Organisation zur Entscheidungsfindung ab. Darüber hinaus bringt das Gremium neue Ideen in den Prozess und stellt die fachliche Begleitung während der Prototypphase sicher. Die somit enge Verzahnung der Organisation mit dem F&E-Prozess beschränkt zu Teilen die Radikalität der Ideen, wirkt aber äußerst positiv auf Umsetzungsgeschwindigkeit und -akzeptanz.

Das Endprodukt des F&E-Prozesses sind Geschäftsideen, deren wesentliche Erfolgsfaktoren erfolgreich prototypisch getestet wurden. Dies reduziert grundsätzlich das Risiko im Geschäftsaufbau, reicht aber häufig nicht aus, um eine Idee neben erfolgreich laufendem Kerngeschäft aufzubauen. MI&S Business Innovation begleitet deshalb neue Ideen im Geschäftsaufbau im Stile einer internen Inkubator-Struktur. Dabei geht es insbesondere um die Sicherstellung folgender Eckpunkte:

• Methodische und fachliche Unterstützung beim Aufbau
• Sicherstellung der Finanzierung und Mittelverwendung
• Organisationspolitische Stärkung neuer Geschäftsfelder
• Vermeidung der Geschäftsidee-Verwässerung
• Coaching der Ideenumsetzer

Nach erfolgreichem Aufbau, i.d.R. nach 3 Jahren, wird das Geschäft vollständig in eine entsprechende Organisationseinheit überführt. Dieses Vorgehen erlaubt es Fachbereichen, auch ohne entsprechende vorherige Budgetierung neue Geschäftschancen zu erkennen und aufzubauen.

In der Gesamtbetrachtung erscheint eine Führung dieser Themen in einem Bereich trotz der Unterschiedlichkeit und Vielfältigkeit dieser über die Jahre entstandenen Beratungsprodukte sinnvoll, um einen einheitlichen Beratungsstil und entsprechende Beratungsqualität sicherzustellen. Somit werden z.B. durch gemeinsame Ausbildungsprogramme, gegenseitige teamübergreifende Supervision und gemeinsam durchgeführte Projekte interne Beratungsstandards etabliert und kontinuierlich weiterentwickelt.

3 Chancen und Herausforderungen interner Beratungen

Die Erfahrungen aus den letzten Jahren und aus den zum Teil sehr unterschiedlichen Aufgabenfeldern bei MI&S haben gezeigt, dass sich interne Unternehmensberater häufig wiederkehrend in typischen Situationen, teilweise auch Spannungsfeldern wieder finden. Die grundsätzlichen Chancen, aber auch Herausforderungen des Inhouse Consulting werden hierin immer wieder ersichtlich. Am Beispiel eines aktuellen Großprojekts bei der TUI, der Initiative „TUI exzellent!", wird im Folgenden erläutert, wie sich diese Besonderheiten interner Unternehmensberater konkret niederschlagen.[19]

3.1 Die Initiative TUI exzellent!

Die seit Ende 2008 bei der TUI Deutschland und der TUI Vertrieb und Service gestartete Initiative TUI exzellent! dient der Etablierung eines kontinuierlichen Verbesserungsprozesses und eines damit verbundenen kulturellen Wandels im Unternehmen. Langfristiges Ziel ist die Erreichung umfassender Transparenz und Exzellenz in Bezug auf sämtliche Funktionen und Prozesse. Die Initiative verbindet somit im Wesentlichen die beiden Aufgabenbereiche von Change Management und Prozessmanagement. TUI exzellent! stellt damit einen entscheidenden Hebel der Unternehmensstrategie der TUI Deutschland dar, die unter anderem auf den strategischen Säulen Prozessexzellenz und People Orientation beruht.

Eine Besonderheit der Initiative liegt in ihrem ganzheitlichen Ansatz, in dem Top down- und Bottom up-Vorgehen integriert werden. So wird TUI exzellent! einerseits getragen durch die Geschäftsführung, die die Initiative ins Leben rief und die Unterstützung des Top Managements sicherstellt. Andererseits sollen durch die Aktivierung möglichst vieler Mitarbeiter sowohl individuelle und als auch prozessuale Verbesserungsmaßnahmen identifiziert und damit ein funktionsübergreifendes Prozessdenken gefördert werden.[20]

Zur nachhaltigen Steigerung der Produktivität geht die Initiative in drei aufeinander folgenden Wellen vor: Welle 1 (Funktionen) konzentriert sich auf die Generierung funktionaler, d.h. arbeitsplatzspezifischer Verbesserungsmaßnahmen, die innerhalb der Funktionsbereiche im Rahmen von Workshops erarbeitet werden. In Welle 2 (Prozesse) stehen Visualisierung, Reflexion und Redesign auch schnittstellenübergreifender Prozessketten im Vordergrund.

---

[19] Viele der in diesem Kapitel beschriebenen Gedanken gehen zurück auf zwei bei der TUI Deutschland angefertigte, interne Arbeiten zu den Themen Change Management bzw. Prozessmanagement. Den beiden Autoren dieser Arbeiten, Hajo Reuter (TiasNimbas Business School, Utrecht) und Christoph Schinner (Private Fachhochschule Göttingen), sowie den kooperierenden Hochschulen sei an dieser Stelle herzlich gedankt.

[20] In der Grundkonzeption der Initiative TUI exzellent! wurde mit Hilfe einer externen Beratung ein bewährtes Vorgehensmodell adaptiert. Vgl. dazu Meyer & Schaar (2009), S. 4ff.

Welle 3 (Strukturen) widmet sich aufbauend auf der Prozessbetrachtung der Analyse und bei Bedarf auch der Anpassung der bestehenden Führungs- und Aufbauorganisation. Fundamentale Eckpfeiler aller drei Wellen bestehen in einer systematischen, einheitlichen Methode, einer breit angelegten Kommunikations- und Qualifikationsoffensive sowie einem hohen Grad an Mitarbeiterbeteiligung und Selbstverantwortung.

Die Initiative wurde Ende 2008 mit einer projektartigen Einführungsphase und unterstützt von einem zentralen Team von 18 Prozessmanagern gestartet. Dieses Team bestand zu einem Drittel aus Inhouse Consultants aus dem Bereich MI&S Business Transformation, die anderen Mitarbeiter wurden aus sämtlichen Geschäftsbereichen des Unternehmens rekrutiert.[21] Die Prozessmanager treten dabei zum einen als fachliche Coaches auf, die die teilnehmenden Mitarbeiter zunehmend in die Verantwortung führen, zum anderen als aktive Prozessberater der Fachbereiche, indem sie Workshops zur Prozesstransparenz und -verbesserung aktiv begleiten.

3.2   Erfolgshebel der Initiative und Rolle der internen Berater

Für die Etablierung eines kontinuierlichen Verbesserungsprozesses wie im Fall der Initiative TUI exzellent! konnten verschiedene Erfolgsfaktoren identifiziert werden. Hier werden exemplarisch vier Erfolgshebel dargestellt, die zum einen hohen Einfluss auf den Erfolg der Initiative haben, zum anderen aber auch besondere Herausforderungen für Inhouse Consultants mit sich bringen:

• Etablierung einer Führungsrolle (bezogen auf die Initiative)
• Wissensaufbau und -weitergabe
• Aktivierung der Organisation
• Entwicklung einer veränderungsbereiten Unternehmenskultur

Etablierung einer Führungsrolle

Der Führungsrolle auf verschiedenen Hierarchieebenen (Top Management und mittleres Management) kommt in Change-Projekten generell eine besondere Bedeutung zu.[22] Die Aufgaben von Führungskräften für die erfolgreiche Durchführung von Veränderungsprozessen erstrecken sich über die Kommunikation, die Einführung und das Nachhalten der Veränderung, sowie die stetige Motivation der Beteiligten.[23] Dabei spielt nicht nur verbale Kommunikation, sondern vor allem ein glaubwürdiges Auftreten eine Rolle. Im Rahmen der Initi-

---

[21]   Hier wird bereits deutlich, dass Wissensmultiplikation in die gesamte Organisation von Anfang an ein zentrales Ziel dieser aus dem Inhouse Consulting getriebenen Initiative ist. Vgl. Büchsenschütz & Baumgart (2005), S. 32.

[22]   Vgl. Kotter (1998), S. 32.

[23]   Vgl. Gill (2001), S. 307.

ative TUI exzellent! nehmen neben den Führungskräften auch die Prozessmanager eine wichtige Führungsfunktion ein, da sie die operativen Mitarbeiter methodisch eng begleiten und gleichzeitig eine wichtige Informations- und Kommunikationsschnittstelle zu den beteiligten Führungskräften bilden. Die geschäftsführungsnahe Positionierung innerhalb des Unternehmens erlaubt zudem einen guten Zugang zu verschiedenen Bereichen und Führungskräften; sie erleichtert Unterstützung durch die Führungskräfte.

Den internen Beratern eröffnen sich hier in ihrer Rolle als Prozessmanager durch ihre enge Einbindung in die Organisation direkte Anknüpfungspunkte: Da sie nicht nur formale, sondern auch informelle Strukturen und Gepflogenheiten innerhalb der TUI Deutschland und der TUI Vertrieb & Service gut kennen und einschätzen können, finden sie leichter Akzeptanz, vor allem auf den unteren Hierarchieebenen.[24] Im Vergleich zu externen Beratern stoßen sie auf weniger Widerstände und Vorbehalte und können schneller die vertrauensvolle Zusammenarbeit aufbauen, die unabdingbare Voraussetzung für einen nachhaltigen Mind Change in der gesamten Organisation ist. Im Rahmen der Kommunikation fungieren die Berater als Botschafter der Initiative, die nicht nur Fragen zu Methoden o.ä. beantworten, sondern auch die zugrunde liegende Vision glaubwürdig und lebendig vermitteln, Stimmungen aufnehmen und nicht zuletzt Mitarbeiter motivieren. Jedoch besteht aufgrund ihrer Zugehörigkeit zur Organisation auch die Gefahr, dass den Prozessmanagern in ihrer Rolle als neutraler Berater weniger Ernsthaftigkeit und Verbindlichkeit entgegengebracht wird, als dies bei externen Beratern der Fall wäre.[25]

Wissensaufbau und -weitergabe

Ein wesentlicher Grundgedanke von TUI exzellent! ist der Hilfe-zur-Selbsthilfe-Ansatz. Gemäß dem Motto der Initiative „Du bist der Experte!" ist es daher Aufgabe der Prozessmanager, weniger fachlich-inhaltliche denn methodische und motivatorische Unterstützung bei der Erarbeitung von Verbesserungsideen zu leisten und dadurch die Organisation zu befähigen, aus eigener Kraft noch leistungsfähiger zu werden.[26] Die Prozessmanager wurden zunächst im Rahmen umfangreicher Trainings zur Methode des Prozessmanagements, aber vor allem auch zu ihren persönlichen Führungs-, Coaching- und Moderationsfähigkeiten auf ihre verantwortungsvolle Aufgabe vorbereitet. Das erworbene Know how nutzen sie in ihrer Rolle als Prozessmanager, geben es aber darüber hinaus auch in eigens konzipierten Trainings an ausgewählte Mitarbeiter der Organisation weiter.

Die einmal erworbenen Fähigkeiten werden somit im Unternehmen „multipliziert" und sind nicht nur von direktem Nutzen für die gegenwärtige Erarbeitung und Umsetzung von Verbesserungsmaßnahmen, sondern können auch an zukünftige Prozessmanager- und Mitarbeitergenerationen weitergegeben werden. Das Know how verbleibt also im Unternehmen und kann dort einfach repliziert und weiterentwickelt werden. Gleichzeitig eröffnet sich dadurch die Möglichkeit, bei Bedarf auch in anderen Gesellschaften des TUI Konzerns mit relativ

---

[24] Vgl. Deelmann & Petmecky (2005), S. 274.

[25] Vgl. Büchsenschütz & Baumgart (2005), S. 29.

[26] Vgl. Mohe (2002), S. 335f.

geringem Aufwand und kurzer Vorlaufzeit einen kontinuierlichen Verbesserungsprozess ins Leben zu rufen.[27]

Gerade dieser Ansatz kann jedoch auch Probleme bereiten, wenn es um die von Beratern geforderte grundsätzliche Objektivität geht. Da die Prozessmanager aus unterschiedlichen Fachbereichen stammen und häufig über ein vielfältiges, stark ausgeprägtes Netzwerk innerhalb des TUI Konzerns verfügen, kann dies auch zu persönlicher Befangenheit führen. Die Identifikation mit der Rolle des neutralen Beraters kann daher manchmal schwer fallen.

Aktivierung der Organisation

Ein zentraler Faktor für den langfristigen Erfolg der Initiative besteht in der Aktivierung möglichst vieler Mitarbeiter auf verschiedenen Ebenen zur Erarbeitung von Verbesserungsideen und damit zur Übernahme von Verantwortung. Im Rahmen von TUI exzellent! besteht für jeden einzelnen die Möglichkeit, sich auf freiwilliger Basis zu beteiligen und den Veränderungsprozess mit zu gestalten. Die aktive Einbindung aller Mitarbeiter ist nicht nur die Voraussetzung für Transparenz und das Aufdecken vorhandener Nutzenpotenziale, sondern schafft auch Klarheit über eigene Fähigkeiten, erzeugt Aufbruchstimmung und Veränderungsbereitschaft auf breiter Basis und fördert gegenseitigen Respekt und Toleranz. Hier erweist sich der direkte Zugang der internen Berater zur Organisation und ihr z.T. ausgeprägtes Netzwerk innerhalb des Unternehmens als besonders hilfreich.

Entwicklung einer veränderungsbereiten Unternehmenskultur

Glückt die umfassende Aktivierung der Organisation, so führt sie langfristig zu einer Weiterentwicklung der Unternehmenskultur hin zu mehr Veränderungsbereitschaft und Verantwortung. Um den Beteiligten grundsätzliche Ängste vor Veränderungen zu nehmen und – im Gegenteil – sie für Neues zu begeistern, reicht es nicht, die logisch-rationale Ebene mit Hilfe von Zahlen und Fakten anzusprechen. Um die richtige Überzeugungskraft zu entwickeln, bedarf es der Arbeit auf einer emotionalen, „unter der Oberfläche" liegenden Ebene (Eisberg-Prinzip). Hier spielen immaterielle und häufig auch unbewusste Themen eine Rolle, die nur durch ausgeprägte Sozialkompetenzen und die „richtige innere Einstellung" in Richtung eines kulturellen Wandels gelenkt werden können. Durch ihren unmittelbaren Zugang zur Organisation und ihre Empathie haben interne Berater hier gute Chancen. Allerdings sind sie durch ihre Zugehörigkeit zur Organisation selbst ein Teil der Unternehmenskultur und damit Teil des Wandels. Es kann daher schwierig sein, in Bezug auf organisatorische Veränderungen persönlich unbefangen zu bleiben und sich stets neutral zu verhalten.[28]

Zur Weiterentwicklung der Organisationskultur, getrieben aus einer internen Beratungseinheit heraus, kann auch der richtige Grad an Fluktuation von Mitarbeitern aus dem Inhouse Consulting und hinein in die Organisation einen relevanten Hebel darstellen, um die zentralen Werte und Einstellungen möglichst breit im Unternehmen zu verankern.

---

[27] Vgl. Büchsenschütz & Baumgart (2005), S. 32.

[28] Vgl. Deelmann & Petmecky (2005), S. 274; Niedereichholz (2000), S. 17.

4 Was wir gelernt haben: Subjektive Tipps und Tricks für Inhouse Consultants

Aller Anfang ist schwer …

… aber auch entscheidend. Wie häufig passiert es auch erfahrenen Projektleitern, dass im laufenden Prozess deutlich wird, dass unterschiedliche Beteiligte den Auftrag grundsätzlich anders interpretieren? Gerade am Anfang muss eine detaillierte Auftragsklärung erfolgen. Intensives Nachfragen mag den einen oder anderen Manager verunsichern, hilft im Lauf des Prozesses aber ungemein. Eine solche Auftragsklärung sollte unbedingt schriftlich fixiert werden.

Sponsorship und Top Management Attention soll sich jeder Inhouse Consultant für seine großen Projekte verschaffen. Aber was heißt das eigentlich? Lediglich ein „Machen Sie mal!" vom Vorstand oder Geschäftsführer reicht sicher nicht aus. Die Führungskräfte und Mitarbeiter haben ein ausgeprägtes Gespür dafür, welche Themen ihre Chefs wirklich interessieren und mit Kraft vorantreiben. Das heißt, es werden echte Vorbilder, authentische Handlungen und einfach auch mal Zeit gebraucht. Hier sollten interne Berater ihren Anspruch klar formulieren und immer wieder mit den Sponsoren abgleichen.

Wenn sich Berater ungern im laufenden Prozess von kraftvollem Widerstand überraschen lassen, sollten sie bereits am Anfang des Prozesses das Kraftfeld analysieren, indem sie sich mit ihrem Vorhaben bewegen. Mit Erfahrungen aus der Organisation, einer großen Portion Aufmerksamkeit, offenen Augen und geschärftem Wahrnehmungsbewusstsein lassen sich viele potenziell schwierige Themen im Vorfeld antizipieren und in für alle Seiten akzeptable Alternativen umformen. Sich in die Lage und Denkweisen des Anderen zu versetzen, gehört damit zur Basisqualifikation erfolgreicher Inhouse Consultants.

Von Beginn an ist die Etablierung einer konstruktiv-substanziell-kritischen Klienten-Berater-Beziehung fundamental. Während sich Fach- und Expertenberatung mit entsprechender Expertise und professionellem Auftritt als Inhouse Beratungsleistung gut positionieren lassen, ist dieser Aufbau einer Beratungs- oder sogar Coachingbeziehung zu systemischen Fragestellungen insbesondere ab einem bestimmten Managementlevel sicherlich eine besondere Herausforderung. Nimmt man seinen Anspruch als nicht immer nur bequemer und kurzfristig helfender Inhouse Consultant allerdings ernst, ist sie alternativlos.

Wenn es dann erst einmal so richtig losgeht …

… kann manchem die Veränderung gar nicht schnell genug gehen, schließlich liegt die Lösung doch ohnehin auf der Hand. Vorsicht mit dem Versuch, alles mit Quick Wins zu lösen. Viel zu oft wird dann an Symptomen herumgedoktert, anstatt sich mit den wirklichen Ursachen und Auslösern für ein Problem zu beschäftigen. Berater müssen manchmal auch langsam sein, um anschließend Geschwindigkeit zu erreichen. Wichtig ist, einen Schritt nach dem anderen zu gehen und sich immer wieder auch Zeit zu nehmen. Häufig wird dies als unnötiger Luxus empfunden, gerade in Zeiten großer Belastung in Projekten. Dann ist es oft besonders entscheidend, sich wieder auf das wirklich Wesentliche zu konzentrieren.

In vielen Veränderungsprojekten geht es zwar auch um fachliche Themen, der Kern der Veränderung trifft aber häufig Einstellungen und Verhaltensweisen. In diesen Fällen sollten erfahrene Berater mit besonderem Augenmerk eine realistische Laufzeit bezogen auf die sich einzustellende Veränderung gegenüber den Auftraggebern kommunizieren. Wenn Projektvorbereitungen abgeschlossen sind und es in die heiße Phase geht, gerät die regelmäßige Kommunikation an Interessenträger des Projekts häufig in Vergessenheit. Gründe dafür gibt es immer genug, aber keiner ist gültig: Regelmäßige Kommunikation ist ein zentraler Erfolgsfaktor. Kommunikation sollte dabei auch nie als Einbahnstraße verstanden werden. Echte Dialoge und substanzielles Feedback ergeben in der Regel wichtige Erkenntnisse, unterstützen Lernschleifen und helfen auch Beratern, sich zu verbessern.

Gut unterstützt, ist halb gewonnen …

… aber eben nur halb. Immer wieder gibt es den Versuch „das lassen wir mal die Berater umsetzen". Um es ganz deutlich zu sagen: Support heißt nicht Ersatzmanagement. Ein Feld, das gerade für juniore Inhouse Consultants eine echte Versuchung darstellt. Verantwortungen sollten insbesondere interne Berater dort belassen, wo sie hingehören: Bei den Verantwortlichen. Berater sind Dienstleister, helfen gern und machen sich natürlich gerne bei Fachbereichen und Hierarchen beliebt. Bis zu einem gewissen Grad ist das auch gut und richtig. Das in diesem Zusammenhang immer wieder auftretende „Krankenschwestersyndrom" gilt es also einzudämmen: Keine Kommunikation, keine Personalführung, keine Entscheidung, kein Überbringen schlechter Nachrichten etc. durch die Berater. Gute interne Beratung ist aus unserer Sicht Hilfe zur Selbsthilfe: Die Organisation und ihre Individuen befähigen, besser zu werden. Natürlich heißt das nicht nur, den Veränderungsprozess aufzuzeigen. Öffnende Impulse und das Vertreten einer klaren Meinung sind dabei genauso wichtig wie das Aussprechen unbequemer Tatsachen. Neutralität und Fairness sollten dabei ebenso selbstverständlich sein. Wem die Rolle des Inhouse Consultants mittlerweile als zu komplex erscheint, dem sei geholfen: Interne Beratung kann häufig bereits mit einfachsten Mitteln einen spürbaren Mehrwert schaffen. Beratung ist kein Wunderwerk, sondern der gezielte Einsatz von Basisfähigkeiten und Instrumenten eines Managers.

Bei ihren Einsätzen sollten sich interne Berater regelmäßig einer systematischen Qualitäts- und Fortschrittskontrolle unterziehen, denn auch sie sind irgendwann genauso „blind" wie ihre Klienten. Über alle Phasen größerer Projekte sind die Verankerung und Durchführung von regelmäßigen Review- und Supervisionsprozessen zentrale Erfolgsfaktoren. In diesem Zusammenhang sollten Personen ohne persönliches oder fachliches Involvement zu Rate gezogen werden. Deshalb kann hier die Einbindung externer Berater sinnvoll sein.

Und abschließend …

… kann nicht häufig genug betont werden, dass Veränderung nur über Personen funktioniert, keinesfalls über Inhalte allein. Was für Führungskräfte zählt, gilt auch für interne Berater. Fachexpertise ist gut, reicht aber in der Regel nicht aus. Im besten Sinne menschliche Anschlussfähigkeit ist insbesondere bei Inhouse Consultants gefragt. Dabei spielen auch Aspekte wie Sprache, Auftreten, die eigene wahrgenommene Wichtigkeit und nicht zuletzt angemessener Humor eine wichtige Rolle. Das Feld der Kollegen, mit denen interne Berater täglich interagieren, ist weit: Geschäftsführer, Führungskräfte, Sachbearbeiter und Betriebsräte, um nur ein paar Beispiele zu nennen, wollen zielgruppengerecht angesprochen werden.

Und ganz nebenbei dürfen sich interne Berater auch vermarkten. Dazu gehört auch, Erfolge und Veränderungen sichtbar zu machen. Viel zu häufig blicken alle Beteiligten auf die nächsten zu erklimmenden Projektstufen. Ein kurzer Blick zurück zeigt erst, was schon alles geschafft wurde. Solche Erfolge mit den Auftraggebern und den vielen Kollegen des Projektalltags zu feiern, ist ebenso wichtig, wie immer wieder den eigenen Nutzen zu hinterfragen, ihn aber auch deutlich zu machen.

Wer also eine kooperative Grundhaltung mit Integrität, Loyalität, Kundenorientierung und Pragmatismus verbinden kann, Offenheit in der Kommunikation ebenso zeigt wie hervorragende Professionalität, dabei dem Einzelnen Wertschätzung entgegen bringt und dies alles mit Neugierde und Spaß an der Aufgabe verbindet, kann ein guter interner Berater sein.

5 Literatur

Büchsenschütz, Alexander & Baumgart, Kerstin (2005): Quo vadis Inhouse Consulting? Strategische Erfolgsfaktoren interner Unternehmensberatungen. In: Petmecky, Arnd & Deelmann, Thomas (Hrsg.): Arbeiten mit Managementberatern. Berlin: Springer, S. 25–35.

Deelmann, Thomas & Petmecky, Arnd (2005): Interne Unternehmensberatung – Rahmenbedingungen und Gestaltungsmöglichkeiten im Kontext des Service Managements. In: Bamberger, Ingolf (Hrsg.): Strategische Unternehmensberatung, Wiesbaden: Gabler, S. 267–299.

Gill, Roger (2001): Change Management – or Change Leadership? In: Journal of Change Management, 3(4), S. 307–318.

Kotter, John P. (1998): Winning at Change. In: Leader to Leader, 1998(10), S. 27–33.

Kühn, Thomas P. & Wunderlich, Matthias (2008): Business Intelligence bei der TUI Deutschland GmbH. In: Weber, Jürgen & Schäffer, Utz: Einführung in das Controlling, Stuttgart: Schäffer-Poeschel, S. 99–103.

Meyer, Stephan & Schaar, Holger (2009): Prozessexzellenz by Do-it-yourself – Neue Wege, neue Werte. In: Sommerlatte, Tom et al. (Hrsg.): Handbuch der Unternehmensberatung, 10. Erg.-Lfg. IX/09, Berlin: Erich Schmidt Verlag.

Mohe, Michael (2002): Inhouse Consulting: Gestern, heute – und morgen? In: Mohe, Michael; Heinecke, Hans Jürgen; Pfriem, Reinhard (Hrsg.): Consulting – Problemlösung als Geschäftsmodell, Stuttgart: Klett-Cotta, S. 320–343.

Niedereichholz, Christel (2000): Business Plan zur Positionierung einer internen Beratungseinheit. In: Niedereichholz, Christel (Hrsg.): Internes Consulting. München, Wien: Oldenbourg, S. 13–54.

Inhouse Consultants aus der Sicht von externen Beratern und Klienten

Prof. Dr. Dr. h.c. Joachim Niedereichholz*

---

* Der Autor ist Geschäftsführer der Heidelberger Akademie für Unternehmensberatung GmbH.

1   Einleitung

Mit internen Beratungsabteilungen wollen Unternehmen in den meisten Fällen von externen Beratungsunternehmen unabhängiger werden und die Inhouse Consulting-Einheit auch im externen Markt als zusätzliches Geschäftsfeld tätig werden lassen.

Hierbei sind die Erfolgsfaktoren der Inhouse Consultants aus Sicht der Unternehmensleitungen und der internen Beratungskunden meist die folgenden:[29]

*   Detailkenntnisse der Unternehmenskultur und –normen sowie der (informellen) Regularien und Abläufe,
*   kein Know-how-Abfluss an Externe und somit eine bessere Geheimhaltungsmöglichkeit,
*   kürzere Bereitstellung durch vorhandenes Insiderwissen und verfügbare Vorarbeiten,
*   vorhandene Vertrauensatmosphäre im Umgang mit den internen Klienten,
*   schnellste Verfügbarkeit auf Zuruf,
*   meist beteiligungsorientierter Beratungsansatz, der Betroffene zu Beteiligten macht,
*   Möglichkeit einer engen Zusammenarbeit mit dem Betriebsrat und Kenntnis seiner Präferenzen.

Wenn Inhouse Consultants einem renommierten Unternehmen angehören, kann dessen Name im externen Markt bei der Vermarktung mit den folgenden Erfolgsfaktoren helfen:

*   Der etablierte, vertrauenerweckende Name der Muttergesellschaft,
*   überzeugende Referenzen und Problemlösungen aus dem eigenen Haus,
*   Herstellen eines Klimas der Kooperation,
*   Annahme eines hohen Qualitätsstandards,
*   Reduktion des Akquisitionsaufwands.

---

[29] Vgl. Niedereichholz. C.: Internes Consulting – Grundlagen, Praxisbeispiele, Spezialthemen, München 2000.

2   Untersuchung zur Inhouse Beratung aus der Sicht externer Berater

2.1   Ziele und Methodik der Untersuchung

2.1.1   Ziele

Mit der in der Folge vorgestellten Untersuchung sollte geklärt werden, ob die genannten Vorteile auch der Sicht externer Berater entsprechen. Hierbei sollen die folgenden, oft geäußerten Hypothesen einer Überprüfung unterzogen werden:

1. Externe Berater sehen die internen Berater als Wettbewerber.
2. Interne Berater sollen in allen Fällen die externen Berater verdrängen.
3. Interne Berater haben in den Unternehmen eine höhere Akzeptanz.

Mit der Erhebung war zu klären, ob die Hypothesen 1 bis 3 verifiziert oder falsifiziert werden können.

2.1.2   Methodische Vorgehensweise

Als Methodik wurde die Fragebogentechnik eingesetzt mit geschlossenen Fragen und einer offenen Frage (s.u. Frage 4).

---

1. Sehen Sie Inhouse Berater als Wettbewerber?

O   Ja   O   Nein

Bei Ja: Haben Sie schon einen Auftrag gegen Inhouse Berater verloren?

Welches Thema? Welcher Faktor war aus Ihrer Sicht entscheidend?

2. Welche Stärken und Schwächen haben Inhouse Berater?

3. Sehen Sie Inhouse Berater als Klienten?

O   **Ja**   O   Nein

Bei Ja: Für welche Themen oder Beratungsfelder?

4. Was möchten Sie zu diesem Thema noch sagen?

Um die Sicht von externen Beratern zu ermitteln, wurde der Fragebogen sowohl an Einzelberater als auch an mittelgroße und große Beratungsunternehmen versandt:

- Grundgesamtheit: 265 Adressaten
- Rückläufer: 185 Teilnehmer
- Zusammensetzung: 2/3 BDU-Mitglieder, 1/3 Nicht-BDU-Mitglieder.

Die Rückläufer zeigten ein hohes Engagement bei der Beantwortung, was insbesondere bei ausführlichen Antworten zu Frage 2 und 4 zum Vorschein kam.

2.2   Auswertung

2.2.1   Inhouse Consultants als Wettbewerber

Bei der Auswertung ergab sich, dass die Antworten zu Frage 1 und 2 am besten gemeinsam bearbeitet werden konnten. Die Beantwortung der Fragen 1 ergab ein Bild wie in Abbildung 2.1 gezeigt.

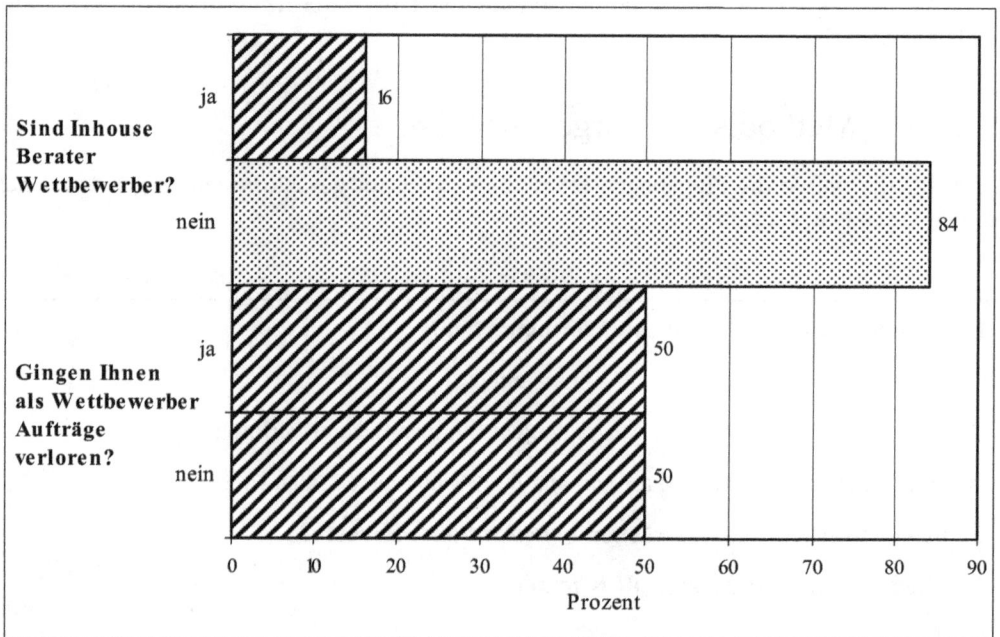

Abb. 2.1   Sicht der Inhouse Consultants als Wettbewerber

Die große Mehrheit der Befragten sieht die Inhouse Berater nicht als Wettbewerber. Über die Gründe und Motive dieser Einstellungen gaben zusätzliche Kommentare zu den Stärken und Schwächen der Inhouse Consultants bei den Antworten zu Frage 2 (s.u.) Auskunft.

Von den Beratern, die Inhouse Berater als Wettbewerber ansehen, hat ungefähr die Hälfte auch bereits mindestens einen Auftrag an die interne Konkurrenz verloren.

Neben den bereits in der Einleitung genannten **Stärken** von Inhouse Beratern kamen bei den Antworten zu Frage 2 die folgenden interessanten Aspekte zum Vorschein:

- Vertrauensvorschuss bei schutzwürdigen Themen wie z.B. F&E, Compliance- und Innovationsmanagement.
- Preispolitik mit günstigeren Tagessätzen.
- Möglichkeit des sofortigen Zugriffs auf bereits von internen oder externen Beratern angefertigte Analysen und Problemlösungen.
- Vernetzung über die informellen Strukturen des Unternehmens, was als großer Vorteil gesehen wird.

Bei den **Schwächen** ergaben sich, neben den allgemein bekannten (Betriebsblindheit, hierarchische Abhängigkeiten etc.) die folgenden Aspekte, die eine Erklärung dafür sein können, dass Inhouse Consultants mit 86 Prozent nicht als Konkurrenten angesehen werden:

- Wegen der fehlenden Kenntnis und Vergleichserfahrung aus anderen Unternehmen, kann oft nur die Moderatorenrolle eingenommen werden.
- Der Einsatz erfolgt oft nicht nur zu Consultingzwecken, sondern auch in Trainingsprojekten und auf anderen, nicht beratungsspezifischen Gebieten.
- Klare, ehrliche Aussagen und Empfehlungen können zu nachhaltiger interner Missstimmung führen und werden deshalb gemieden.
- Fehlende Unabhängigkeit (sehr oft genannt).
- Schwächen bei Überzeugung und Durchsetzung von Veränderungen.
- Inhouse Consulting ist oft das Abstellgleis für Führungskräfte, die dann „immer denselben Brei kochen". Inhouse Consultants wurden mehrmals als „zahnlose Tiger" bezeichnet, was in Einzelfällen zutreffen kann und nicht als allgemeingültig angenommen werden sollte.
- Wegen der meist vorliegenden Konzernorientierung fehlen den internen Beratern KMU-Kenntnisse, so dass sie auf diesem Gebiet nicht eingesetzt werden können. Hierauf spezialisierte Berater sehen Inhouse Consultants, die auch extern beraten, überhaupt nicht als Konkurrenz.
- Radikales Vorgehen wird, auch wenn es aus Durchsetzungsgründen erforderlich wäre, gescheut, weil die hierarchische Einbindung dies gebietet. Externe Berater sehen hier ihren großen Vorteil in der Unabhängigkeit.

2.3 Inhouse Consultants als Klienten externer Berater

Die Auswertung der Antworten, wer Inhouse Consultants als Klienten oder Nicht-Klienten sieht, ergab folgendes Bild (vgl. Abb. 2.2).

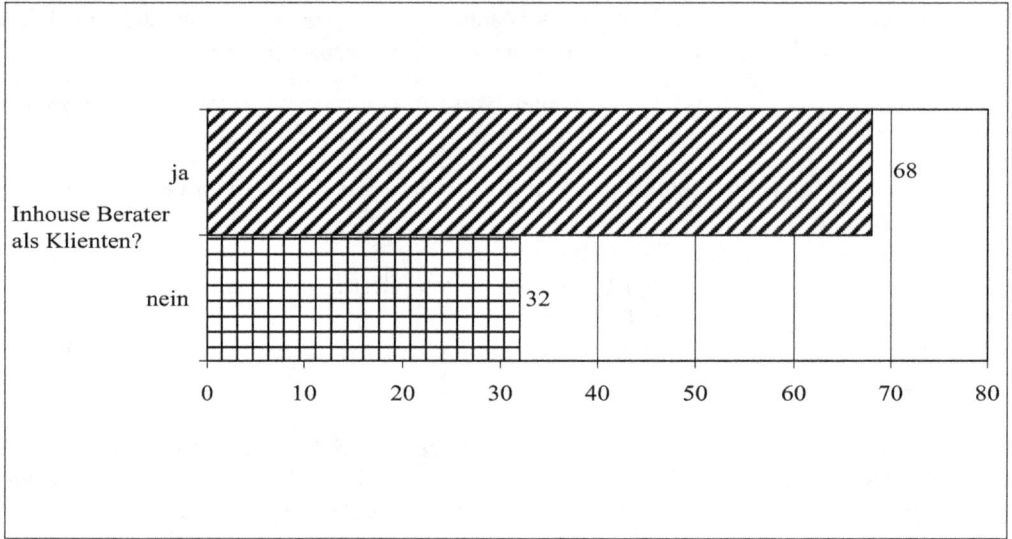

Abb. 2.2   Sicht der Inhouse Consultants als Klienten

Die Verteilungen der Abbildungen 2.1 und 2.2 bringen zum Ausdruck, dass die Befragten mit mehr als fünfzig Prozent (vgl. Abb. 2.3) Inhouse Consultants nicht als Wettbewerber sehen (fürchten), sondern als geeignetes Geschäftsfeld betrachten. Kommentare gaben Auskunft über die Beratungsfelder, mit denen man mit Inhouse Consultants ins Geschäft kommen kann/möchte oder schon gekommen ist:

• Überlassen von Methoden- und Softwaretools,
• Schulung, Weiterbildung in speziellen Gebieten,
• als verlängerte Werkbank (oft genannt),
• Strategieberatung,
• Externer Sparringpartner,
• Know-how-Vermittlung in Erfa-Gruppen,
• bei der Post Merger-Integration,
• zum Ankauf von Benchmarkberichten.

Es erfolgte noch eine gekoppelte Auswertung, wer Inhouse Consultants als Wettbewerber und Klienten bzw. nicht als Klienten sieht und wer sie nicht als Wettbewerber aber als Klienten bzw. nicht als Klienten sieht. Abbildung 2.3 enthält die Ergebnisse.

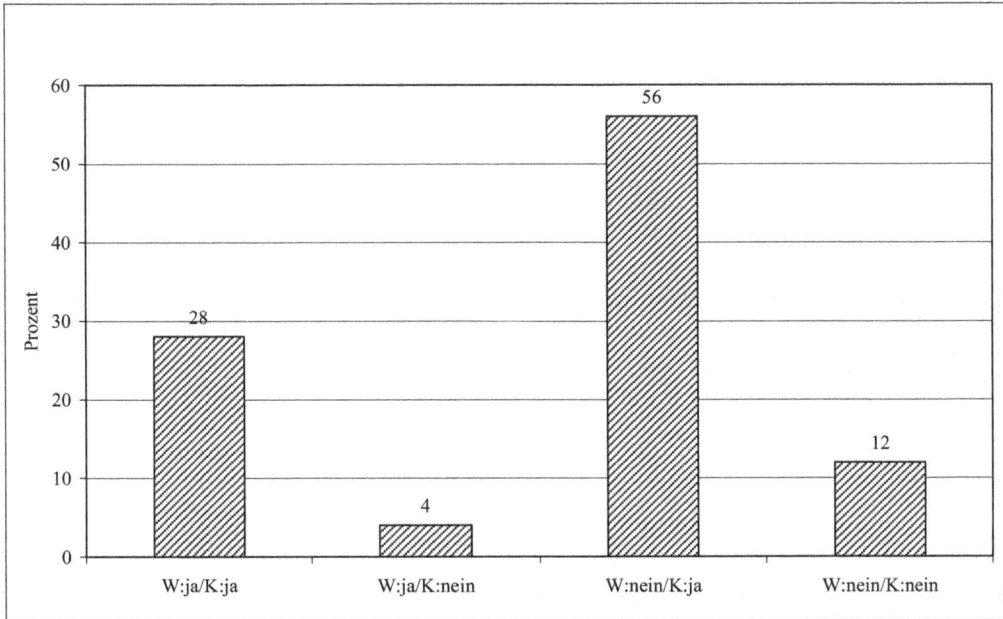

Abb. 2.3 *Sicht der Inhouse Consultants in der Kombination von Wettbewerber(W) und Klient(K)*

Das Ergebnis ist in gewisser Weise für Inhouse Consultants ernüchternd: 56 Prozent der Teilnehmer, also mehr als die Hälfte, betrachten Inhouse Consultants nicht als Konkurrenz, sondern nur als Geschäftsfeld. Zwölf Prozent sehen sie weder als Konkurrenz noch als Kunden.

3 Inhouse Consultants aus der Sicht ihrer Klienten

Bei drei Projekten mit Inhouse Consulting-Einheiten (ICE) in Großkonzernen, die alle zum industriellen Sektor gehören, hat die HAfU GmbH eine Marktanalyse des internen Marktes durchgeführt. Die Konzerne hatten mehr als 10.000 Mitarbeiter und eine ICE mit mehr als 50 Mitarbeitern. Die Fachabteilungen (interne Klienten) hatten bei allen drei Unternehmen die freie Wahl, ob sie die eigenen Inhouse Consultants oder externe Berater einsetzen wollten. Die Ergebnisse ähnelten sich sehr, weshalb pars pro toto die wichtigsten aus einer Erhebung erläutert werden.

Mittels Fragebögen, die den Fachabteilungen über das Intranet zugänglich waren, wurden für die Inhouse Consulting-Einheit die folgenden Teilanalysen durchgeführt:

- Imageanalyse
- Bedarfsanalyse
- Wettbewerbsanalyse
- Erfahrungsanalyse aus der Zusammenarbeit mit Beratern
- Anforderungsanalyse

Die folgenden Abschnitte dienen, neben der Präsentation der wichtigsten Ergebnisse, auch als generelle Vorlage für Erhebungen bei internen Klienten.[30] Hierbei wurden etwa 100 Führungskräften aller Geschäftsbereiche, die von der ICE benannt wurden, die folgenden Fragen zu den Teilanalysebereichen vorgelegt:

3.1   Imageanalyse

Den Umfrageteilnehmern wurden die folgenden Fragen vorgelegt:[31]

- Was halten Sie **grundsätzlich** davon, zur Lösung zeitlich befristeter Aufgaben und Problemstellungen Berater einzusetzen? (Einzelaussagen sind wichtig wegen daraus ableitbarer, gezielter imagefördernder Maßnahmen).
- Was sind aus Ihrer Sicht **imageprägender Faktoren** bei Beratern? (Welches sind die drei wichtigsten imageprägenden Faktoren und welche Bemerkungen wurden dazu gemacht?)
- Was haben Sie für ein Bild von **unserer** ICE (Wie erfüllt aus der Sicht der Einzelperson die ICE die drei wichtigsten imageprägenden Faktoren)? Aggregierte Aussage: Wie sehen die Interviewpartner insgesamt den Erfüllungsgrad durch die ICE im Vergleich zu Wettbewerbern bei den drei wichtigsten imageprägenden Faktoren, inkl. einem Fazit der Begründungen.)

---

[30]   Vgl. Niedereichholz, C.: Analyse des internen Beratungsmarktes, in: Niedereichholz, C., Niedereichholz, J. (Hrsg.): Consulting Insight, München 2006, S. 170–181.

[31]   In Klammern stehen jeweils die Hinweise, auf die bei der Auswertung Wert gelegt werden sollte.

Positive Eindrücke:	Negative Eindrücke:
Unsere Internen Consultants	• Prozessbegleitung und Moderation - dann ist Schluss.
• achten nicht so sehr auf Zeitbudget,	• Sie werden nicht ernst genommen.
• hören zu,	• Es ist ein suchender Laden.
• sind flexibel,	• Sie müssten neue Sichtweisen einbringen.
• moderieren gut,	• Sie machen das mehr schlecht als recht.
• sind kompetent und akzeptiert,	• Gewünschtes Ergebnis wird nicht erzielt.
• sind da, wenn wir sie brauchen,	• Ist ein ungeordneter Hühnerhaufen.
• agieren gut bei Veränderungsprozessen,	• Zuviel Overhead.
• kann ich mir selbst aussuchen.	• Zu viele Pädagogen, zu wenig Umsetzer.
	• Eingeschränktes Wissen.
	• Die Beratungsbreite ist nicht gegeben.
	• Sie treffen nicht den tatsächlichen Bedarf.
	• Sie sollten professioneller auftreten.
	• Sie besitzen wenig spezielles Fachwissen.
	• Es sind zu sehr „XY"–Beamte.

Abb. 3.1 Zusammenfassung eines ersten Eindrucks von der ICE

Die beiden ersten Fragen ergaben die üblicherweise zu erwartenden Antworten. Mit den Antworten zur dritten Frage erhielt man ein schon spezifischeres Bild mit der Nennung positiver und negativer Faktoren (vgl. Abb. 3.1). Manche Kommentare können durch eine momentane Verärgerung veranlasst worden sein, für die der zu beantwortende Fragebogen ein willkommener Anlass zum „Dampf ablassen" gewesen sein mag. Da die Antworten anonymisiert abgegeben wurden, konnte leider nicht nachgehakt werden.

3.2 Bedarfsanalyse

Bei der Bedarfsanalyse wurden detaillierte Fragen zu den folgenden Komplexen gestellt:

- Welche Projekte werden **derzeit** mit Hilfe von Beratern durchgeführt (Problemstellung, Laufzeit, Honorarvolumen, wer sind die Berater?) (Aggregierte Darstellung in einer Tabelle, welche Themenstellungen derzeit mit welcher Laufzeit und welchem Honorarvolumen von wem durchgeführt werden (derzeitiger Beratungsbedarf, Größenordnungen, Bedarfsdecker)).
- Welche Projekte sollen **künftig** mit Hilfe von Beratern durchgeführt werden (Problemstellung, geplante Laufzeit, geplantes Honorarvolumen, Beraterauswahl schon getroffen?)? (Einzelauswertung und tabellarische Übersicht mit eindeutigen Hinweisen auf Akquisitionspotential).
- Welche Projekte werden **derzeit** mit **eigenen Ressourcen** durchgeführt (Problemstellung, Laufzeit, Budget, personelle Kapazität ausreichend?)? (Einzelauswertung und zu-

sammenfassende Darstellung, welche Problemstellungen und Aufgaben derzeit mit „Bordmitteln" gelöst werden).

- Welche Projekte sollen **künftig** mit **eigenen Ressourcen** durchgeführt werden? (Problemstellung, geplante Laufzeit, geplantes Budget, geplanter Personaleinsatz: Quantitative und qualitative Kapazität ausreichend?) (Einzelauswertung und tabellarische Übersicht mit eindeutigen Hinweisen auf Akquisitionspotential durch nicht ausreichende eigene Kapazitäten).
- Welche weiteren **Probleme** bestehen **derzeit**, zu deren Lösung Berater eingesetzt werden können? (Auflistung einzeln und aggregiert, welche Probleme und Aufgaben „ruhen", Ursache der Nichtbearbeitung).
- Welche **künftigen Probleme** zeichnen sich ab, zu deren Lösung Berater eingesetzt werden können? (Auflistung einzeln und aggregiert nach Schwerpunkten, welcher zukünftige Beratungsbedarf besteht).

Die Antworten zur ersten Frage ergaben ein überblickartiges Bild der hauptsächlich gewünschten Beratungsgebiete (vgl. Abb. 3.2). Die weiteren Fragen wurden nicht so präzise beantwortet, da wahrscheinlich künftige Probleme im Sinne eines Früherkennungssystems noch nicht identifiziert worden waren.

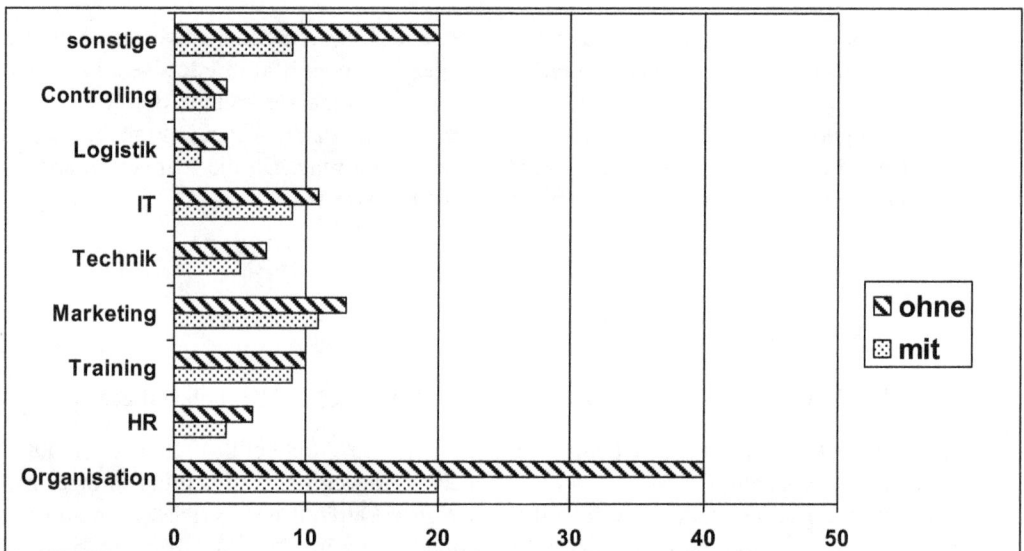

Abb. 3.2   Mit und ohne Berater durchgeführte Projekte (Anzahl)

3.3   Wettbewerbsanalyse

Mit der Wettbewerbsanalyse wurde versucht, Aufschluss darüber zu erhalten, welche externen und möglicherweise weiteren internen Berater im Unternehmen tätig waren bzw. sind. Die Fragen lauteten:

- Wie haben Sie bisher Ihren **Bedarf** an Beratungsleistungen **gedeckt?** (Einzeln und zusammengefasst nach Problemschwerpunkten tabellarisch (s.u.) die bisherige Wettbewerbssituation darstellen).
- Nach welchen **Kriterien** suchen Sie die Berater aus? (Zusammengefasste Auflistung der Kriterien der Beraterauswahl, bei Einzelauswertung ergänzt um die verschiedenen Motivationen (objektiv, subjektiv, unternehmenspolitisch)).
- Wie verschaffen Sie sich einen **Marktüberblick?** (Einzelauswertung nicht notwendig, zusammengefasste Übersicht über Quellen des Marktüberblicks).
- Welche **Wettbewerbsvorteile** haben die anderen Anbieter im Vergleich zur Inhouse Consulting-Einheit? (Auflistung der Wettbewerbsvorteile und besonderen Stärken der Wettbewerber, aus Sicht des einzelnen Gesprächspartners und zusammengefasst).
- Welche **Wettbewerbsvorteile** hat die Inhouse Consulting-Einheit im Vergleich zu seinen Mitbewerbern? (Auflistung der Wettbewerbsvorteile und besonderen Stärken von XY Consulting, aus Sicht des einzelnen Gesprächspartners und zusammengefasst).
- Können Sie sich die Inhouse Consulting-Einheit als **Vermittler** von externen Beratern, als zentrale **Clearingstelle/Agentur** von Beratungsnachfragen und Beratungsangebot vorstellen? (Einzeln und zusammengefasst wird dargestellt, welche der drei Grundeinstellungen der Gesprächspartner geäußert hat).
- Können Sie sich die Inhouse Consulting-Einheit als **Controller** bei externen Beratereinsätzen vorstellen? (Einzelauswertung und tabellarische Zusammenfassung der Voraussetzungen).
- Welche Faktoren **behindern** die **Inanspruchnahme** der Inhouse Consulting-Einheit
    - Als Berater
    - Als Clearingstelle
    - Als Controller?

Die Antworten zur ersten und sechsten Frage gaben gute Aufschlüsse über die Einschätzung der eigenen ICE (vgl. Abb. 3.3 und 3.4).

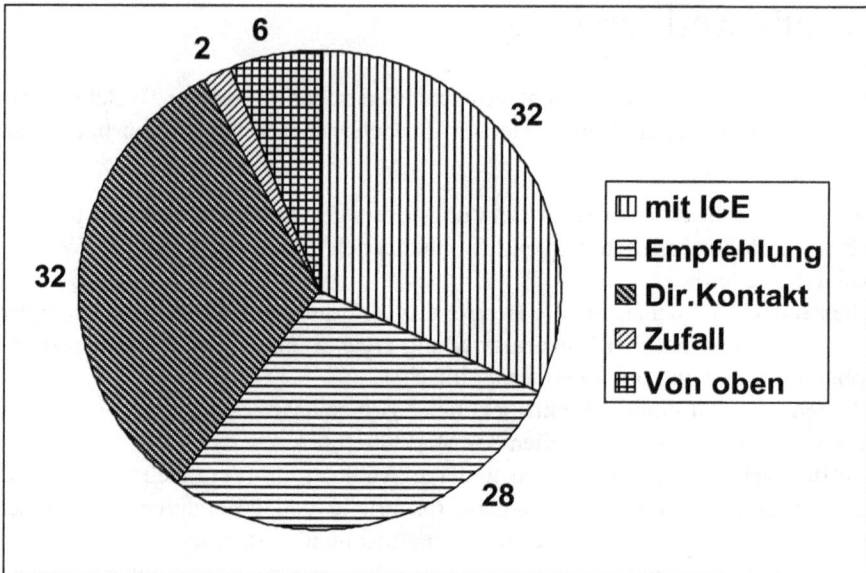

Abb. 3.3   *Deckung des Bedarfs an Beratungsleistung in Prozent*

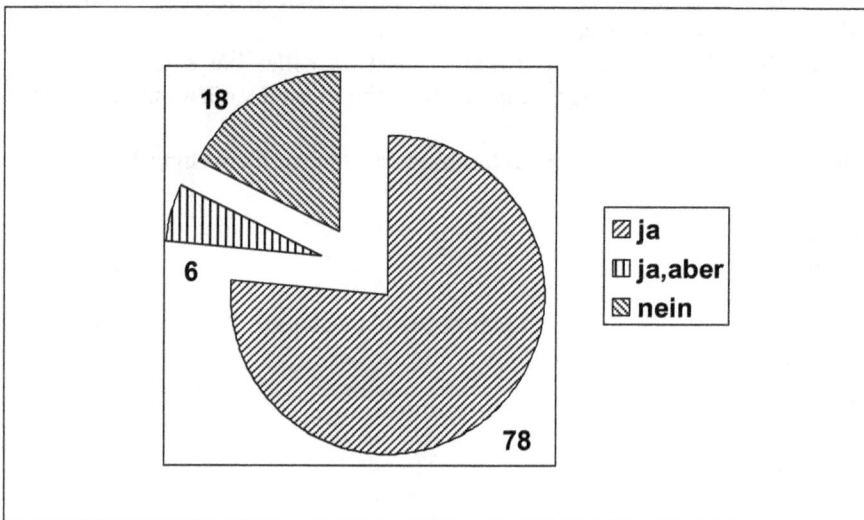

Abb. 3.4   *Soll die ICE externe Berater vermitteln?*

Die freiwillige Inanspruchnahme der Inhouse Consulting-Einheit war mit einem Drittel der Beratungsleistungen relativ unterrepräsentiert. Zum Erlangen von Begründungen konnte wegen der Anonymität der Umfrage nicht nachgehakt werden. Sie ergaben sich jedoch aus der Interpretation der vielfältigen Kommentare zu Punkt 4 des Fragebogens.

Die Antworten zur sechsten Frage gaben Aufschluss darüber, dass die ICE als Vermittlungsinstanz willkommen ist und man ihr hier eine Kompetenz zuerkennt. Allerdings wählten nur 32 Prozent der internen Klienten aus eigenem Antrieb die ICE, 78 Prozent hielten sie aber als für die Vermittlung externer Berater geeignet, was zur Akzeptanz der Leistung der ICE nachdenklich stimmen kann.

3.4 Erfahrungsanalyse aus der Zusammenarbeit mit Beratern

Die Erfahrungsanalyse sollte detaillierten Aufschluss zur Bewertung der bisherigen Zusammenarbeit mit Beratern geben und der ICE als Orientierungshilfe dienen. Hierzu wurden die folgenden Fragen gestellt:

- Was kennzeichnet gute und erfolgreiche Beratung? (Zusammenfassung der Kriterien und Meinungen über erfolgreiche Beratung).
- Welche **negativen** Erfahrungen haben Sie in der Zusammenarbeit mit Beratern gemacht? (Kategorien negativer Erfahrungen bilden und Aussagen zuordnen).
- Welche Erkenntnisse und **Konsequenzen** haben Sie daraus gezogen? (Kategorien negativer Erfahrungen bilden und Aussagen zuordnen)
- Woran messen Sie **Beratungserfolg**? (Messkriterien für Beratungserfolg auflisten und nach Häufigkeit der Nennungen gewichten.

Die Antworten auf die zweite Frage zeigten, dass wohl öfters schlechte Erfahrungen mit Beratern, seien es interne oder externe, gemacht wurden (vgl. Abb. 3.5).

• Nur Konzepterstellung, keine Umsetzung	32 %
• Ergebnisse wurden von oben vorgegeben	6 %
• Keine Einarbeitung in unsere Welt	6 %
• Oft wechselnde Berater	6%
• Know-How Abfluss	6%
• Kein Input, nur vorhandenes Wissen neu verpackt	14 %
• Fehlende soziale Kompetenz	18 %
• Keine negativen Erfahrungen gemach	12 %

Abb. 3.5 *Negative Erfahrungen mit Beratern allgemein*

Der Beratungserfolg wurde, an Kriterien, die einigermaßen gleichverteilt waren, gemessen und nicht nur, wie so oft, am Cost Cutting-Erfolg (vgl. Abb. 3.6).

• Einsparungen	25 %
• Umsetzungserfolg	20 %
• Zielerreichung	17 %
• Zufriedenheit Kunde und Mitarbeiter	20 %
• sonstige	18 %

Abb. 3.6 Messen des Beratungserfolges

3.5   Anforderungsanalyse (Erwartungen)

Abschließend wurden im Rahmen einer Anforderungsanalyse die Erwartungshaltungen für zukünftige Beratereinsätze ermittelt, wozu die folgenden Fragen beantwortet werden sollten:

- In welcher **Rolle** sehen Sie den idealen Berater (Change Manager; Vordenker; Katalysator; Prozessbegleiter; Analytiker; Konzeptentwickler; Umsetzer; Projektleiter/Projektmanager; Know-how–Transferträger; Coach; Moderator; Supervisor)? (Einzelauswertung und Zusammenfassung der Rollenpräferenzen).
- Welche **Kompetenzfelder** muss ein Berater(team) unbedingt abdecken (Branchenkompetenz; Funktionale Kompetenz (z.B. Logistik, Marketing, Informationsverarbeitung); Methodenkompetenz, inkl. Projektmanagement; Beherrschung von Beratungsprodukten; IT-Kompetenz; Soziale Kompetenz)? (Einzelauswertung und zusammenfassende Darstellung der Häufigkeit der Nennungen bei den einzelnen Kompetenzfeldern).
- Welche **Leistungsform** der Beratung erwarten Sie?
  - Umfassende, konventionelle Beratung mit den Phasen (Voruntersuchung), Ist-Analyse, Zielsetzung, Konzeptentwicklung (grob, fein), Realisierungsplanung, Vollrealisierung, Evaluation, alle Phasen komplett von Beratern durchgeführt?
  - Eingeschränkte konventionelle Beratung mit den Phasen Ist-Analyse, Zielsetzung, Konzeptentwicklung (grob, fein), Realisierungsplanung, Teilrealisierung oder Realisierungsbegleitung, komplett von Beratern durchgeführt?
  - Eingeschränkte konventionelle Beratung ohne Realisierung mit den Phasen Ist-Analyse, Zielsetzung, Konzeptentwicklung (grob, fein), Realisierungsplanung, (keine Realisierungsform) komplett von Beratern durchgeführt?
  - Lean Consulting mit den Merkmalen: Quantitative Ist-Analyse (Datengerüst) wird vom Kunden selbst durchgeführt. Qualitative Ist-Analyse , Zielsetzung, Konzeptentwicklung, Realisierungsplanung, Fortschrittskontrolle in moderierten, konsensorientierten Workshops?
  - Prozessbegleitung/Problemlösungsmoderation?

- Coaching?
- Supervision?

(Einzelauswertung: Wer bevorzugt was? Zusammenfassung: Wie ist die Rangfolge bei den erwünschten Leistungsformen).

- Wie sind Ihre **inhaltlichen** Anforderungen an die einzelnen Phasen des Beratungsprozesses?
  - Akquisition: Was muss in einem für beide Seiten erfolgreichen Akquisitionsgespräch geklärt werden?
  - Beratungsangebot: Welche schlüssigen, transparenten und verbindlichen Angaben müssen in einem akzeptablen Angebot enthalten sein?
  - Auftragsdurchführung: Welche Phasen des Beratungsprozesses (Ist-Analyse, Zielsetzung, Konzeptentwicklung (grob, fein), Realisierungsplanung, Realisierung, Evaluation) müssen inhaltlich vollkommen von den Beratern abgedeckt werden?
  - Welche Inhalte sollten in einer Auftragsevaluation enthalten sein?
  - Erwarten Sie auch nach Auftragsabschluss eine individuelle Kundenpflege durch die Berater? Wie stellen Sie sich diese idealerweise vor?

  (Einzelauswertung und zusammenfassende Darstellung der inhaltlichen Anforderungen an den Beratungsprozess).

- Wie sind Ihre **qualitativen** Anforderungen?
  - Auftrag wird inhaltlich und terminlich wie geplant durchgeführt
  - Phasenziele müssen ohne Nacharbeit erreicht sein
  - Beratungsziel wird im Zeit- und Budgetrahmen erreicht
  - geringe Belastung der eigenen Ressourcen etc.

  (Einzelauswertung und Zusammenfassung der wichtigsten qualitativen Anforderungen).

- **Ökonomische** Anforderungen:
  - Welche Tagessätze halten Sie für branchenüblich? Gestehen Sie diese auch der ICE zu?
  - Welche Honorarformen bevorzugen Sie? (Zeithonorar, Erfolgshonorar, Mischform (Grundhonorar + Erfolgskomponente))
  - Welche Art der Fakturierung bevorzugen Sie?
  - 1/3-Modell: 1/3 als Anzahlung bei Auftragserteilung, 1/3 Mitte Vertragslaufzeit, 1/3 nach Auftragsabschluss, Monatliche Abrechnung (Honorar plus Spesen), monatliche Abrechnung nur Spesen, Honorar am Auftragsende, alles nach Auftragsabschluss?

  (Einzelauswertung und Zusammenfassung nach: a) Bandbreite der Tagessatzvorstellungen, b) Rangfolge der erwünschten Honorarformen, c) Rangfolge der erwünschten Fakturierungsformen).

Die Antworten zur ersten Frage wurden in Abbildung 3.7 zusammengefasst. Sie sind aber nicht so zu verstehen, dass die Klienten meinten, Berater müssten totale Allrounder sein.

- Der ideale Berater ist ein umsetzungsorientierter (25) Analytiker (20) und
- Konzeptentwickler (18), der als Coach (15) moderiert (12).

- Er muss als Projektleiter (9) Know-how transferieren (8) und den Prozess begleiten (8).

- Dabei kann er als Supervisor (5) agieren und soll, während er vordenkt (5), spezialisiert (3) überzeugen (3).

- Als Visionär (2) sollte er Vertrauen in die Zukunft wecken (6).

Abb. 3.7   *Idealtypische Berater (Anzahl der Attributsnennungen)*

Bei den favorisierten Honorarformen lag das Erfolgshonorar knapp vor dem Festpreishonorar und beide weit vor dem Honorar auf Zeitbasis (vgl. Abb. 3.8).

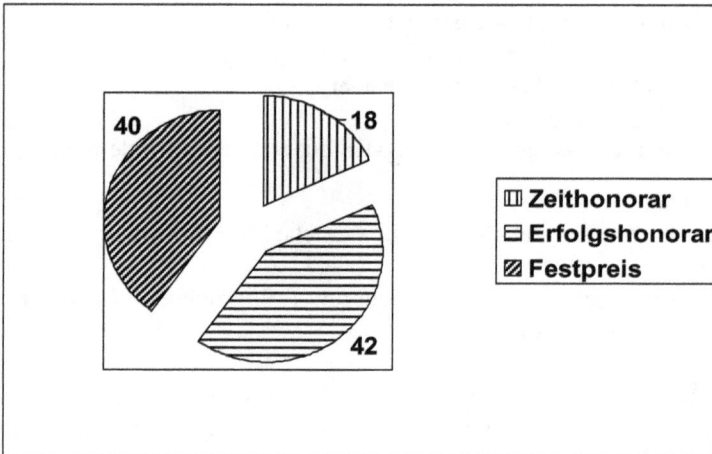

Abb. 3.8   *Favorisierte Honorarformen*

Bei der Fakturierung wurde eindeutig das Ein-Drittel-Modell bevorzugt (vgl. Abb. 3.9).

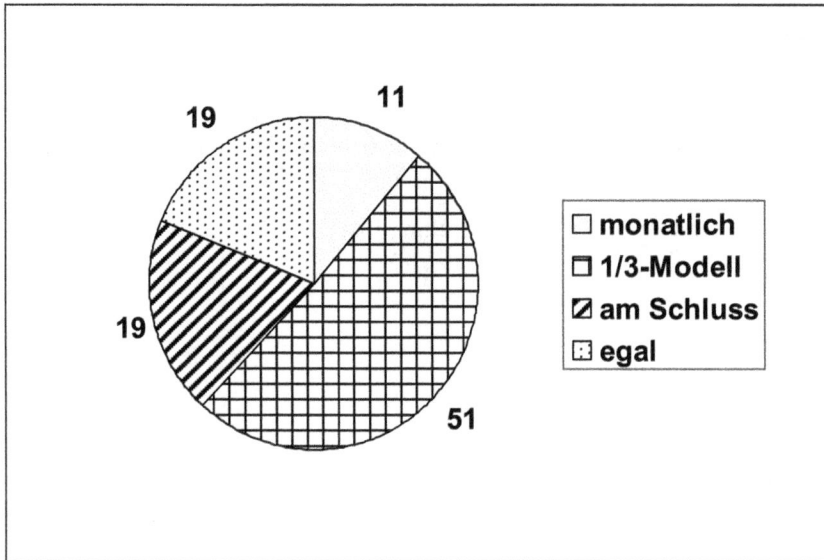

Abb. 3.9   Favorisierte Zahlungsweise

4   Fazit

Externe Berater betonen, dass eine Zusammenarbeit mit Inhouse Consultants in bestimmten Bereichen Synergien fördert und wünschenswert ist. Die meisten sehen keine Konkurrenzsituation, sondern wünschen sich Inhouse Consultants als Beratungskunden oder praktizieren dies bereits.

Eine Erhebung bei der Klientel der Inhouse Consulting-Einheiten von drei Unternehmen zeigte, dass die zu beratenden Fachabteilungen genaue Vorstellungen zur Zusammenarbeit mit Beratern haben und auf die Zusammenarbeit mit externen Beratern in hohem Maße nicht verzichten. Damit stellt sich eine Art Gleichgewichtssituation ein: Man kennt die jeweiligen Vorteile der eigenen und der externen Berater und setzt sie dort ein, wo dies die besten Ergebnisse bringt.

5   Literatur

Niedereichholz. C.: Internes Consulting – Grundlagen, Praxisbeispiele, Spezialthemen, München 2000.

Niedereichholz, C., Niedereichholz, J. (Hrsg.): Consulting Insight, München 2006.

Knowledge Governance von Inhouse Consulting

Dipl.-Kfm. Marlon Jung, Dr. Rick Vogel,
Dipl.-Kffr. Karen Voß*

*   Marlon Jung ist Geschäftsführer einer international tätigen Hilfsorganisation; Dr. Rick Vogel ist wissenschaftlicher Mitarbeiter am Arbeitsbereich Organisation und Unternehmensführung der Universität Hamburg; Karen Voß ist Junior Product Managerin bei der Beiersdorf AG.

1   Die Wissensfunktion von Inhouse Consulting

Achtzig Prozent der im Deutschen Aktienindex notierten Konzerne verfügen inzwischen über ein Inhouse Consulting, wie eine empirische Befragung der DAX- und MDAX-Unternehmen ergeben hat.[32] Auch die Beiträge in diesem Band dokumentieren die rege interne Beratungsaktivität insbesondere großer Unternehmen in Konzernform. Warum entscheiden sich immer mehr Konzerne, eine eigene Beratungsabteilung zu gründen, anstatt die Aufträge an externe Berater zu vergeben? Neben anderen Vorteilen im Vergleich zu externer Beratung ist ein entscheidender Pluspunkt von Inhouse Consultants, dass sie über eine ‚intimere‘ Organisationskenntnis verfügen, weil ihre Klienten unter dem gleichen Konzerndach wie sie selbst stehen. In ihrer Beratungstätigkeit gewinnen interne Berater daher tiefere Einblicke in die Strukturen und Prozesse der Organisation und bauen dauerhaftere Beziehungen zu den handelnden Akteuren auf als ihre externen Kollegen, die ein Unternehmen meist nur temporär begleiten. In interne Beratungsleistungen fließt somit ein unternehmensspezifischeres Wissen ein, das dem Unternehmen auch nach Abschluss eines Beratungsprojektes nicht verloren geht. Die Wissensfunktion von Inhouse Consulting kommt auch in den Gründungsmotiven interner Beratungseinheiten zum Ausdruck: Die Befragten geben als wichtigste Motive an, Wissen im Konzern effektiver ansammeln und nutzen zu wollen (siehe Abbildung 1.1). Auch die Verringerung der Abhängigkeit vom Know-how externer Berater spielt bei der Entscheidung zur Gründung einer Inhouse Consulting-Einheit eine große Rolle.

Die Wissensfunktion von Inhouse Consulting – die Identifikation, Aneignung, Entwicklung, Verteilung, Nutzung und Bewahrung unternehmensspezifischen Wissens durch interne Berater – steht im Vordergrund dieses Beitrags. Ziel der folgenden Darstellungen ist es erstens, Inhouse Consulting aus einer ressourcen- bzw. wissensbasierten Perspektive mit strategischen Fragen der Konzernführung zu verbinden. Dies erlaubt eine Antwort auf die Frage, weshalb interne Beratung in den letzten Jahren eine wachsende Bedeutung in der Unternehmenspraxis gewonnen hat und weshalb dieser Bedeutungsgewinn voraussichtlich weiter anhalten wird. Zweitens wird aus einer Übertragung der Theorie öffentlicher Güter die Notwendigkeit abgeleitet, die ‚Knowledge Governance‘ von Inhouse Consulting, d.h. die organisatorische Steuerung internen Beratungswissens, als Aufgabe des Konzernmanagements anzusehen. Praktische Gestaltungsoptionen, die dazu zur Verfügung stehen, werden mit ihren Steuerungseffekten dargestellt. Und drittens wird die Relevanz einiger dieser Methoden auf der Basis einer im zweiten Halbjahr 2007 durchgeführten Befragung der achtzig DAX- und MDAX-Unternehmen zur praktischen Verbreitung und organisatorischen Gestaltung von Inhouse Consulting dokumentiert.

---

[32] Im vorliegenden Beitrag wird teilweise auf empirische Ergebnisse zurückgegriffen, die erstmals bei Vogel/Voß (2008) erschienen sind. Die Autoren danken dem Erich Schmidt Verlag für die freundliche Genehmigung des Wiederabdrucks.

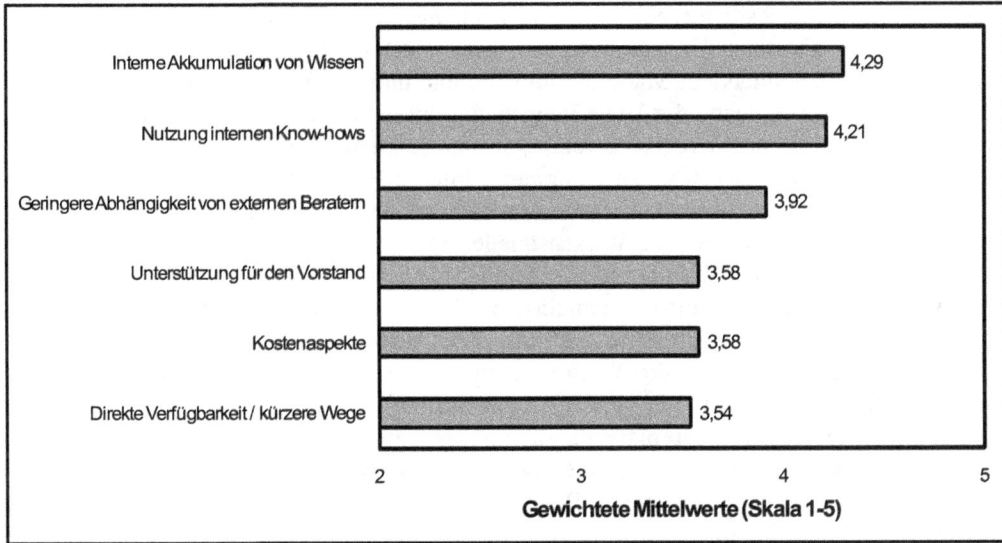

Gründungsmotiv	Gewichtete Mittelwerte (Skala 1-5)
Interne Akkumulation von Wissen	4,29
Nutzung internen Know-hows	4,21
Geringere Abhängigkeit von externen Beratern	3,92
Unterstützung für den Vorstand	3,58
Kostenaspekte	3,58
Direkte Verfügbarkeit / kürzere Wege	3,54

Abb. 1.1 *Gründungsmotive interner Beratungseinheiten*

Interne Beratung erfüllt natürlich nicht nur eine Wissensfunktion. Sie kann zum Beispiel auch als ‚verlängerter Arm' der Konzernspitze zur Durchsetzung organisatorischer Veränderungen oder als kostengünstige Alternative zur externen Vergabe von Beratungsaufträgen dienen. Es ist außerdem nicht nur mit Vorteilen verbunden, die Wissensfunktion von Beratung intern zu verorten. Ein häufig genannter Nachteil ist, dass die dauerhafte Bindung an nur einen Beratungskunden die ‚Betriebsblindheit' fördert und die Innovationskraft mindert. Sofern sie keine eigene Präsenz auf dem externen Beratungsmarkt haben (was auf 72% der befragten Einheiten zutrifft), fehlt internen Beratern das breite Marktwissen von Lieferanten, Wettbewerbern und Kunden, das ihre externen Kollegen in vielen unterschiedlichen Beratungsmandaten erwerben. Daher wird externe von interner Beratung in den meisten Fällen ergänzt, aber nicht vollständig ersetzt: Rund zwei Drittel (65%) der befragten Unternehmen setzen externe Consultants auch in Feldern ein, die zum angestammten Geschäft ihrer internen Beratungseinheit gehören.

Die Wissensfunktion von Inhouse Consulting bietet also weder ausschließlich Vorteile, noch erfüllt interne Beratung nur diese und keine andere Funktion. Dennoch hat ihre Wissensfunktion eine herausgehobene strategische Bedeutung, die aus einer ressourcenorientierten Perspektive deutlich wird.[33] Unternehmen überleben nur dann dauerhaft, wenn es ihnen gelingt, einzigartige Ressourcen zu bündeln, die schwer von Wettbewerbern imitierbar sind und nachhaltigen Kundennutzen stiften. Ressourcen können materiell (z.B. Produktionsanlagen), immateriell (z.B. Patente), personell (Mitarbeiter) oder monetär (z.B. Barmittel) sein. Wie aus den Wurzeln eines Baumes erwachsen aus strategisch relevanten Ressourcenbündeln die

---

[33] Vgl. Barney (1991).

Kernkompetenzen eines Unternehmens, die dann als Früchte marktfähige Produkte oder Dienstleitungen mit einem Zusatznutzen für den Kunden tragen.[34] Von hoher strategischer Relevanz ist in zunehmendem Maße die immaterielle und häufig an Mitarbeiter gebundene Ressource Wissen.[35] Aufgabe der Unternehmensführung ist es dann, die Schaffung, Nutzung und Bewahrung einer unverwechselbaren organisationalen Wissensbasis sicherzustellen, um nachhaltige Wettbewerbsvorteile zu generieren. Interne Beratung kann die Unternehmensführung bei dieser strategischen Aufgabe unterstützen. Durch ihre abteilungsübergreifende Arbeit kennen interne Berater die Wissensquellen im Unternehmen, werden unvermeidlich selbst zu einer, tragen zur Zirkulation des Know-hows auch zwischen den Abteilungen bei, intensivieren damit die Nutzung der gemeinsamen Wissensbasis und bewahren die Organisation vor Wissensverlusten. Für diese Aufgaben sind interne Berater prädestiniert, weil ein wichtiger Teil des organisationalen Wissens nicht explizit, sondern implizit, also an die Köpfe der Mitarbeiter gebunden, ist.[36] Die Übertragung impliziten Wissens ist auf persönliche Interaktionen angewiesen, die typisch für Beratungssituationen sind und die von technischen Lösungen des Wissensmanagements (z.B. Datenbanken, Wikis) nicht vergleichbar geleistet wird. Bildlich gesprochen trägt interne Beratung zu einer ‚Verflüssigung' des organisationalen Know-hows bei, das ansonsten ‚klebrig' ist und dazu neigt, an seinen Trägern haften zu bleiben[37].

Die strategische Bedeutung von Inhouse Consulting für das Wissensmanagement gilt insbesondere für Unternehmen in Konzernform. Ein Konzern ist der Zusammenschluss rechtlich selbständiger, aber wirtschaftlich verbundener Unternehmen.[38] Die Existenzberechtigung eines Konzerns entscheidet sich immer an der Frage, welchen Vorteil es bietet, die Konzerntöchter unter einem gemeinsamen Dach zusammenzufassen, anstatt sie als selbständige Unternehmen am Markt agieren zu lassen. Gäbe es diesen Vorteil – den sog. ‚Parenting Advantage'[39] – nicht, ließen sich die erheblichen Kosten für das Konzernmanagement einer Spitzeneinheit nicht rechtfertigen. Ein möglicher Vorteil des Konzernverbundes ist die breitere Ressourcen- bzw. Wissensbasis, auf der Synergien entstehen können, die unverbunde Unternehmen nicht hätten. Die Konzernspitze rechtfertigt ihre Existenz in diesem Fall, indem sie die Entstehung von Mehrwert aus der divisionsübergreifenden Nutzung des konzernweiten Wissens ermöglicht und fördert. Interne Beratung ist für die Konzernmutter ein mögliches Instrument, dieser strategischen Aufgabe des ‚Corporate Parenting' nachzukommen.

Mit der internen Bereitstellung von Beratungskapazitäten steuert die Konzernspitze unweigerlich die Erzeugung, Nutzung, Teilung und Bewahrung von Wissen im Konzern, auch wenn das im Einzelfall nicht das dominante Gründungsmotiv gewesen sein muss. Welche

---

[34]   Vgl. Prahalad/Hamel (1990).

[35]   Vgl. Grant (1996).

[36]   Vgl. Nonaka/Takeuchi (1995).

[37]   Vgl. Szulanski (1996).

[38]   Vgl. Frost/Morner (2010).

[39]   Vgl. Goold et al. (1994).

Effekte diese ‚Knowledge Governance' hat, hängt vor allem davon ab, wie das Inhouse Consulting organisatorisch in den Konzern eingebettet wird. Im Folgenden werden einige mit der organisatorischen Steuerung von internem Beratungswissen verbundene Schlüsselfragen aufgeworfen, entsprechende Gestaltungsoptionen aufgezeigt und ihre Verbreitung in der Konzernpraxis nachgewiesen. Zur Entwicklung eines Bezugsrahmens wird im nächsten Abschnitt die Theorie öffentlicher Güter auf Inhouse Consulting übertragen. Demnach bestehen die Steuerungseinflüsse der Konzernzentrale darin, dass sie die Ressourceneigenschaften interner Beratung reguliert und diese damit im Spektrum konzerninterner Güter verortet. Anschließend diskutieren wir die Vor- und Nachteile möglicher Kombinationen sowie verfügbare Steuerungslösungen, mit denen sie realisiert werden können. Der Beitrag schließt mit einem Fazit.

2 Inhouse Consulting im Spektrum konzerninterner Güter

Die Theorie öffentlicher Güter entspringt volkswirtschaftlichen Überlegungen. Ursprünglich schlug Richard A. Musgrave[40] eine zweidimensionale Güterklassifikation vor, die private von öffentlichen Gütern unterscheidet und zwei Mischformen anführt. Eine Übertragung dieser Güterklassifikation ist auch auf konzerninterne Ressourcen möglich. Es ändert sich jedoch der Bezugsrahmen: Anstatt der Gesellschaft und dem Wohlfahrtsgewinn werden die Kriterien auf Unternehmensmitglieder, Unternehmensprofitabilität und unternehmensinterne Transaktionskosten angewendet.[41] Grundlage sind die Kriterien der Konsumrivalität und der Ausschließbarkeit. Nicht-Rivalität liegt vor, wenn mehrere Mitarbeiter auf dieselbe Ressource zugreifen können, ohne dass der Nutzen für den einzelnen Mitarbeiter sinkt. Umgekehrt besteht Rivalität, wenn ein Gut, welches durch einen Mitarbeiter in Anspruch genommen wird, währenddessen oder danach gar nicht oder nur in schlechterer Qualität bzw. geringerem Umfang einem anderen Mitarbeiter zur Verfügung steht. Nicht-Ausschließbarkeit bedeutet auf dem konzerninternen Markt, dass kein Mitarbeiter von der Nutzung eines Gutes abgehalten werden kann. Umgekehrt liegt Ausschließbarkeit vor, wenn die Nutzung des Gutes nur bestimmten Mitarbeitern vorbehalten werden kann. Im Gegensatz zum öffentlichen Markt geht es hier um eine gewollte Ausschließbarkeit bzw. Nicht-Ausschließbarkeit, da zwar meist technische oder wirtschaftliche Ausschlussmöglichkeiten bestehen, diese aber entweder zu hohe Kosten verursachen oder aus unternehmenspolitischen Gründen nicht erwünscht sind.

---

[40] Vgl. Mugrave (1959).

[41] Vgl. Frost/Morner (2010) und Vining (2003).

		Ausschließbarkeit	
		Hoch	**Niedrig**
Rivalität	**Hoch**	**Interne private Ressource** *PC-Arbeitsplatz, Zwischenprodukte*	**Interne Poolressource** *Service-Hotline, Fuhrpark*
	Niedrig	**Interne Clubressource** *Best Practices, Bonusprogramme*	**Interne öffentliche Ressource** *Dachmarke, Unternehmenskultur*

Abb. 2.1 *Klassifikation interner Unternehmensressourcen* [42]

Kombiniert man die beiden Ressourceneigenschaften der Konsumrivalität und Ausschließbarkeit, erhält man für den konzerninternen Markt eine Vier-Felder-Matrix (siehe Abbildung 2.1). Interne private Ressourcen haben gleichzeitig eine hohe Rivalität und Ausschließbarkeit. Ein Beispiel ist ein PC-Arbeitsplatz: Durch ein Passwort können unerwünschte Nutzer leicht ausgeschlossen werden und wenn ein PC von einem berechtigten Mitarbeiter genutzt wird, kann er nicht gleichzeitig von einem Kollegen bedient werden. Interne Poolressourcen zeichnen sich ebenfalls durch eine hohe Rivalität aus, jedoch ist bei ihnen die Ausschließbarkeit niedrig. Zum Beispiel steht eine interne Service-Hotline jedem Mitarbeiter zur Verfügung, wenn aber eine Leitung belegt ist, kann sie nicht gleichzeitig von einem anderen Anrufer genutzt werden. Das Kennzeichen von internen Clubressourcen ist eine niedrige Rivalität bei hoher Ausschließbarkeit. Beispielsweise kann eine Abteilung spezialisiertes Know-how in Form einer Best Practice entwickeln, an der zwar alle Abteilungsmitglieder teilhaben, zu der Mitarbeiter anderer Unternehmenseinheiten aber keinen Zugang haben. Schließlich sind interne öffentliche Ressourcen sowohl durch eine niedrige Rivalität als auch durch eine niedrige Ausschließbarkeit gekennzeichnet. Ein Beispiel ist die Dachmarke eines Konzerns, die auf alle Tochterunternehmen ausstrahlt und sich nicht abnutzt, wenn Gebrauch von ihr gemacht wird.

Wo ist nun das Inhouse Consulting in diesem Spektrum konzerninterner Güter zu verorten? Spezifische Ressourceneigenschaften erhält Wissen durch sein Trägermedium. Beratungswissen ist meist hochspezialisiertes, komplexes Wissen mit vielen impliziten Bestandteilen. Es lässt sich daher nur begrenzt kodifizieren und z.B. in Datenbanken oder Handbüchern abspeichern und konzernweit verfügbar machen. Vielmehr wird es von Menschen getragen und ist für die Weitergabe auf die persönliche Interaktion zwischen Berater und Klient angewiesen. Inhouse Consulting repräsentiert daher eher eine Personifizierungs- als eine Kodi-

---

[42] In Anlehnung an: Frost/Morner (2010), S. 152.

fizierungsstrategie im Wissensmanagement.[43] Durch die Personengebundenheit internen Beratungswissens müssen die Ressourceneigenschaften der Rivalität und Ausschließbarkeit auf die Beratungskapazität von Inhouse Consultants bezogen werden. Hinsichtlich der Konsumrivalität ist zunächst festzustellen, dass die Beauftragung interner Berater die späteren Nutzungsmöglichkeiten durch andere Klienten nicht beeinträchtigt, sondern sie im Gegenteil noch bereichern kann. Je größer die Beratungserfahrung eines Inhouse Consultants in unterschiedlichen Konzerneinheiten ist, umso mehr unternehmensspezifisches Know-how kommt einem neuen Klienten zugute – mit der eingangs erwähnten Kehrseite, möglicherweise ‚betriebsblind' zu werden. Die mögliche Qualitätssteigerung liegt nicht nur in der Ansammlung ‚harten' Faktenwissens, sondern auch und vor allem in der Entwicklung ‚weicher' Fähigkeiten der Wissensvermittlung. Im Sinne einer Einschränkung künftiger Nutzungsmöglichkeiten anderer Klienten liegt bei Inhouse Consulting also keine Konsumrivalität vor. Jedoch stehen interne Berater zu ein- und demselben Zeitpunkt nur einer begrenzten Zahl von Kunden zur Verfügung. Je mehr Kunden zeitgleich beraten werden, desto weniger können die Inhouse Consultants auf ihre individuellen Bedürfnisse eingehen, und desto geringer wird die Beratungsqualität. Theoretisch ist es zwar möglich, die internen Beratungskapazitäten so weit auszudehnen, dass Kapazitätsgrenzen keine praktische Relevanz mehr haben, weil jeder Beratungswunsch erfüllt werden kann. Tatsächlich haben die internen Beratungseinheiten der DAX- und MDAX-Unternehmen zum Teil eine beachtliche Größe (siehe Abbildung 2.2). Stellt man ihre Mitarbeiterstärke aber in Relation zur konzernweiten Beschäftigtenzahl, so wird deutlich, dass interne Beratung ein knappes, da kostspieliges Gut ist. Deshalb liegt Konsumrivalität vor. Damit fehlt interner Beratung ein Definitionsmerkmal sowohl von Club- als auch von öffentlichen Ressourcen. Ob es sich um eine private oder eine Poolressource handelt, hängt vom Grad der Ausschließbarkeit ab. Dieser kann durch den steuernden Eingriff der Konzernspitze beeinflusst werden. Welche strategischen Erwägungen damit verbunden sind und welche Gestaltungsoptionen zur Verfügung stehen, wird im nächsten Abschnitt thematisiert.

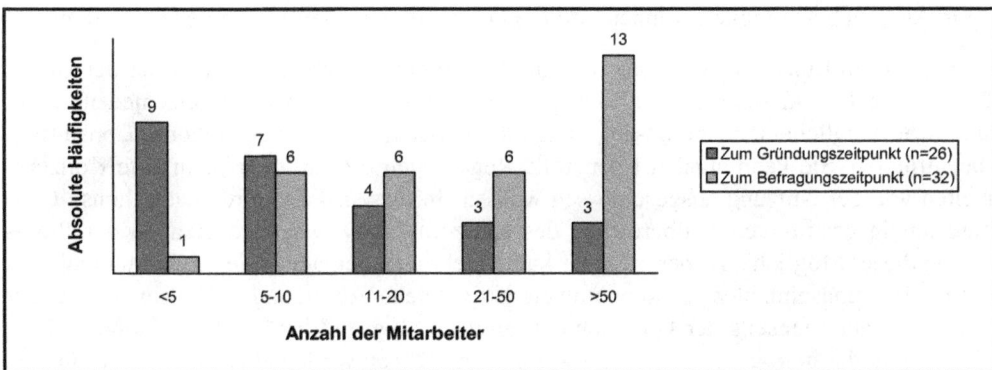

Abb. 2.2   Größe interner Beratungseinheiten

---

[43]   Vgl. Hansen et al. (1999).

3   Governance internen Beratungswissens

Der Grad der Ausschließbarkeit von Inhouse Consulting – und damit die Verortung entweder als private oder als Poolressource – entscheidet über Zugangsmöglichkeiten der Konzerneinheiten zu unternehmensspezifischem Wissen und lenkt Wissensströme im Konzern. Er beeinflusst damit die Nutzungsbreite der organisationalen Wissensbasis und so die Erzielung strategischer Wettbewerbsvorteile. In der Bestimmung des optimalen Grades der Ausschließbarkeit muss daher der erwünschte Nutzungsgrad des internen Beratungswissens berücksichtigt werden. Für eine private und gegen eine Poolressource spricht das Problem der Übernutzung. Typisch für eine Poolressource ist, dass die Nutzer nicht davon abgehalten werden können, möglichst viel von ihr zu konsumieren. Aus individueller Perspektive ist das rational. Wenn aber alle Gemeinschaftsmitglieder so handeln, ist der Pool schnell erschöpft.[44] Da die Konzerneinheiten einen vielfachen Nutzen von interner Beratung ziehen können – nicht nur in Form eines Wissenszuwachses, sondern häufig auch schlicht durch Entlastung eigener Kapazitäten –, kann diese Gefahr auch bei Inhouse Consulting bestehen. Entsprechend wäre die Ausschließbarkeit zu erhöhen. Für eine Pool- und gegen eine private Ressource spricht hingegen das Problem der Unternutzung. Die Bereitschaft der Konzerneinheiten, internes Beratungswissen anzunehmen und umzusetzen, kann keineswegs vorausgesetzt werden. Das wird am sog. ‚Not-Invented-Here‘-Syndrom deutlich: Know-how, das nicht in der eigenen Abteilung entstanden ist, fehlt der ‚Stallgeruch‘ und wird häufig mit Skepsis begegnet. Außerdem kann Beratung auf Kundenseite einen Mehraufwand bedeuten und die Veränderungsbereitschaft und -fähigkeit überfordern. Wird interne Beratung aus diesen oder anderen Gründen nicht in Anspruch genommen, so ist das insbesondere dann kritisch, wenn sie wettbewerbsrelevantes Wissen vermittelt. Dieses kann aus ressourcenorientierter Perspektive kaum übernutzt werden, weil es Quelle verteidigungsfähiger Wettbewerbsvorteile ist. Außerdem erfüllt interne Beratung ihre Rolle in der Krisenprävention nur unzureichend, wenn sie nicht in ausreichendem Maße genutzt wird. Wird sie nämlich schon im Stadium der Problementstehung in Anspruch genommen, können größere Folgeprobleme häufig vermieden werden.

Es muss also im Einzelfall bewertet werden, ob eher eine Gefahr der Über- oder der Unternutzung besteht. Beides sollte vermieden werden. Die Konzernspitze hat verschiedene organisatorische Möglichkeiten, zu diesem Zweck die Ausschließbarkeit des Inhouse Consultings zu beeinflussen. Sie kann zunächst generelle Regelungen treffen, dass bestimmte Konzerneinheiten von der Nutzung ausgeschlossen werden. In diesem Fall würde das Inhouse Consulting nur in bestimmten Teilbereichen des Konzerns aktiv werden dürfen. In der Praxis wird von dieser Möglichkeit aber offenbar kaum Gebrauch gemacht. Die große Mehrzahl der internen Beratungseinheiten ist konzernweit aktiv (siehe Abbildung 3.1). Ein Teil dieser Einheiten ist auch jenseits der Unternehmensgrenzen tätig und berät externe Kunden. Dies trifft auf neun der befragten Inhouse Consultings zu. Davon wollen allerdings vier Einheiten ihre externen Beratungsaktivitäten in Zukunft einstellen, während drei neu in dieses Beratungsgeschäft einsteigen wollen. Aus ressourcenorientierter Sicht ist ein Erklärungsansatz für

---

[44] Vgl. Hardin (1968).

dieses Schwanken, dass die externe Marktpräsenz interner Berater ein zweischneidiges Schwert ist: Einerseits ist die Wissensbasis eines Unternehmens keine statische Größe, sondern muss ständig erneuert werden, um mit rapiden Wettbewerbsveränderungen Schritt zu halten. Die Beratung externer Kunden durch hauseigene Beratungseinheiten ist eine Möglichkeit, die Aufnahmefähigkeit des Konzerns gegenüber Umweltinformationen (über Wettbewerber, Kunden, Lieferanten) zu erhöhen. Andererseits stellt die Beratung externer Kunden einen Wissensabfluss dar. Wenn spezifisches, schwer imitierbares Wissen die Quelle von Wettbewerbsvorteilen ist, muss es vor Abfluss aus dem Unternehmen geschützt werden. Das spricht dagegen, es zum Inhalt der Beratung externer Kunden zu machen.

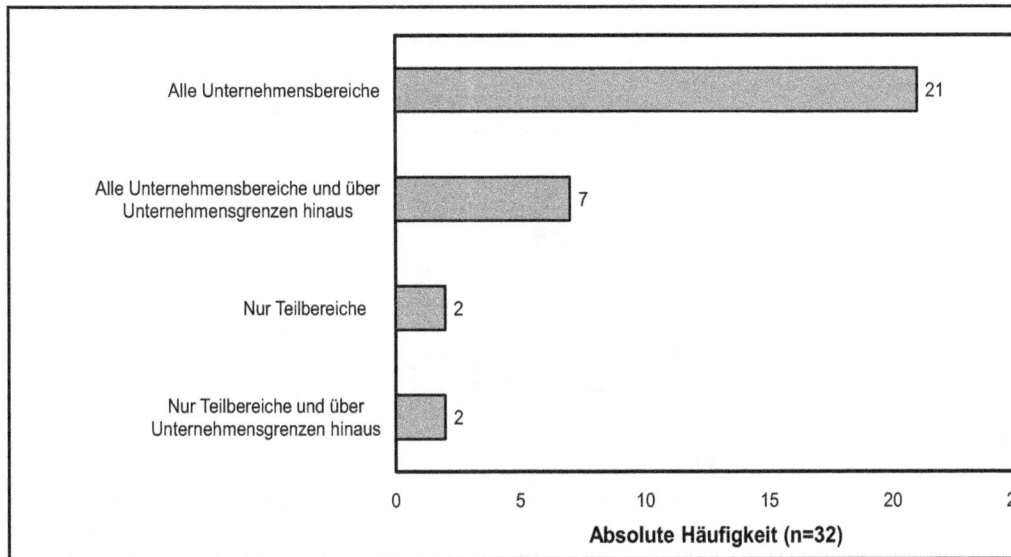

Abb. 3.1   Kundenspektrum interner Beratungseinheiten

Die zweite strukturelle Möglichkeit der Konzernspitze, den Grad der Ausschließbarkeit von Inhouse Consulting zu beeinflussen, besteht in fallweisen Entscheidungen, einzelne Beratungsmandate abzulehnen und andere zu erteilen. In diesem Fall würde sie eine Art ‚Gatekeeper'-Funktion erfüllen und situationsabhängig entscheiden, welche Beratungsprojekte – ggf. gegen den Willen des Klienten – zustande kommen und welche nicht. Wie günstig die Voraussetzungen für solche hierarchische Eingriffe sind, hängt auch von der organisatorischen Einbettung der internen Beratungseinheit in den Konzern ab. Je größer die organisatorische Autonomie des Inhouse Consultings, desto geringer die Einflussmöglichkeit der Konzernmutter. Als Integrationsformen stehen in der Praxis – in der Reihenfolge zunehmender Autonomie – Stabsstellen, Zentralbereiche, funktionale Teilbereiche und Dienstleistungsstellen zur Verfügung. Die meisten internen Beratungseinheiten sind als Dienstleistungsstellen – also mit einem vergleichsweise hohen Grad der Selbständigkeit – organisiert (siehe Abbildung 3.2). Die Mehrheit der in diese Kategorie fallenden Beratungseinheiten ist auch recht-

lich selbständig (in der Rechtsform der GmbH). Fasst man jedoch Stabsstellen und Zentralbereiche zu Organisationsformen mit einer hohen Abhängigkeit von vorgesetzten Instanzen
zusammen und bezieht man funktionale Teilbereiche mit einem mittleren Autonomiegrad
ein, dann überwiegen Organisationslösungen, die der Konzernspitze einen größeren Einfluss
erlauben. Von dieser Einflussmöglichkeit macht sie offenbar regen Gebrauch. In der Drei-
ecksbeziehung zwischen Spitzeneinheit, interner Beratungseinheit und beratener Unterneh-
menseinheit ist sie in der Praxis am häufigsten an der Aktivierung von Beratungsleistungen
beteiligt (Abbildung 3.3). Das lässt den Schluss zu, dass sie aktiv an der Schnittstelle zwischen Anbieter und Nachfrager interner Beratungsleistungen vermittelt und damit auf den
Grad der Ausschließbarkeit des Inhouse Consultings fallbezogen Einfluss nimmt.

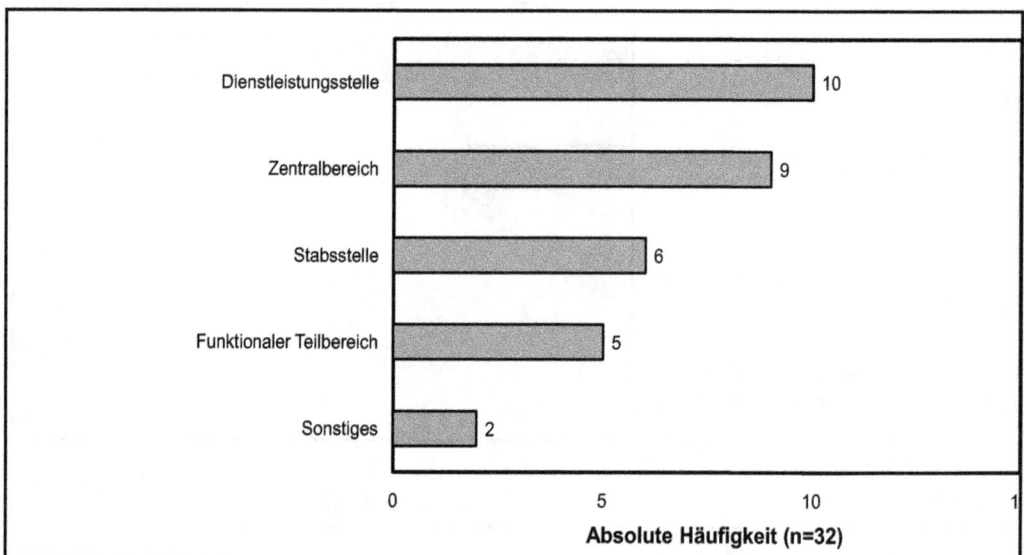

Abb. 3.2 *Organisatorische Eingliederung interner Beratungseinheiten.*

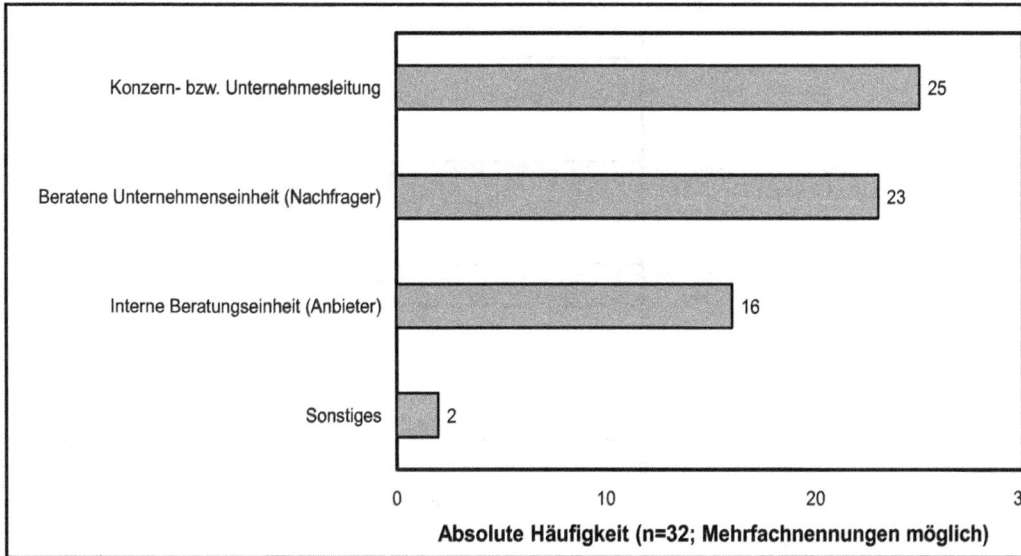

Abb. 3.3   *Initiierung interner Beratungsleistungen.*

Als dritte Einflussmöglichkeit auf die Ressourceneigenschaft der Ausschließbarkeit steht der in der Theorie öffentlicher Güter ursprünglich dafür vorgesehene Preismechanismus zur Verfügung. Interne Verrechnungspreise stellen eine faktische Zugangsbeschränkung dar: Nur diejenigen dürfen eine Ressource nutzen, die bereit sind, dafür einen Preis zu zahlen. Je höher er ist, desto weniger Nutzer hat die Ressource. Welchen Gebrauch machen die Unternehmen in der Praxis von der Möglichkeit, interne Beratungsleistungen den Klienten in Rechnung zu stellen? Fast die Hälfte verzichtet ganz auf eine Verrechnung und lässt interne Beratung unentgeltlich erbringen (siehe Abbildung 3.4). Zu bedenken ist allerdings, dass der Gebrauch des Preismechanismus selbst Kosten verursacht und sich nur lohnt, wenn das Inhouse Consulting eine bestimmte Größe und Professionalität erreicht. Rund ein Drittel der Unternehmen kalkuliert einen Preis, der eine Kosten- und Gewinnkomponente enthält. Die interne Leistungsbeziehung zwischen Berater und Klient unterscheidet sich dann kaum mehr vom externen Beratungsmarkt. Als Profit Center ist ein Inhouse Consulting zwar in die Ergebnisrechnung des Konzerns eingebunden, besitzt aber eine relativ große operative Unabhängigkeit. Eine kleinere Anzahl interner Beratungseinheiten gibt ihre Kosten zwar an die Kunden weiter, verzichtet im konzerninternen Geschäft aber auf einen Gewinnaufschlag.

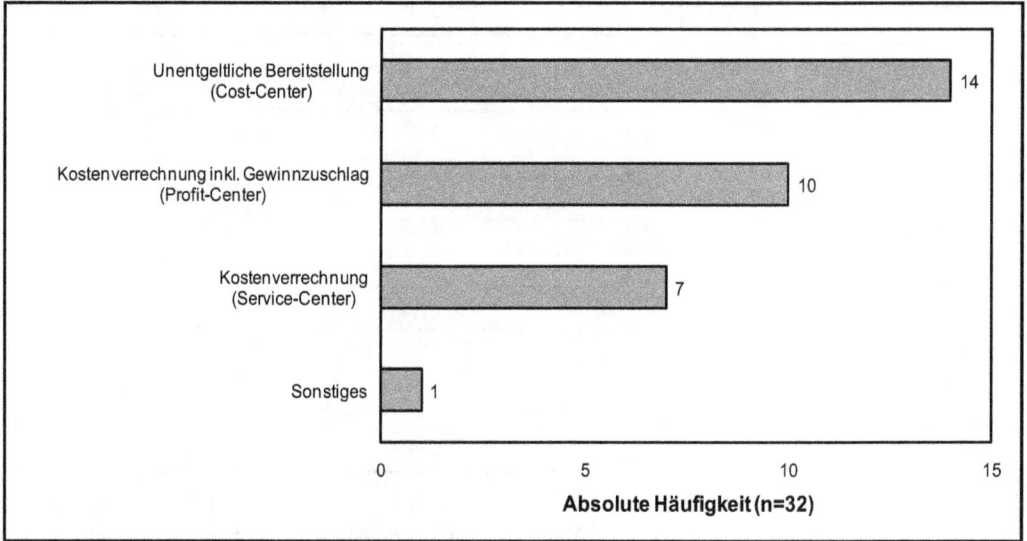

Abb. 3.4   Verrechnung interner Beratungsleistungen.

4   Fazit

Auch wenn interne Beratung mehr als nur eine Wissensfunktion im Konzern erfüllt, liefert ein ressourcen- bzw. wissensbasierter Blick auf Inhouse Consulting eine systematische Erklärung für ihre in den letzten Jahren gestiegene Relevanz in der Praxis. Die zu einem Konzernverbund zusammengeschlossenen Einheiten müssen Mehrwert im Vergleich zu einem Marktauftritt als Einzelunternehmen schaffen. Eine Mehrwertstrategie ist die Schaffung von Synergien, durch die das Ganze mehr wert wird als die Summe seiner Teile. Synergien entstehen durch die gemeinsame Nutzung von Ressourcen. Unter wachsendem Konkurrenzdruck aus Schwellenländern ist Wissen in unserer Wirtschaft zu einer kritischen Ressource geworden. Inhouse Consulting fördert die divisionsübergreifende Identifikation, Aneignung, Entwicklung, Verteilung, Nutzung und Bewahrung von Wissen. Es gehört damit zum Instrumentarium eines Konzernmanagements, wenn dieses eine Synergiestrategie verfolgt. Angesichts wachsenden Wettbewerbsdrucks und zunehmender Marktdynamik ist deshalb zu erwarten, dass die praktische Relevanz interner Beratung auch weiterhin steigen wird. Eine Mehrheit von 56% der DAX- und MDAX-Unternehmen, die heute schon ein Inhouse Consulting haben, erwartet, dass ihre Beratungseinheit in den nächsten fünf Jahren wachsen wird.

Eine Übertragung der Theorie öffentlicher Güter auf Unternehmen in Konzernform zeigt jedoch, dass mit der Einrichtung einer internen Beratungsabteilung vielfältige Fragen der

Knowledge Governance verbunden sind, die von der Konzernmutter gelöst werden müssen. Wo das Inhouse Consulting im konzerninternen Güterspektrum verortet wird, hängt vom erwünschten Nutzungsgrad ab, der über die Ressourceneigenschaft der Ausschließbarkeit beeinflusst werden kann. Ob das Problem der Über- oder Unternutzung vorliegt, mit welchem Grad der Ausschließbarkeit es gelöst werden kann und welche Steuerungsmechanismen dafür effektiv sind, muss von der Art des Wissens abhängig gemacht werden. Das spricht dafür, ein Wissensportfolio interner Beratungseinheiten zu erstellen, mit dem die strategische Relevanz des Beratungswissens bewertet wird. Wissen mit einer niedrigen strategischen Relevanz ist in Beratungsleistungen enthalten, die in relativ standardisierter Form auch über den externen Beratungsmarkt bezogen werden können. Es kann nicht die Quelle von Wettbewerbsvorteilen sein, da es auch jenseits der Unternehmensgrenzen verfügbar ist. Solche Beratungsleistungen werden meist deshalb intern erbracht, weil die Eigenleistung kostengünstiger als der Fremdbezug ist. In diesen Bereichen sollte die Knowledge Governance tendenziell darauf ausgerichtet sein, eine Übernutzung zu vermeiden und das Inhouse Consulting mit Eigenschaften eines privaten Gutes auszustatten. Wissen hat hingegen eine hohe strategische Relevanz, wenn es die spezifische Wettbewerbsgrundlage des Konzerns ist. Um das herauszufinden, können die sog. VRIN-Kriterien herangezogen werden[45]: Wissen ist eine Quelle von Wettbewerbsvorteilen, wenn es valuable (wertvoll), rare (selten), inimitable (nicht imitierbar) und non-substitutable (nicht substitutierbar) ist. Beratungswissen mit diesen Qualitäten kann nur von einer internen Einheit angeboten werden, da es jenseits der Konzerngrenzen nicht vorkommt. In diesem Fall lautet das Steuerungsziel, eine Unternutzung zu vermeiden und das Inhouse Consulting mit Eigenschaften einer Poolressource auszustatten. Die Knowledge Governance von Inhouse Consulting muss deshalb in einem Steuerungsmix erfolgen und mit strategischen Erwägungen eines ressourcenorientierten Konzernmanagements in Einklang gebracht werden.

5 Literatur

Barney J. (1991): Firm resources and sustained competitive advantage, in: Journal of Management, 17(1), S. 99–120.

Frost, J./Morner, M. (2010): Konzernmanagement. Strategien für Mehrwert. Wiesbaden: Gabler.

Goold, M./Campbell, A./Alexander, M. (1994): How corporate parents add value to the stand-alone performance of their businesses, in: Business Strategy Review, 5(4), S. 33–56.

---

[45] Vgl. Barney (1991).

Grant R.M. (1996): Toward a knowledge-based theory of the firm, in: Strategic Management Journal, 17, S. 109–122.

Hansen, M.T./Nohria, N./Tierney, T. (1999): Wie managen Sie das Wissen in Ihrem Unternehmen?, in: Harvard Business Manager, 21(5), S. 85–96.

Hardin, G. (1968): The tragedy of the commons, in: Science, 162(3859), S. 1243–1248.

Musgrave, R.A. (1959): The Theory of Public Finance: A Study in Public Economy. New York et al.

Nonaka I./Takeuchi, H. (1995): The Knowledge-Creating Company: How Japanese Companies Create the Dynamics of Innovation, New York.

Prahalad, C.K./Hamel, G. (1990): The core competence of the corporation, in: Harvard Business Review, 68(3), S. 79–91.

Szulanski, G. (1996): Exploring internal stickiness: Impediments to the transfer of best practice within the firm, in: Strategic Management Journal, 17(Special Issue), S. 27–43.

Vining, A.R. (2003): Internal market failure: A framework for diagnosing firm inefficiency, in: Journal of Management Studies, 40(2), S. 431–457.

Vogel, R./Voß, K. (2008): Inhouse Consulting. Praktische Verbreitung und organisatorische Gestaltung, in: Zeitschrift der Unternehmensberatung 3(5), S. 216–222.

Partnerschaftskonzept „Inhouse Consulting" – Exzellente Projektergebnisse mit reduzierten Kosten

Roland Springer, Hans Marquart*

---

*   Roland Springer, Geschäftsführer Suxxess Enterprise Services; Hans Marquart, Unternehmensberater.

1   Situation der Projektarbeit

1.1   Trends projektorientierter Arbeitsformen

Um die Produktivität zu verbessern, werden in Unternehmen und öffentlichen Verwaltungen immer häufiger Projekte durchgeführt. Die Gründe liegen zum einen im zunehmenden Veränderungs- und Innovationsdruck, der in den Märkten vorherrscht und zum anderen weil die Erkenntnis sich durchsetzt, dass die klassische Organisation für schnelle Veränderungen nicht mehr ausreicht.

Projektarbeit bietet zum anderen den Vorteil, dass in einer Organisation verschiedene Kompetenzen, unabhängig von Abteilung und Hierarchie gebündelt werden können, um in einem begrenzten Zeitraum eine bestimmte Aufgabe zu erfüllen. Besondere Vorteile hat die Projektarbeit bei immer stärker verschwimmenden Grenzen zwischen Abteilungen, und sogar zwischen Firmen. Die steigende Qualifikation der Mitarbeiter eröffnet Möglichkeiten für neue Arbeits- und Organisationsformen, mit denen die Kompetenzen und Kenntnisse der Mitarbeiter besser genutzt werden können; es stellen sich aber auch neue Anforderungen an das Management. Projektarbeit kommt im Wesentlichen bei drei Aufgabenstellungen zum Einsatz:

* für die Abwicklung von Geschäftsprojekten im System – und Anlagengeschäft
* für die Entwicklung von Produkten
* für die Durchführung von Verbesserungs- oder Strategieprojekten.

Im Folgenden steht Projektarbeit im Rahmen von Verbesserungsprojekten im Fokus.

1.2   Problematik der Projektarbeit

Häufig werden Verbesserungsprojekte unter Einbezug von externen Beratern durchgeführt.

Die Erwartung ist hierbei, dass dieser sowohl eine erprobte Vorgehenssystematik für die Projektdurchführung als auch Erfahrungen zu ähnlich gearteten Aufgabenstellungen und Lösungsmöglichkeiten aus anderen Unternehmen mitbringt. Der Berater wird dadurch zum Taktgeber für das Projekt.

Diese Form der Beratung ist jedoch kostenintensiv, so dass der Beratereinsatz in der Regel auf die Analyse- und Konzeptphase begrenzt wird. Im Wechsel zur Umsetzungsphase kommt es deshalb zu einem Bruch, da der bisherige Taktgeber ausgetauscht wird. Das hat nicht selten eine Reihe von negativen Auswirkungen. Die anfangs oft sehr straffe methodische Projektführung macht dann häufig einem eher pragmatischen Ansatz Platz. Die definierten Konzeptansätze und Maßnahmen werden oft aus Sicht der Realisierungsmöglichkeiten und vorhandenen Ressourcen neu interpretiert und verlieren ihre Schärfe und ihren hohen

Anspruch. Für die Realisierungsphase wird dann gerne die Verantwortung einem bewährten Manager „umgehängt". In jedem Unternehmen findet man nur eine kleine Anzahl Personen, denen man diese Zusatzaufgaben anvertrauen will. Wir beobachten, dass dies zu der Situation führt, dass sehr wenige Personen immer mehr Projekte gleichzeitig bearbeiten sollen, meist zusätzlich zu ihrer Linienaufgabe. Als Folge zeigen sich schleppende Projektverläufe, nur partielle Konzeptumsetzung sowie eine chronische Überlastung. Dies gilt nicht nur für das Management sondern auch für agile Mitarbeiter und Experten.

Zusammenfassend lässt sich die Problematik der gängigen Projektabwicklung mit externen Beratern wie folgt charakterisieren:

- Lange Vorlaufphase für Beraterauswahl und Beauty-Contest
- Vorenthaltung attraktiver Aufgaben für aufgeschlossene Mitarbeiter
- Professionelle Abwicklung in der Analyse- und Konzeptphase
- Schwieriger Übergang in die Umsetzungsphase
- Mangelnde Nachhaltigkeit und Akzeptanz der Lösungen in der Umsetzungsphase
- Hohe externe Kosten

2   Lösung mit „Partnerschaftskonzept"

Wie lassen sich die Problematiken beim Einsatz externer Berater am besten vermeiden? Dazu bieten sich drei unterschiedliche Alternativen an.

2.1   Projektbesetzung ausschließlich mit Mitarbeiter aus Linie oder Stäben

Eine Projektbesetzung aus den Abteilungen heraus, mit der Aufgabe des Taktgebers, vermeidet den harten Übergang in die Realisierungsphase. Allerdings lassen so angelegte Projekte oft von Anfang an ein konsequentes, methodisch-systematisch Vorgehen vermissen. Damit ist die Erreichung der Projektergebnisse bereits in der Analysephase und insbesondere in der Konzeptphase gefährdet. Ein zu „kurzer Sprung" ist vorprogrammiert. Dies ist darauf zurückzuführen, dass durch die Zersplitterung von Kapazitäten und Know-how ein einheitlicher Wissensstand und insbesondere ein standardisiertes Vorgehenskonzept nur sehr schwierig zu erreichen ist.

2.2 Projektbesetzung mit Mitarbeitern aus einer Internen Consulting-Einheit

Eine nachhaltigere Lösung bietet das **Konzept des „Inhouse Consulting"**:

„Bildung einer eigenen Abteilung mit hochqualifizierten Mitarbeitern und mit einheitlichem Fach- und Vorgehenskonzept"

Projekte werden dann, da geübt und täglich praktiziert, mit professionellen Methoden und Systematiken durchgeführt. Projekte können reaktionsschnell besetzt werden. Die Mitarbeiter dieser Einheit können durchgängig auch in der Realisierungsphase eingesetzt werden. Der Projektleiter ist auf das Projekt fokussiert und treibt dieses als seine Kernaufgabe voran. Außerdem sind die zu erwartenden Projektkosten wesentlich geringer als bei der Vergabe an externe Berater. Knowhow-Abfluss wird vermieden. Das Inhouse Consulting kann zudem als Kaderschmiede für Managementpositionen genutzt werden. Die Zusammenführung der Kompetenzen im Unternehmen wirkt einer Zersplitterung des Knowhows entgegen und hat eine wesentlich höhere Schlagkraft als die Organisation von Kompetenzzellen in Stabsabteilungen. Das Inhouse Consulting weist also sowohl gegenüber dem Konzept mit externen Beratern als auch gegenüber der Abwicklung mit Linien – und Stabspersonal wesentliche Vorteile auf.

Wo ist das Konzept des Inhouse Consulting einsetzbar?

Inhouse Consulting ist heute weit verbreitet in konzernmäßig aufgebauten Großunternehmen. Dort bestehen eine oder mehrere Interne Consulting-Einheiten, die das Thema Management Consulting und/oder Themen des Prozessconsultings abdecken. In mittelständischen Unternehmen ist der Ansatz des Inhouse Consulting noch wenig verbreitet. Es ist jedoch nicht verständlich warum dies so ist. Wir sind klar der Meinung, dass das Konzept auch in diesen Unternehmen unmittelbar einsetzbar und keinesfalls auf Großunternehmen beschränkt ist.

Jedes Unternehmen ab einer Umsatzgröße von ca. 100 Mio. € Umsatz sollte die Gründung einer internen Consulting–Einheit prüfen.

2.3 Partnerschaftskonzept

Das Konzept des Inhouse Consulting hat allerdings auch Nachteile.

So ist der Blick nach außen beschränkt, mit der Gefahr der Betriebsblindheit. Dies ist zumindest dann der Fall, wenn die interne Consulting-Einheit keinen externen Geschäftsauftrag hat.

Know-how lässt sich nicht für jeden denkbaren Fall vorhalten. Gerade beim Einsatz in Realisierungsphasen ist häufig Spezialwissen gefragt.

Mangelnde Kapazitätsflexibilität birgt ein damit verbundenes Auslastungsrisiko. Bei einem Missverhältnis von Personalkosten und Projektertrag wird die Interne Consulting-Einheit schnell selbst zum Sanierungsfall.

Diese Nachteile können ausgeschlossen werden, wenn das Konzept „Inhouse Consulting" zum „Partnerschaftskonzept" weiterentwickelt wird! Das bedeutet: Einen Partner zu haben, der die aufgeführten Nachteile kompensiert.

Dies funktioniert so, dass ein externer Partner Know-how-Bereiche ergänzt, die selbst nicht wirtschaftlich vorzuhalten sind. Er deckt darüber hinaus Kapazitätsspitzen ab und senkt damit den Break Even-Punkt der Internen Consulting-Einheit. Der Beratungspartner arbeitet partnerschaftlich mit der Internen Consulting-Einheit zusammen. Er stellt sich, im Gegensatz zu anderen Beratungsunternehmen, mit denen die Interne Consulting-Einheit um Projekte konkurriert, innerhalb des Unternehmens nie konkurrierend auf, sondern kooperiert in Akquisition und Projektdurchführung organisch mit der internen Beratung. Der Partner deckt drei Themenfelder ab:

- Aufbau der Internen Consulting-Einheit
- Beitrag zu effizientem Betrieb
- Nutzung von externem Wissen

Bei der Auswahl des Partners sollte man darauf achten, dass auf diesen Gebieten Erfahrungen vorliegen und ein Commitment zur partnerschaftlichen Zusammenarbeit von vornherein gegeben wird.

3 Partnerschaft beim Aufbau einer Internen Consulting-Einheit

Um eine erfolgreiche Gründung sicherzustellen sind einige Fragen zu beantworten:

Sind ausreichend Erfolgspotentiale vorhanden? Wie kann der Gründungsprozess systematisch und lückenlos erfolgen? Auf welche Felder will man sich konzentrieren? Wie kann ein schneller und sicherer Aufbau gewährleistet werden? Wie wird eine reibungslose Startphase ermöglicht?

Für die Beantwortung dieser Fragen ist es zielführend einen Kenner des Beratungsgeschäftes mit einzubeziehen, der dann Beiträge zu folgenden Aufgaben liefert:

- Strategieworkshop
- Im Strategieworkshop werden Potentiale abgeschätzt und die Entscheidung über eine Gründung getroffen.

- Know-how-Bereitstellung
- Know-how wird für Fachkonzepte, Beratungsprodukte und Geschäftsprozesse (Projektprozess, Qualitätsprozess, Akquisitionsprozess) eingebracht.
- Mitarbeiterauswahl- und Qualifizierung
- Definition der Anforderungsprofile, Mitarbeiter-Assessments und Training zum Aufbau der ersten Personalressourcen.
- Starthilfe
- Aktive Unterstützung der Geschäftsprozesse in der Startphase.

Im Folgenden wird der Aufbau einer „Internen Consulting-Einheit" detailliert beschrieben:

Ziele und Strategie	Businessplan	Gründung/Aufbau	Einführung
– Strategieworkshop – Abschätzung Potentiale für das Unternehmen – Schätzung Ressourcenbedarf – Strategische Auswirkungen – Bewertung Grundkonzept – Entscheidungsvorschlag	– Definition Bedarf und Beratungsfelder – Prozess- und Organisationskonzept – Dimensionierung Ressourcen Beratung und Break even-Strategie – Erstellung Finanzplan – Besetzung Leitungs- und Führungsebene – Training Führungsebene – Entwicklung Vision und Leitbild – Entwicklung Partnerschaftskonzept intern/extern – Definition Supportfunktionen und Make or Buy Entscheidung	– Erarbeitung Beratungsbausteine/Methoden/-tools – Definition Prozesse (Akquisitions-, Projekt- und Qualitätsprozesse) – Erstellung Projektleitfaden – Entwicklung Beraterprofile – Aufbau Supportfunktionen – Internes/Externes Recruiting – Training Berater/ Projektleiter – Erarbeitung Kommunikationskonzept intern	– Durchführung Kommunikationsmaßnahmen – Start Akquisitions- und Projektbesetzungsprozess
Entscheidung über Umsetzung	Geschäftskonzept verabschiedet; Leitung besetzt und aktionsfähig	Gründung vollzogen; Produkte/Prozesse/ Mitarbeiter startbereit	Berater/Projektleiter qualifiziert; erste Aufträge vorhanden

Abb. 3.1   Gründung und Aufbau Inhouse Consulting

3.1   Erfolgspotentiale

Die Entscheidung, eine interne Consulting-Einheit zu gründen, hängt in erster Linie von der realisierbaren Netto-Einsparung ab. Der Faktor Beraterkosten (interne und externe, einschließlich Realisierungsmanagement) zu den geschätzten Potentialen sollte größer 1:3 sein. Zuvor sind als Grundlage die möglichen Betätigungsfelder festzulegen. Aus Erfahrungswerten lässt sich dann ein grobes Potential für die nächsten drei Jahre ableiten. Dem sind die Kosten für die Beratungsressourcen gegenüberzustellen. Zusätzlich zu der monetären Bewertung ist es sinnvoll, eine strategische Bewertung durchzuführen. Hier sind Themen wie Know-how-Schutz und Know-how-Bildung im Unternehmen, Ausbildung von Managementpotential sowie die Möglichkeit der Instrumentalisierung der internen Consultingeinheit für die Geschäftsleitung, insbesondere bei der Durchführung unternehmensweiter Programme in die Beurteilung mit einzubeziehen.

3.2 Geschäftsauftrag, Geschäftsziele und Geschäftsfelder

Erscheint die erste Betrachtung der Erfolgskriterien positiv, wird der konkrete Geschäftsauftrag für die zu gründende Einheit formuliert. Dieser definiert das Betätigungsfeld und formuliert die strategischen Geschäftsziele. Es wird beispielsweise darüber befunden, ob die Einheit ausschließlich unternehmensintern oder auch auf dem externen Markt tätig werden darf. Vielfach entscheidet man sich initial für ein rein internes Betätigungsfeld. Dies hat den Hintergrund, dass die Gründung in erster Linie zur Deckung des internen Bedarfes erfolgt und deshalb auch darauf fokussiert werden soll. Wird der Marktfokus von Anfang an auf den externen Markt geöffnet, führt dies gerne zu umfangreichen nicht-wertschöpfenden Marketingaktivitäten, die den Start auf dem internen Markt erheblich verzögern können.

Der zweite wichtige Punkt ist die Festlegung der Ertragsziele. Hier ist insbesondere darüber zu befinden, ob die Einheit Gewinnziele (Profitcenter) oder Kostendeckung (Cost Center) anstreben soll. Bei dem Betätigungsfeld auf dem unternehmensinternen Markt ist es sinnvoll, das Gewinnstreben auf die Finanzierung der Investitionen/ Entwicklungen in Methoden und Tools zu begrenzen. Im Falle einer Betätigung auch auf dem externen Markt sollte das Beratungsgeschäft die gleichen Gewinnmargen generieren wie die anderen Geschäftseinheiten.

Das wichtigste Geschäftsziel liegt jedoch auf jeden Fall in den initiierten und realisierten Produktivitäts- und Leistungssteigerungen der internen Kunden. Dieses Ziel sollte in jedem Fall als Hauptbeurteilungskriterium herangezogen werden.

Das gründende Unternehmen steht vor der Entscheidung, das Angebotsportfolio der Internen Consulting-Einheit festzulegen. Natürlich orientiert sich diese Entscheidung zunächst am Bedarf in den Geschäftseinheiten des Unternehmens. Es hat sich bewährt, nicht mit einem zu großen Portfolio an Beratungsprodukten an den Start zu gehen, sondern das Know-how in scharf fokussierten Beratungsfeldern aufzubauen. Es ist schwierig, gleich zu Beginn in vielen Beratungsfeldern Know-how mit der notwendigen Tiefe anzubieten. Der Kunde erwartet nämlich von Anfang an Top-Leistungen. Eine Karenzzeit gibt es im Projektgeschäft nicht. Daher plädieren wir für einen stufenweisen Aufbau der Ziel-Beratungsfelder. Eine Übersicht möglicher Geschäftsfelder in der Beratung findet sich in Abbildung 2.

Management Consulting	Merger und Akquisition	Benchmarking	Restruktu- rierung Sanierung	Unternehmensprogramme z.B. • Produktionssteigerung • Asset Management • Global Footprint			
Prozess Consulting	CRM Customer Relationship Management	SCM Supply Chain Management	PLM Product Life - Cycle Management	Produktions- systeme	Einkauf	Support- prozesse	Training
IT Consulting	CAD	ERP	PDM	Andere......			

Abb. 3.2   Beratungsfelder

3.3   Positionierung im Unternehmen und Finanzierungskonzept

Die Positionierung im Unternehmen hat wesentliche Auswirkungen auf den Erfolg einer internen Beratung. Der wichtigste Faktor liegt in der Ausprägung des Commitments vom Top-Management zu der neuen Einheit sowie ihrer daraus resultierenden strategischen Bedeutung.

- Wird die interne Beratung als reiner Dienstleister positioniert oder ist sie auch ein Mittel der Geschäftsleitung zur Umsetzung unternehmensweiter Programme?
- Dient der Einsatz zur Standardisierung von Prozessen, Methoden und Vorgehensweisen?
- Hat das interne Consulting bei der Vergabe von Beratungsleistungen das Recht auf einen „Last Call" oder ist sie sogar bei bestimmten Themen als Partner von der Leitung gesetzt?

Je nach Beantwortung dieser Fragen unterscheiden sich auch die Finanzierungskonzepte.

Steht die interne Beratung in vollem Wettbewerb mit externen Beratungen, verbietet sich eine Subventionierung durch zentrale Finanzierungsanteile. Je stärker der Einsatz von der Leitung bestimmt wird und nicht vom Bereich oder der Abteilung, die das Projekt durchführt, umso eher machen zentrale Finanzierungsmodelle Sinn. Der Kunde der internen Beratung ist dann nicht der Projektauftraggeber, sondern das Top-Management. Die Projekte haben dann eher einen Normativ- oder Revisionscharakter.

3.4   Produktbeschreibung und Beratungspakete

Nachdem die Entscheidung über die Themenfelder des Inhouse Consulting gefallen ist, gilt es sicherzustellen, dass auf einem hohen fachlichen Niveau Projekte durchgeführt werden können. Die Konkretisierung dieses Anspruches erfolgt durch die Beschaffung von Beratungspaketen und Produktbeschreibungen mit exzellenten und bewährten Lösungen. Ziele von Beratungspaketen sind: Projekte schneller durchzuführen, ein besseres Projektergebnis zu erzielen und die Abhängigkeit von den Fähigkeiten einzelner Personen zu reduzieren.

Beratungspakete fassen das vorhandene Know-how zu einem Paket zusammen. Sie stellen eine rein beratungsintern zu verwendende Unterlage dar. Die Beratungspakete enthalten detailliert alle inhaltlich notwendigen Schritte, Methodenbeschreibungen, Analysen, Lösungsansätze und verfügbare Tools, mit denen ein Thema bearbeitet wird. Unterlagensammlungen, Templates und Quellenverweise sowie Hinweise auf Erfahrungsträger und Referenzfälle erleichtern den Beratern eine erfolgreiche und kompetente Projektabwicklung. Beratungspakete führen dazu, dass inhaltlich eine Handschrift in verschiedenen Projekten erkennbar ist. Die Beratungsprodukte werden nach dem Abschluss von Projekten aktualisiert, ergänzt und auf den neuesten Wissensstand gebracht.

Produktbeschreibungen enthalten Produktblätter, Workshop Konzepte und Präsentationsunterlagen. In einem Produktblatt wird der Nutzen des Beratungsproduktes für den Kunden beschrieben, die Thematik inhaltlich erläutert und ein kurzer Abriss über die Vorgehensweise bei der Projektdurchführung gegeben. Eine Vortragsunterlage oder ein Workshop-Konzept dient der Diskussion des Beratungsproduktes zur Überzeugung des Kunden.

3.5   Prozesse

Im Wesentlichen existieren im internen Beratungsgeschäft drei Prozesse, die für den operativen Betrieb von Bedeutung sind:

- Der Akquisitionsprozess
- Der Projektprozess
- Der Qualitätsprozess

Der Akquisitionsprozess der internen Beratung beruht in der Regel auf einer außergewöhnlich guten Information über die Bedarfe und die Bedarfsträger. Es ist relativ leicht, die Bedarfsträger zu identifizieren, namentlich zu benennen und mit ihnen einen Kontakt aufzubauen. Die aktuellen und relevanten Themen im Unternehmen sind der Leitung der Internen Consulting-Einheit in der Regel gut bekannt. Es besteht gewöhnlich ein leichter Zugriff auf Unternehmensdaten, so dass auch Initiativen für Verbesserungsprojekte in Richtung Kunden aufgrund von Eigenanalysen gestartet werden können.

Trotzdem, oder gerade deshalb, beobachtet man in internen Beratungseinheiten manchmal eine gewisse Sorglosigkeit und auch einen Mangel an Systematik bei der Durchführung des

Akquisitionsprozesses und des Kontaktmanagements. Es wird mehr auf Anfragen reagiert anstatt in Richtung der höchsten Potentiale für das Unternehmen zu agieren. Es sollte deshalb darauf geachtet werden, dass nicht nur der Anfrage- und Angebotsprozess klar strukturiert ist, sondern auch der aktive Vertrieb und die marketingbezogene Verwertung abgeschlossener Projekte (Success-Stories).

Der Projektprozess gliedert sich in Projektvorbereitung, Projektdurchführung und Projektnachbereitung. In einem Projektleitfaden werden alle wichtigen Elemente für den Projektprozess zusammengefasst. Er enthält alle für die Projektabwicklung notwendigen Schritte, Unterlagen, Methoden, Tools, Querverweise und Templates. Hier einige grundsätzliche Anmerkungen zum Projektprozess:

- Die detaillierte Kenntnis des Projektleitfadens stellt die Arbeitsgrundlage für jeden aktiven Berater dar.
- Eine gute Projektvorbereitung erspart viele Konflikte bei der Projektdurchführung.
- Im Prozess der Projektdurchführung zeigt sich das Vorgehens-Know-how der Beratung.
- Die konsequente Anwendung bedeutet jedoch nicht sklavisches Festhalten an „Vorschriften", sondern eine intelligente Nutzung des Wissens zur Erreichung des besten Projekterfolges.
- Die Projektnachbereitung ist gerade beim internen Consulting entscheidend. Während externe Berater sich nach einem Projekt schnell wieder neuen Kunden zuwenden, bleibt der interne Berater für den Kunden fassbar und bleibt auch nach dem Projektabschluss voll verantwortlich für seine Projektergebnisse. Deshalb empfiehlt sich eine aktive Nachsorge der Projekte.

Der Qualitätsprozess stellt in jeder Projektphase sicher, dass das Projekt bezüglich der Projektergebnisse, -zeiten und -ressourcen zielführend verläuft. Im Konzept des „High Quality Consulting" lehnt sich der Qualitätsprozess eng an den Projektprozess an. Nur so kann tatsächlich eine effektive Qualitätssteuerung erreicht werden. Ein reines Qualitätsmanagement nach Vorgabe von ISO-Standards ist zur Qualitätssicherung im Beratungsprozess nicht ausreichend. Die Verantwortung für die Qualitätssteuerung liegt beim Projektcoach im Zusammenspiel mit dem Projektleiter. Deren Rollen werden im Kapitel „Organisationskonzept" näher erläutert.

3.6   Organisationskonzept

Eine „gute" Strukturorganisation muss zwei Dinge leisten. Einerseits muss sie flexibel, andererseits innovationsstark sein. Flexibel heißt, sie erlaubt eine schnelle Anpassung der Ressourcen an den Bedarf. Innovationsstark bedeutet, dass die Mitarbeiter hinreichend große Spielräume haben, um Innovation zu schaffen. Das bedeutet, dass Eigeninitiative, Kreativität, Fähigkeiten und Neigungen der Mitarbeiter sich weitestgehend entfalten können. Innovationsstark bedeutet aber auch, dass die Organisation insgesamt Innovationen in schneller Folge hervorbringen kann. **Flexible, innovationsfördernde Strukturen sind also Bedingungen für**

ein leistungsstarkes Internes Consulting. Wie kann so eine Organisation aussehen? (Marquart H., 2010) Welche Merkmale sind zu erfüllen?

Merkmale der Organisation sind das Arbeiten in Rollen, Mitarbeiterpool, Entkoppelung von Mitarbeiterführung und Fachführung, Primat der Projektorganisation und flache Hierarchie, Integration des Beratungspartners.

Entkoppelung von Fach- und Mitarbeiterführung

Will man die Besten für die jeweilige Rolle bekommen, dann muss die Auswahl konsequent nach Fähigkeiten und Neigungen erfolgen. Dies gilt auch für Führungskräfte. Aufgaben für Führungskräfte sind heute klassisch Fach- und Mitarbeiterführung. Beides verlangt unterschiedliche Fähigkeiten und Neigungen. Wegen der „Zwangskoppelung" von Fach- und Mitarbeiterführung verschenken wir eine bestmögliche Ausführung der jeweiligen Funktion sowie Gestaltungsfreiheit und Flexibilitätspotentiale in Organisationen. Diese „Zwangskopplung" sollte in einem Rollenkonzept aufgebrochen werden.

Mitarbeiter-Führung als Rolle beschränkt sich auf eine Coaching-Rolle für einzelne Mitarbeiter, ohne in deren Tagesaufgaben einzuwirken. Die Rolle konzentriert sich ausschließlich auf Vorgabe/-Kontrolle persönlicher Ziele an Mitarbeiter, sowie deren persönliche Betreuung (Förderung, Bezahlung, Ansprechadresse für persönliche Probleme). Dies erhöht die Chance auf realistische Beurteilung und Förderung in Zusammenarbeit mit den fachlichen „Führern". Abteilungsleiter geben damit ihre traditionelle Rolle für „Alles" zuständig zu sein ab. Der „Heimathafen" für die Mitarbeiter liegt bei diesen Mitarbeitercoachs. Sie können von den Mitarbeitern – begrenzt –gewählt/vorgeschlagen werden. Alle Mitarbeiter bilden unabhängig von ihrer Betreuung einen Mitarbeiterpool, aus dem die Projekte besetzt werden. Damit gibt es keine Abteilungen mehr sondern nur eine Kostenstelle für die Interne Consulting Einheit.

Fach-Führung als Rolle erstreckt sich auf jeweils einen fachlichen Verantwortungsbereich. Im Wesentlichen sind dies: Projekte, Know-how-/Kompetenzfelder, Kunden, Prozesse. Die Rolle konzentriert sich ausschließlich auf Vorgabe/Kontrolle fachlicher Ziele sowie die fachliche Betreuung des jeweiligen Verantwortungsbereichs (z. B. richtige Anzahl und fachliche Qualität der Mitarbeiter, den Aus- und Aufbau von Know-how, Investitionen). Die Zuordnung dieser Verantwortungsbereiche auf Personen erfolgt wieder nach Fähigkeiten und Neigung. Kommt der Einzelne in seiner Arbeit seinen Neigungen näher, dann arbeitet er leidenschaftlicher, kann andere besser begeistern und deren Leistung steigern. Damit steigen zusätzlich Ansehen und Attraktivität dieser Rollen. Das hat Auswirkungen auf die Attraktivität der Arbeitsplätze, neue gute Mitarbeiter werden angezogen.
Damit kein Missverständnis entsteht: Die Fach- und Mitarbeiterführungsrollen sind grundsätzlich inhaltlich zu trennen. Die Ausübung beider Rollen kann allerdings einer Person übertragen werden.

Arbeiten in Rollen mit definierten Prozessen

Eine moderne Organisation arbeitet in Rollen. Die Begriffe Stellen, Positionen oder Rollen werden heute mehr oder weniger synonym benutzt, ohne sich klar zu machen, dass sie unterschiedliche Bedeutung haben. Rollenbeschreibungen sind keine Tätigkeitsbeschreibungen und Rangeinordnungen, sondern Beschreibungen der Verantwortung (Pflichten) und des erwarteten/erlaubten Verhaltens (Rechte), das an die Rolle geknüpft ist.

Eine Person ist nicht auf **eine** Rolle festgelegt, sie kann gleichzeitig, bzw. zu anderen Zeiten, andere Rollen wahrnehmen. Eine Person kann Projektleiter und gleichzeitig Mitarbeitercoach sein. Die Organisation, als Kollektiv der Mitarbeiter, hat dann an die einzelnen Mitarbeiter in ihrer Rolle konkrete Verhaltenserwartungen.

Die Rollenausübung findet ihr natürliches Ende in der Laufzeit der Aufgabe (Projekttermine). Auch bei permanenten Aufgaben wird die Rolle an einen Mitarbeiter grundsätzlich befristet vergeben. Dadurch werden eventuelle Besitzansprüche systemisch eingeschränkt. Die generelle Befristung führt dazu, dass ein Rollenende/-wechsel nicht als Gesichtsverlust empfunden wird. Dies signalisiert: „das Rollenende hat nichts mit der Person und ihrem Erfolg zu tun. Es folgt nur der Regel". Insgesamt steigt die Flexibilität der Organisation auf Veränderungen, schnell und ohne große Widerstände, reagieren zu können.
Rollen haben den Vorteil, dass sie einer einseitigen, funktionalen Spezialisierung entgegenwirken. Zeitlich befristete Rollenwahrnehmung signalisiert den Mitarbeitern, dass vielfältige Kompetenzen und Rollenwechsel gewünscht sind. Das kommt den Ansprüchen gut ausgebildeter Mitarbeiter nach abwechslungsreichen interessanten und herausfordernden, Aufgaben und Verantwortungsübernahme entgegen.

Für die Einkommensfindung werden die Rollen bewertet. Maßstab ist dabei der Beitrag der Rolle zum Ergebnis des Unternehmens, ergänzt durch die Qualität der Rollenausübung. Beides zusammen führt zum Gesamteinkommen. Das Gehalt ist nicht mehr von der Stelle/ Position in der Hierarchie abhängig. Ein Mitarbeiter kann in seiner Rolle durchaus mehr verdienen als seine (fachliche oder disziplinarische) Führungskraft. Bekannte Beispiele, wie eine Rollenorganisation aussieht, sind die Firma Semco (Semler, 1993) oder die Siemens Managementberatung SMC.

Die neue Organisation lässt sich mit folgenden Rollen beschreiben.

„Leitung". Ihre Aufgabe ist allgemeine Politik und die Vorgabe von Strategien und Zielen.

„Projekt Coach". Er nimmt die Verantwortung für die Akquisitions-/Projekt-/Qualitäts- Prozesse wahr. Der Projektcoach gibt Hilfestellung bei der Ressourcenbeschaffung und ist „Eskalationsstufe" bei Problemen, er vertritt die Leitung im Projekt.

„Projektleiter". Der Projektleiter koordiniert Projekte jeder Art (Kunden-/Entwicklungs-/Akquisitionsprojekte). Er ist Unternehmer mit entsprechender Befugnis; dies impliziert dass der Projektleiter die volle Verantwortung sowohl für die Ressourcendisposition als auch für die Erreichung aller Projektziele hat. Nach Projektende ist er wieder Berater.

„Mitarbeiter Coach". Die Rolle konzentriert sich ausschließlich auf Vorgabe/-Kontrolle persönlicher Ziele an Mitarbeiter, sowie deren persönliche Betreuung.

„**Berater**". Er führt Projekte durch. Die Berater befinden sich entweder im Ressourcenpool oder sind den Projekten zugeordnet

Echte Projektorganisation

Ein internes Consulting hat die Durchführung von Produktivitätssteigerungsprojekten bzw. eine strategische Neuausrichtung als Aufgabe. Eine Projektorganisation darf nicht auf eine funktionale Struktur „aufgesattelt" werden sondern muss konsequent an ihre Stelle treten. Von einer **echten** Projektorganisation kann man nur sprechen wenn sie strukturell verankert ist. Das heißt, dass die **Leistungserbringung ausschließlich über Projekte** erfolgt.
Die Hierarchie besteht dabei aus zwei Führungsebenen. Diese sind: Projektleiter und Projekt-coach. Während in der klassischen Organisation die Wahrnehmung der Aufgaben dauerhaft im Vordergrund steht, ist in einer Projektorganisation die Aufgabenzuordnung nur für die Dauer eines Projektes gültig. Die Linien-Organisation ist sozusagen „verschwunden", das Projekt wird zur Linie.

Zusätzlich gilt es prozessuale „Betriebsregeln" einzuhalten. Jeder Mitarbeiter und Projektleiter arbeitet in der Regel nur in einem Projekt. Ausnahmen ergeben sich bei Spezialisten. Diese werden im Einzelfall aus Fachabteilungen bzw. extern rekrutiert. Es wird damit klar, wo Eng-pässe sind, Multifunktionalität wird gefördert. Dadurch reduzieren sich die Zahl der parallel bearbeiteten Projekte und die Projektlaufzeiten. Es können im selben Zeitraum mehr Projekte (nacheinander) erledigt werden.

Neue Projekte werden nach dem Postponement-Prinzip so spät wie möglich angefangen und auch nur, wenn alle Ressourcen zur Verfügung stehen. Schlüsselmeeting ist die wöchentliche Projekteinsatzbesprechung. Die Koordinierung des Mitarbeitereinsatzes und der Projekte er-folgt hierüber. Der Einsatz von Mitarbeitern erfolgt nach klaren Besetzungsregeln. Bei der Besetzung von Projekten zählen allein die Verfügbarkeit und die Regel, dass nur die „Besten, d.h. die für die Projektanforderungen geeignetsten, Mitarbeiter ins Projekt kommen.
Für Mitarbeiter in „echten" Projektorganisationen wird es selbstverständlich, nicht in Besitz-ständen zu denken, sondern in anspruchsvollen, herausfordernden, interessanten Projekten zu arbeiten. Die Mitarbeiter entwickeln ein starkes Gefühl für ihre Leistungsfähigkeit und deren Verbesserung, sie drängen in die Projekte. Die Projekterfolge bezüglich Durchlaufzeit, Kos-teneinhaltung und Qualität der Projektergebnisse werden besser, weil der in funktionalen Strukturen vorherrschende Ressourcenkonflikt zwischen Linie und Projekt eindeutig gelöst ist. Die Identifikation mit der Aufgabe wird größer.

Einbindung des Beratungspartners

Personen die in Projekten aus anderen Abteilungen oder von Fremden mitarbeiten haben sich wie jeder eigene Mitarbeiter in das Rollenkonzept einzuordnen. Die Regeln der Zusammenar-beit sind im Partnerschaftskonzept festgelegt.

3.7   Recruiting und Enabling

Im Rahmen der Gründung und des Aufbaus einer Internen Consulting-Einheit liegt eine der wichtigsten Aufgaben im Aufbau der notwendigen persönlichen Kompetenzen und der erforderlichen Anzahl der Mitarbeiter. An erster Stelle ist die Leitung der Internen Consulting-Einheit und des Führungspersonals zu besetzen und entsprechend der Strategie und Philosophie auszubilden. Da wir von einem Rollenkonzept in der Organisation ausgehen, werden diese anfangs auch die Rollen Berater und Projektleiter mit ausfüllen, bis das gewachsene Geschäftsvolumen die Übertragung der Rollen auf zusätzlich angeworbene Mitarbeiter erlaubt. Diese Phase ist insofern kritisch, da in der Startphase sowohl die Akquisition als auch eine erfolgreiche Projektabwicklung der Kundenprojekte im Mittelpunkt stehen. Die Prozesse hierfür sind noch nicht eingespielt, die Teamregeln und deren Handhabung noch nicht eingeübt.

Ob das Recruiting der Mitarbeiter eher intern oder extern erfolgt, hängt vorwiegend von dem im Unternehmen vorhandenen Mitarbeiterpotential ab. Die ersten Mitarbeiter sollten auf jeden Fall vier Erfahrungskomponenten mitbringen: Beratungserfahrung, Projekterfahrung, Managementerfahrung und einschlägige fachliche Erfahrungen.

- Die Beratungserfahrung garantiert, dass die innerhalb des Beratungsgeschäftes üblichen Prozesse schnell assimiliert und von den Mitarbeitern umgesetzt werden.
- Projekterfahrung bedeutet, dass ausreichende Praxiserfahrungen mit den Methoden des Projektmanagements und der Teamführung vorhanden sind, um Kundenprojekte in kurzer Zeit ergebnisorientiert durchzuführen.
- Managementerfahrung hilft, Konzepte und Lösungsansätze realistisch auf ihre Machbarkeit, ihre Umsetzungsdauer und die zu erwartenden Auswirkungen einschätzen zu können.
- Fachliche Erfahrungen sind die selbstverständliche Voraussetzung zur Abdeckung eines bestimmten Themenbereiches für die Kundenprojekte.

Neben der Erfahrungskomponente spielen auch die persönlichen Eigenschaften und die Kenntnisse sowie die Ausbildung der Kandidaten eine große Rolle. Mit wachsendem Geschäft sollte mehr und mehr eine Durchmischung der Personalstruktur angestrebt werden. Junge Absolventen als „High Potentials" bringen neue Ideen in die Organisation ein und sind die Treiber für die Innovation. Die erfahrenen Berater geben ihre Praxis-Know-how an die Jüngeren weiter, werden aber gleichzeitig von deren Ideen auf ein höheres Niveau gebracht.

Alle Mitarbeiter werden, ohne Ausnahme, in den Feldern trainiert, die die Handschrift der Internen Consulting –Einheit definieren: Die Prozesse, insbesondere der Projektprozess und die Beratungsprodukte/ -pakete, mit denen sie vorwiegend befasst sind. Hinzu kommen individuelle Schulungen zur Abdeckungen von Lücken im Bereich der Arbeitsmethoden (Moderationstechniken, Tools, Analysemethoden, Kreativitätstechniken, u. ä.) und der persönlichen Fähigkeiten (Rhetorik, Teamführung, Konfliktlösung, u. ä.).

3.8   Zusammenfassung im Initialen Businessplan

Der initiale Businessplan fasst das Gesamtkonzept und die geplante zeitliche Entwicklung aller vorgenannten Elemente zusammen. Im Businessplan werden die erwarteten Geschäftsumfänge und die geplanten Ressourcen und Aufwendungen bewertet. Die Ergebnisdarstellung beinhaltet die wichtigsten betriebswirtschaftlichen Kennzahlen für die Interne Consulting-Einheit. Hier wird der Finanzplan, der Umsatzplan und die Gewinn- und Verlustrechnung sowie die Bilanz für die Einheit erstellt. Als besondere Komponente werden im Businessplan auch die geplanten Einsparungen und Leistungsverbesserungen bei den Kunden als Kenngrößen mitgeführt.

Im Verlauf der Umsetzungs- und Startphase werden anhand des Businessplans laufend Anspruch und Wirklichkeit der eingeschlagenen Strategie miteinander abgeglichen.

4   Partnerschaft im operativen Betrieb

In der Phase des operativen Betriebs spielen Effizienzziele eine besondere Rolle. Diese sind:

- Niedriger Breakeven Punkt zur Reduzierung des Wirtschaftlichkeitsrisikos
- Hohe Auslastung und Ressourcen-Nutzung
- Konzentration auf die Kernprozesse
- Optimale Prozesse, Methoden und Tools
- Exzellente Mitarbeiter
- Wissenstransfer von außen

Das Partnerschaftskonzept unterstützt die Zielerreichung durch den Einsatz des externen Partners an der richtigen Stelle.

4.1   Break Even Punkt und Auslastungsgrad

Ein niedriger Break Even Punkt und eine hohe Auslastung lässt sich dadurch erreichen, dass man die eigenen Ressourcen auf eine abgesicherte Höhe dimensioniert. Legt man das Ressourcenniveau beispielsweise auf eine Kapazität von 70% des erwarteten Geschäftsumfanges fest, ist die Wirtschaftlichkeit gut abgesichert. Der externe Partner wird genutzt um die Kapazitätsspitzen nach oben hin abzusichern. Dadurch kann die Interne Consulting-Einheit eine hohe Flexibilität garantieren und in einem Korridor von 50-130% des geplanten Geschäftsvolumens wirtschaftlich agieren (siehe Abbildung 3). Der externe Partner übernimmt auch die Aussteuerung eventuell gewünschter Freelancer, sodass für externe Kapazitäten immer nur ein Gesprächspartner notwendig ist. Dies reduziert die Komplexität und die Prozesskosten der internen Consulting-Einheit.

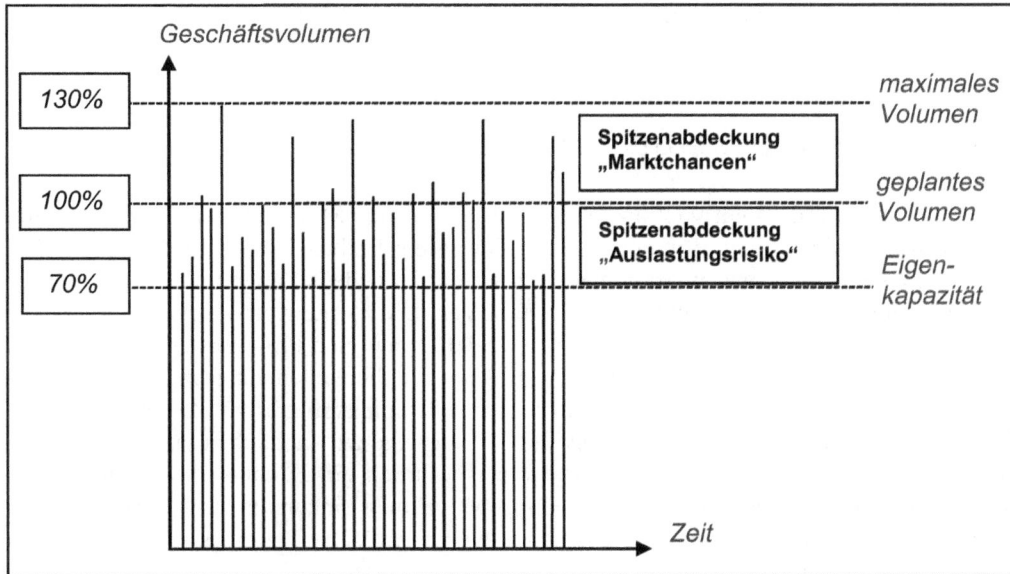

Abb. 4.1   Risikoreduzierung mit externem Partner

4.2   Konzentration auf Kernprozesse

Konzentration auf die Kernprozesse bedeutet, vor allem die Kundenwertschöpfung im Auge zu haben. Im Beratungsgeschäft ist dies der Projektprozess. Für Supportprozesse kann der externe Partner herangezogen werden. Supportprozesse können sein: Projektdokumentation, Folienerstellung, Pflege der Wissensbasis, Durchführung von Qualitäts-Assessments. Konzentration auf die Kernprozesse bedeutet auch, die Qualifikation der Berater auf die wesentlichen Kernthemen zu konzentrieren. Beratungsleistungen für Spezialthemen, die nur sehr selten oder nur in geringem Umfang in den Projekten eingesetzt werden, können vom externen Partner in das Projekt eingebracht werden.

4.3   Weiterentwicklung Prozesse, Methoden, Tools

Prozesse, Methoden und Tools müssen im Beratungsgeschäft ständig weiterentwickelt werden, um State-of-the-art zu bleiben. Jährliche Retreats mit den Mitarbeitern sind ein brauchbares Instrument, das zudem den Vorteil hat, dass neben der Weiterentwicklung auch das Teambuilding wesentlich gefördert wird. Practice-Gruppen treiben neben der täglichen Projektarbeit die Weiterentwicklung der Beratungsbausteine voran. Der Partner kann hier sein Know-how und seine Erfahrungen in den Entwicklungsprozess mit einspeisen oder Teile der Weiterentwicklung für die Interne Consulting-Einheit durchführen.

4.4   Mitarbeiterqualifizierung

Jede Beratung ist nur so gut wie ihre Mitarbeiter. Exzellente Mitarbeiter erreicht man durch eine positive Feedback-Kultur in der Internen Consulting-Einheit. Positiv heißt dabei, Kritik als Chance aufzufassen und in Aktionen umzusetzen. Es bedeutet aber auch, mit Lob nicht zu sparen und positive Verstärkungseffekte zu nutzen. Die zweite Komponente ist die aktive Organisation und Förderung der Kommunikation der Berater und Projektleiter untereinander. Office Day, Kolloquien und andere Initiativen bieten Möglichkeiten zur fachlichen Kommunikation. Eine weitere Komponente ist ein formales Trainingsprogramm, das obligatorische Trainingsbausteine beinhaltet sowie individuelle Bausteine zur fachlichen und persönlichen Entwicklung der Mitarbeiter. Den Mitarbeitern ist jährlich ein Zeitbudget von mindestens 10-15 Tagen für Trainings- und Weiterbildungsmaßnahmen einzuräumen. Der externe Partner wird in diese Aktionen integriert. Er kann auch spezifische Trainings- und Schulungsmaßnahmen durchführen.

4.5   Wissenstransfer

Den Wissenstransfer von außen zu organisieren ist essentiell, um die Hauptschwäche des „Internen Consultings" auszugleichen. Erfahrungen von anderen Firmen vermitteln Best Practice-Veranstaltungen von Verbänden z.B. VDI (Verband Deutscher Ingenieure eV), BVL (Bundesverband für Logistik eV), GfPM (Gesellschaft für Produktionsmanagement eV) und Wirtschaftsverbänden/ Kammern. Hilfreich ist auch die Teilnahme der Kunden an Award Wettbewerben (GEO-Award, Die beste Fabrik, MX-Award, EFQM-Award, etc.). Award-Wettbewerbe bieten sehr brauchbare und preiswerte Vergleichsinformationen zu bestimmten Themen und geben von außen eine neutrale Standortbestimmung. Wichtig ist, dem Wissenserwerb einen Prozess der Wissensverbreitung anzuschließen und in die eigenen Systematiken und Lösungsansätze zu integrieren. Ein eintägiger Best Practice-Besuch bei einem Unternehmen, das exzellente Lösungen umgesetzt hat, ersetzt oft mehrwöchige Teamarbeit im Projekt. In einer Partnerschaft bringt der externe Partner solche Beispiele mit ein, organisiert die Besuche und macht Kontakte zu Know-how- und Erfahrungsträgern. Er organisiert auf Wunsch auch firmenübergreifende Projekte wie z.B. ein Notariats-Benchmarking. Diese haben den Vorteil der Kostenteilung und Wissensmultiplikation.

5   Empfehlungen

- Prüfen Sie den Einsatz einer Internen-Consulting-Einheit. Der Aufwand hierfür ist gering, die positiven Effekte für Ihr Unternehmen können signifikant sein. Das Konzept ist nicht von der Branche und auch nur in geringem Maße von der Unternehmensgröße abhängig.
- Fokussieren Sie sich konsequent auf die Beratungsfelder, die Ihrem Unternehmen die größten Vorteile versprechen. Widerstehen Sie dem Wunsch, alles machen zu wollen. Vermeiden Sie den Anschluss an die Modethemen der Beraterbranche.
- Setzen Sie Ihre Organisation auf Rollen auf und realisieren Sie die „echte" Projektorganisation. Schaffen Sie Freiräume für Kreativität, Weiterbildung und Informationsaustausch.
- Kompensieren Sie die Nachteile des Internen Consulting mit dem Partnerschaftskonzept. Suchen Sie sich hierfür einen verlässlichen externen Partner.
- Halten Sie Ihre internen Personalressourcen knapp und fokussieren Sie diese auf die Wertschöpfung für den Kunden in den Kernthemen.
- Bleiben Sie offen für Informationen von außen und pflegen Sie umfangreiche Kontakte mit anderen Firmen.

6   Literaturverzeichnis

Marquart H., S. R. (2010). Organisation und Kreativität – ein Widerspruch? München: Eigenverlag.

Semler, R. (1993). Das Semco System. München: Heyne.

II   Praxisbeispiele

Erfolgsfaktoren einer internen Beratung am Beispiel der Commerz Business Consulting GmbH

*Dr. Meik Führing, Dr. Ralf Klinge, Thomas Paul**

---

* Dr. Meik Führing ist Senior Project Manager der Commerz Business Consulting GmbH (CBC); Dr. Ralf Klinge ist Geschäftsführer der CBC; Thomas Paul ist Principal der CBC.

1   Einleitung

Die Entstehung interner Unternehmensberatungen geht im Wesentlichen auf die gestiegenen Anforderungen an die Professionalisierung von Projektarbeit in den Konzernen zurück. Mitte der 90er Jahre sind dabei die meisten internen Unternehmensberatungen gegründet worden. Zusätzlich ist ein zunehmender Trend zur Gründung und Professionalisierung von Inhouse Consulting-Einheiten in Großunternehmen und bei größeren Mittelständlern zu beobachten.[46]

So hat auch die Commerzbank ab 2002 mit dem Aufbau einer Inhouse Consulting-Einheit begonnen – mit der klaren Perspektive, diese als qualitativ hochwertige Alternative zu externen Unternehmensberatungen zu etablieren. Mit diesem Aufbau wurden zunächst die folgenden, projektbezogenen Ziele verfolgt:

- Stärkung und Professionalisierung des internen Beratungs- und speziell Projektmanagement-Know-hows durch Wissens- und Erfahrungsaufbau bei konzerneigenen Projektmitarbeitern.
- Höhere Passgenauigkeit der in den Projekten entwickelten Konzepte und Lösungen durch stärkere Berücksichtigung des konzerninternen Know-hows.
- Verbleib und bewusste Multiplikation des im Projekt erworbenen Wissens im Unternehmen.

Darüber hinaus wurde mit der Gründung des Inhouse Consultings das Ziel verfolgt, einen besonderen Talentpool für den Fach- und Führungskräftenachwuchs des Konzerns zu etablieren.

Damit die Inhouse-Beratung ihren größten Nutzen entfalten kann, sind ihre Aufgabe und Rolle im Konzern sowie ihr Leistungsspektrum klar zu definieren. Eine bewusste Positionierung mit einen klaren Profil wird dabei als wesentliche Erfolgsvoraussetzung für eine erfolgreiche Inhouse-Beratung gesehen. Für das Inhouse Consulting der Commerzbank, der Commerz Business Consulting GmbH (CBC), wurden dieses Profil klar definiert und einzelne Erfolgsfaktoren für eine interne Beratung identifiziert. Diese Faktoren, sowie deren organisatorische Verankerung in der CBC werden im Folgenden vorgestellt.

---

[46] Vgl. Mohe, M./ Kolbeck, C.: Klientenprofessionalisierung in Deutschland: Stand des professionellen Umgangs mit Beratung bei deutschen DAX- und MDAX-Unternehmen. Empirische Ergebnisse, Practices und strategische Implikationen, Oldenburg 2004.

2 Klares Profil und bewusste Positionierung als Voraussetzung für ein wirksames Inhouse Consulting

Anspruch der CBC ist es, die wirksamste Managementberatung für die Commerzbank zu sein. Als wesentliche Voraussetzung dafür haben sich dabei ein klares Profil und eine bewusste Positionierung erwiesen, die sich über drei Dimensionen definieren lassen: 1) Kunden und Markt, 2) Themen und Leistungsspektrum und 3) Rolle in Projekten.

2.1 Kunden und Markt

Kunden und damit der Markt für Beratungsdienstleistungen der CBC sind die Commerzbank AG sowie alle Unternehmen der Commerzbank-Gruppe. Bezüglich der Kunden innerhalb der Commerzbank AG erfolgt eine Fokussierung auf die Segmente „Private Kunden", „Mittelstandsbank", „Corporates & Markets" und „Mittel- und Osteuropa" sowie auf den Bereich „Group Services".

Die Beauftragung der CBC erfolgt i. d. R. durch das Top-Management (erste und zweite Führungsebene der Commerzbank) und bedarf – wie auch die Beauftragung eines externen Beraters – einer Genehmigung durch den Vorstand. Die Entscheidung, ob eine Projektanfrage angenommen, bzw. eine Akqusition gestartet wird, wird vom Management Team der CBC getroffen. Bei dieser Entscheidung stehen eine Einschätzung des Beitrags, den das Projekt zum Erfolg der Bank bzw. des beauftragenden Bereichs hat, sowie eine kritische Einschätzung bzgl. der Fähigkeit der CBC, das jeweilige Projekt methodisch und inhaltlich voranbringen zu können, im Vordergrund.

2.2 Themen und Leistungsspektrum

Inhaltlich bearbeitet die CBC für die zuvor genannten Kundengruppen Aufgabenstellungen in den folgenden Themenfeldern:

- Strategie- und Geschäftsmodellentwicklung,
- Organisations- und Prozessmanagement,
- Projekt- und Programm-Management.

In diesen Feldern verfügt CBC über die methodischen Kenntnisse, Erfahrungen und Tools, die für die erfolgreiche Bearbeitung von komplexen Aufgabenstellungen erforderlich sind. Darüber hinaus kann CBC bei diesen Themen auf tiefe Kenntnisse der spezifischen und gewachsenen Commerzbank-Prozesse und -Strukturen zurückgreifen. Als Inhouse Consulting ist die CBC in ihren Beratungsdienstleistungen speziell auf die Commerzbank ausgerichtet und liefert so maßgeschneiderte und praxistaugliche Projektergebnisse.

2.3   Rollen in Projekten

Dem eigenen Anspruch, wirksamste Managementberatung für die Commerzbank zu sein, kann CBC nur dann gerecht werden, wenn sie in ihren Projekten – neben der Übernahme einer rein steuernden bzw. koordinierenden Rolle – zugleich auch einen inhaltlichen Beitrag zu den Projektergebnissen erbringt und damit nicht nur die methodische und formale, sondern auch die inhaltliche Qualität der Ergebnisse sicherstellen kann.

Bei der Steuerung gewährleistet die CBC eine professionelle Projektplanung und -durchführung auf Basis einer klar strukturierten Meilensteinplanung sowie die Erstellung adressatengerechter Ergebnisdokumente und -präsentationen. Das Verständnis von Ergebnisverantwortung beginnt dabei bereits vor dem Projekt mit einer sorgfältigen Auftragsklärung und endet mit der nachhaltigen Verankerung und Umsetzung der entwickelten Konzepte bzw. einer geordneten Übergabe in die Linienverantwortung des Auftraggebers.

Ein darüber hinausgehender Mehrwert für die Kunden der CBC wird durch das Einbringen des eigenen inhaltlichen Verständnisses für die Projektthemen und durch das inhaltliche Vor- und Mitdenken geliefert. Somit übernimmt CBC in den von ihr bearbeiteten Projekten – jeweils in Absprache mit dem Auftraggeber – i. d. R. auch eine inhaltliche Ergebnisverantwortung. Nur in dieser organisatorisch und inhaltlich steuernden Doppelrolle können Themen und Projekte wirksam getrieben werden.

Als neutrale Inhouse Consulting-Einheit ist es für CBC dabei selbstverständlich, sowohl das spezifische Kunden- als auch das Gesamtbankinteresse im Blick zu haben. Über die laufenden und abgeschlossenen Projekte sowie die CBC-Alumni verfügen die CBC-Mitarbeiter über ein belastbares Netzwerk in allen Teilen der Bank. Dieses Netzwerk wird gerade bei geschäftsfeldübergreifenden Projekten, wie z.B. aktuell der Integration der Dresdner Bank, intensiv dazu genutzt, um die Schnittstellen zwischen den verschiedenen Segmenten und Bereichen der Bank zu optimieren und so im Interesse der Gesamtbank zu agieren.

3 Wesentliche Erfolgsfaktoren eines Inhouse Consultings und Verankerung in der CBC

Aus dem Anspruch, „Wirksamste Managementberatung für die Commerzbank" zu sein, und der zuvor beschriebenen Positionierung lassen sich einige Faktoren ableiten, die maßgeblichen Einfluss auf den Erfolg der Commerzbank-spezifischen Ausprägung des Geschäftsmodells „Inhouse Consulting" haben. In einem kontinuierlichen internen Prozess werden die wesentlichen Erfolgsfaktoren identifiziert und als Gestaltungsprinzipien in der Aufbau- und Ablauforganisation verankert.

Die wesentlichen Erfolgsfaktoren lassen sich dabei unter den nachfolgend genannten Überschriften zusammenfassen:

3.1 Erfolgsfaktor Kundenverständnis

Aus dem selbst definierten Anspruch der CBC, wirksamste Managementberatung für die Commerzbank zu sein, resultiert die für den Erfolg dieses Modells bereits beschriebene Anforderung, neben der Rolle des methodischen Projektsteuerers auch inhaltlich zu den Ergebnissen der Projekte beitragen und als Sparringspartner für das Management auf der Kundenseite agieren zu können. Voraussetzung hierfür ist ein entsprechendes fachliches Know-how, das sich z. B. bei Prozessen, Produkten oder Steuerungssystemen insbesondere auch auf die Spezifika der Commerzbank und ihrer jeweiligen Segmente bzw. Geschäftsbereiche erstreckt.

Vor diesem Hintergrund versteht die CBC unter dem Begriff Kundenverständnis – neben allgemeinen bankfachlichen Kenntnissen – zunächst das unternehmensbezogene Wissen z. B. über Organisation und Strukturen sowie über unternehmens- bzw. auch geschäftsbereichsspezifische Prozesse, Systeme und Produkte. Zu dem so definierten Kundenverständnis zählen darüber hinaus auch das Know-how über interne Netzwerke und über die Kultur des Unternehmens sowie die engen, langfristigen Beziehungen zu Führungskräften und Mitarbeitern auf unterschiedlichsten Hierarchieebenen im Unternehmen. Erst dieses – im Vergleich zu externen Beratern tiefere – Verständnis der Commerzbank und ihrer Segmente und Geschäftsbereiche sowie die vertrauensvollen Beziehungen zu ihren Kunden ermöglichen es der CBC, die vielfältigen Problemstellungen der Kunden frühzeitig aufzunehmen und hierfür „passende", d. h. umsetzungsorientierte und realisierungsfähige Lösungen und Konzepte zu entwickeln.

Die inhaltliche Ausrichtung auf die definierten Kundengruppen erfolgt in CBC in den so genannten Competence Centers. Bei diesen liegt jeweils die Verantwortung für die Kundenprojekte, die in dem entsprechenden Segment bzw. Bereich durchgeführt werden. Zugleich erfolgt der gezielte Aufbau von allgemeinem und Commerzbank-spezifischem Wissen über die jeweiligen Kunden und über kundenspezifische Themen CBC-intern innerhalb der Competence Centers. Eine besondere Herausforderung ergibt sich dabei aktuell durch die Integration der Dresdner Bank, die zu z. T. erheblichen organisatorischen, prozessualen und auch personellen Veränderungen bei den zuvor beschriebenen Kundengruppen führt und somit auch CBC-seitig Maßnahmen zum Aufbau des entsprechenden Kundenverständnisses erforderlich macht.

3.2   Erfolgsfaktor Methodenkompetenz

Ergebnisse einer Befragung der internen Kunden der CBC zeigen, dass diese von der CBC in erster Linie eine fundierte methodische Unterstützung bei der Planung und Durchführung ihrer jeweiligen Projekte – und hier speziell im Bereich der Prozessoptimierung – erwarten. Daraus folgt, dass die zur Erfüllung dieser Anforderungen relevanten Kenntnisse und Kompetenzen wesentlich für den Erfolg einer internen Beratungseinheit im Commerzbank-Konzern sein müssen.

Somit fassen wir unter der Überschrift „Methodenkompetenz" die wesentlichen Faktoren zusammen, die eine methodisch klare und nachvollziehbare sowie qualitativ hochwertige Projektarbeit und -dokumentation im Kundenumfeld gewährleisten. Hierzu zählen einerseits methodische Kenntnisse und Tools z. B. in den Bereichen Projektmanagement, Geschäftsprozessmanagement, Geschäftsmodellentwicklung oder Business Case-Erstellung. Andererseits werden hier auch die sogenannten „Soft Skills" wie z. B. Präsentations- und Kommunikationsfähigkeiten, Dokumentationsstandards oder das Auftreten der CBC-Berater (CBC-Beraterverständnis) berücksichtigt, die wesentlich zur Wahrnehmung der CBC und ihrer Arbeitsergebnisse im Kundenumfeld beitragen.

Erfolgskritisch ist hierbei auf der einen Seite die kontinuierliche Vermittlung dieser Kompetenzen und Fähigkeiten an bestehende und neue Mitarbeiter der CBC, um im Kundenumfeld eine gleichbleibend hohe Ergebnisqualität gewährleisten zu können. Allerdings werden die methodischen Kenntnisse der CBC durch die langfristige und enge Zusammenarbeit mit Projektmanagement-Einheiten im Kundenumfeld sowie durch personelle Veränderungen von CBC-Mitarbeitern zum Kunden immer auch an die Kunden selbst vermittelt. Vor diesem Hintergrund ist es daher auf der anderen Seite mindestens ebenso erfolgskritisch, die eigenen Fähigkeiten und Tools in diesem Bereich laufend weiterzuentwickeln, um den internen Kunden immer wieder einen Mehrwert bieten zu können und somit auch langfristig als professioneller Methoden-Experte im Kundenumfeld wahrgenommen zu werden.

Beides – sowohl die Vermittlung der methodischen Kenntnisse an die eigenen Mitarbeiter als auch die laufende Weiterentwicklung des Methodenbaukastens – wird in der CBC organisatorisch im Rahmen der sogenannten Topic Center gewährleistet. Die Auswahl der Methoden und Themen, die in den Topic Centers bearbeitet werden, sowie die Zuordnung der CBC-

Berater zu den Topic Centers erfolgt durch das Management Team der CBC. Dabei werden die Interessenschwerpunkte der Berater so weit wie möglich berücksichtigt.

3.3   Erfolgsfaktor Mitarbeiterentwicklung

Unter Mitarbeiterentwicklung versteht die CBC die systematische und zielgerichtete Qualifizierung und Förderung der Mitarbeiter, um diese zu befähigen und zu motivieren, ihre Aufgabe als wirksamste Managementberater der Commerzbank erfolgreich und effizient zu erfüllen.

Darüber hinaus hat die CBC den Vorstandsauftrag, als „Talent Pool" qualifizierte Mitarbeiter für das Unternehmen zu gewinnen und zu entwickeln. Diese sollen nach einer „Ausbildungszeit" in der internen Beratungseinheit Spezialisten- oder Führungspositionen in anderen Bereichen des Unternehmens übernehmen.

Aufbauend auf einer professionellen Personalauswahl erfolgt die Entwicklung der CBC-Mitarbeiter innerhalb der zuvor beschriebenen Competence und Topic Center. Sie besteht dabei aus den drei wesentlichen Komponenten Training on the job, Training off the job und Karrieremanagement.

3.3.1   Training on the job

Training on the job umfasst alle Aktivitäten der Mitarbeiterentwicklung, die unmittelbar im Zusammenhang mit der Tätigkeit in Kundenprojekten erfolgt.

Zentral für ein erfolgreiches Training on the job ist bereits im Vorfeld des eigentlichen Projekteinsatzes das richtige „Staffing" der Projektteams, um zum einen die bestehenden Kompetenzprofile der Berater mit den Projektanforderungen in Einklang zu bringen. Zum anderen, und dieser Aspekt ist hier der entscheidende, kann mit Hilfe eines gezielten Staffings Entwicklungspotenziale bei bestimmten Themen oder Methodiken erschlossen und gefördert werden. Basis ist hierfür eine auf die Anforderungsprofile der einzelnen Senioritätsstufen bezogene Potenzialanalyse, die standardmäßig mindestens einmal im Jahr vom jeweiligen Vorgesetzten mit seinen Mitarbeitern durchgeführt wird.

Im Rahmen des gezielten Staffings sollen jüngere Berater in den unteren Senioritäten nach Möglichkeit zunächst in möglichst vielen Segmenten bzw. Bereichen der Bank eingesetzt werden, um den Aufbau eines breiten Wissens über verschiedene Bereiche der Bank sowie den Aufbau eines weitreichenden persönlichen Netzwerks zu ermöglichen. Mit zunehmender Seniorität erfolgt bei der Entscheidung über Projekteinsätze eine Fokussierung auf einen gemeinsam mit dem Mitarbeiter definierten Zielbereich, um die thematische und inhaltliche Spezialisierung auf das definierte Segment bzw. den Bereich zu gewährleisten.

Die Mitarbeiterentwicklung „on the job" ist dabei nicht nur eine originäre Aufgabe des jeweiligen disziplinarischen Vorgesetzten und des Projektleiters. Sie erfolgt zu einem wesentlichen Teil auch lateral und selbstgesteuert zwischen den Mitgliedern des Projektteams durch ein regelmäßiges „Challenging" der Ideen und Ergebnisse sowie im Rahmen einer gelebten intensiven Feedback-Kultur innerhalb CBC.

Unterstützt wird das Training on the job durch die Möglichkeit, auf ein umfangreiches Wissensmanagementsystem im Intranet zu Projektinhalten, Vorgehensmodellen, Research, Expertennetzwerken etc. zurückgreifen zu können. So kann bei der Erarbeitung von Lösungen auf den Erfahrungen und Kompetenzen der gesamten Organisation CBC aufgebaut werden.

3.3.2   Training off the job

Training off the job umfasst einerseits die umfangreichen Schulungs- und Qualifizierungsmaßnahmen, die im ganzheitlichen Qualifizierungskatalog der CBC zusammengefasst sind. Die Schulungen werden themenabhängig entweder intern – i. d. R. in den zuvor beschriebenen Topic Centers – von der CBC für die CBC entwickelt und durchgeführt oder extern eingekauft.

Andererseits gehört zum Training off the job auch der gezielte Kompetenzaufbau und die Wissensweitergabe in den definierten Competence und Topic Centers. Durchschnittlich arbeitet jeder Mitarbeiter ca. zwei Jahre in einem oder zwei Topic bzw. Competence Centers.

3.3.3   Karrieremanagement

Auf einer etwas anderen Ebene ist das Karrieremanagement angesiedelt, das die dritte Komponente der Mitarbeiterentwicklung der CBC darstellt. Grundsätzlich besteht hierbei der Anspruch, den Mitarbeitern einerseits attraktive Karrierewege innerhalb der CBC zu eröffnen sowie andererseits auch das gezielte Placement in bestimmte Bereiche der Bank zu fördern. Dabei wird über eine systematische Vorbereitung die Kompatibilität zu den definierten Jobfamilien und Führungsprogrammen in der Commerzbank sichergestellt.

Anders als bei den meisten externen Beratungshäusern gibt es bei der CBC kein hartes „up-or-out"-Prinzip, das eine maximale Verweildauer in einer Seniorität vorsieht. Eine kontinuierliche Weiterentwicklung wird jedoch erwartet. Das systematische Karrieremanagement stellt eine andauernde fachliche und persönliche Weiterentwicklung sicher und orientiert sich an klar definierten und attraktiven Senioritätsprofilen. Es wird als elementare Führungsaufgabe verstanden und eingefordert.

Der erste wesentliche Karriereschritt für Berufseinsteiger ist nach einigen Jahren Projekterfahrung die Übernahme der ersten Projektleitung mit direktem Kontakt zum Top Management und eigenverantwortlicher Führung des Projektteams. Der nächste Schritt besteht dann in der Übernahme der Leitung eines Topic Centers mit CBC-weiter Verantwortung für das jeweilige Thema und der fachlichen Führung des Topic Center-Teams. Ganzheitliche und

„echte" Führungsverantwortung ist schließlich mit den nächsten beiden Karrierestufen Principal und geschäftsführender Partner verbunden.

3.4   Erfolgsfaktor Kultur

Neben den zuvor aufgeführten Erfolgsfaktoren, die auch in der Literatur immer wieder als erfolgskritisch für das Geschäftsmodell Inhouse Consulting genannt werden, hat sich in der (Projekt-)Praxis der CBC die spezifische Kultur der internen Einheit als wesentlicher Erfolgsfaktor herausgestellt. Der Kultur kommt insbesondere aus zwei Gründen eine hohe Bedeutung für den Erfolg des Inhouse Consulting zu:

- Charakteristisches Merkmal eines (Inhouse) Consulting ist es, dass in kleineren Projektteams, deren Zusammensetzung sich regelmäßig ändert, in oft sehr kurzer Zeit komplexe Themenstellungen bearbeitet und passgenaue Lösungen entwickelt werden müssen. Die Projektteams müssen daher eine hohe Antrittsgeschwindigkeit besitzen und in ihrer jeweiligen Zusammensetzung funktionieren. Dies stellt hohe Anforderungen an das Staffing, insbesondere aber auch an die Flexibilität, die Leistungsbereitschaft und an die Teamfähigkeit jedes einzelnen Beraters.
- Die im Vergleich zu vielen anderen Bereichen im Konzern höhere Fluktuation in einer internen Beratungseinheit stellt hohe Anforderungen an die Fähigkeit der Organisation, neue Mitarbeiter schnell und erfolgreich integrieren zu können.

Die bewusste Gestaltung und Entwicklung einer spezifischen Unternehmenskultur ist vor diesem Hintergrund unerlässlich. Aufbauend auf dem Wertesystem der Commerzbank ist die Kultur der CBC geprägt von einer hohen Leistungsbereitschaft und einem hohen Qualitätsanspruch jedes einzelnen Mitarbeiters, von einer ausgeprägten Kundenorientierung und Integrität in der Projektarbeit sowie von Teamgeist und von Partnerschaftlichkeit in der Zusammenarbeit innerhalb der CBC sowie mit dem Kunden. Für jeden dieser Werte wurde dabei in einem internen Programm erarbeitet, welche Bedeutung er für die CBC hat und in welcher Form er durch die jeweils aktiven Mitarbeiter „gelebt wird".

Die auf diese Art bewusst gestaltete Unternehmenskultur findet ihren Niederschlag z. B. in flachen Hierarchien, einer offenen Feedback-Kultur und einem partizipativen Führungsstil, der darauf ausgelegt ist, prinzipiell jedem Mitarbeiter die Möglichkeit zu geben und ihn dazu zu ermutigen, sich aktiv an der gezielten Weiterentwicklung der CBC zu beteiligen. Und natürlich findet die Entwicklung des Teams auch außerhalb der (Projekt-)Arbeit statt. In der CBC erfolgt dies z. B. über regelmäßige Off-Sites sowie durch Aktivitäten und Events wie z. B. Skifahrten, die Teilnahme an Sportveranstaltungen oder Pro Bono-Aktionen, die aus dem Team heraus organisiert werden.

Der Erfolgsfaktor Kultur ist aber nicht nur für aktive Mitarbeiter von Bedeutung, bereits im Personalauswahlprozess der CBC spielt er eine erhebliche Rolle: Unabhängig von den fachlichen und methodischen Qualitäten eines Bewerbers ist die Einschätzung, ob dieser kulturell in die CBC passt, ein entscheidendes Kriterium bei der Entscheidung über Einstellung oder

Nicht-Einstellung. Und auch nach Abschluss der beruflichen Entwicklung in der CBC wird durch eine bewusste und intensive Pflege des Alumni-Netzwerks – z. B. durch regelmäßige Veranstaltungen und Informationen in Form von Newsletters – sichergestellt, dass aktive und ehemalige CBC-Mitarbeiter in regem Austausch miteinander bleiben.

3.5   Organisatorische Verankerung der Erfolgsfaktoren

Organisatorisch bilden die zuvor beschriebenen Competence Center und Topic Center eine Matrix, innerhalb der die zielgerichtete fachliche und methodische Entwicklung der CBC-Mitarbeiter erfolgt (vgl. Abb.1).

In den Competence Centers liegt der Schwerpunkt dabei auf der Entwicklung von bankfachlichem und kundenbezogenem Know-how. Diese erfolgt zunächst durch die systematische Aufbereitung und Weitergabe von Wissen, das in den hier verantworteten Kundenprojekten gewonnen wird. Darüber hinaus arbeiten CBC-Berater in den Competence Centers auch intern gezielt am Aufbau von bankfachlichem und kundenbezogenem Wissen.

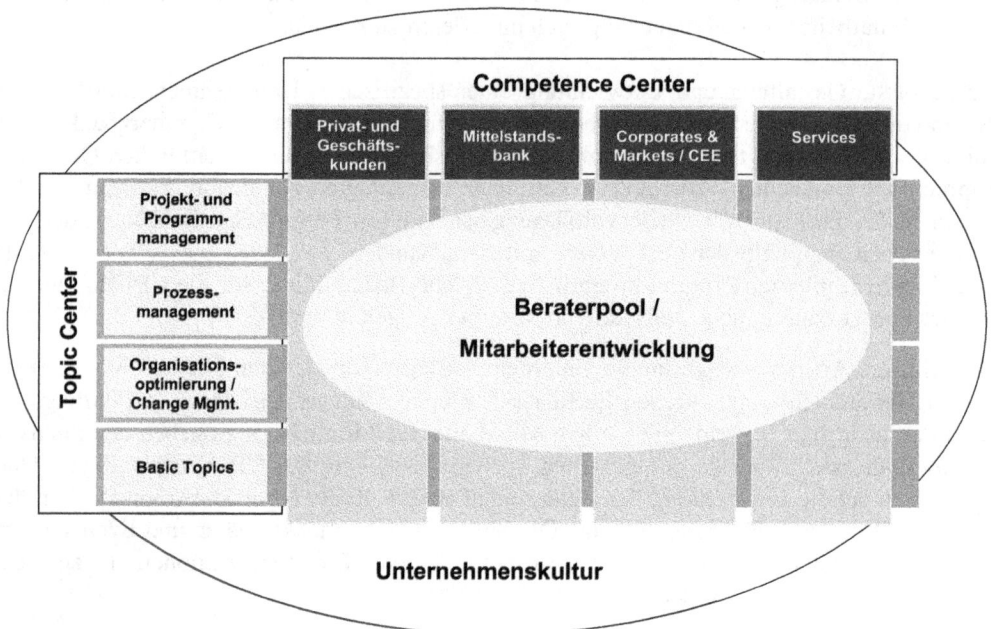

Abb. 3.1 Organisationsstruktur der Commerz Business Consulting

Die disziplinarische Führung der CBC-Berater erfolgt ebenfalls über die Competence Center, d. h. jeder Berater der CBC ist genau einem Competence Center zugeordnet, in dem er disziplinarisch durch den Leiter dieses Competence Centers oder einen Principal geführt wird.

Die Topic Centers sind demgegenüber auf die methodische Entwicklung ausgerichtet: Unter der fachlichen Führung eines erfahrenen Senior Projektmanagers beteiligen sich hier CBC-Mitarbeiter aktiv an der internen (Weiter-) Entwicklung des Methodenbaukastens der CBC sowie der begleitenden Schulungsmaßnahmen.

Eingebettet ist diese Matrix in eine Unternehmenskultur, die mit ihren wesentlichen Elementen wie z. B. einer ausgeprägten Leistungsorientierung, flache Hierarchien und einem offenen, partnerschaftlichen Umgang miteinander auf die aktive Mitwirkung der Mitarbeiter aller Senioritäten an der kontinuierlichen Entwicklung der CBC ausgerichtet ist.

4   Fazit und Ausblick

Mit dem Aufzeigen der für das Inhouse Consulting der Commerzbank identifizieren Erfolgsfaktoren und ihrer organisatorischen Verankerung innerhalb der CBC wurde der aktuelle Stand der CBC-Positionierung aufgezeigt und die Entwicklung und Etablierung eines klaren Profils und Leistungsversprechens als elementare Erfolgsvoraussetzung einer internen Beratung verdeutlicht.

Die Kunden erwarten, dass die CBC ihre Leistungsfähigkeit kontinuierlich verbessert und ihre Ausrichtung auf Kundengruppen, Themen und Methoden permanent hinterfragt. Für eine zielgerichtete Gestaltung der eigenen Entwicklung muss somit im regelmässigen Dialog mit den Kunden herausgearbeitet werden, wo die CBC besser werden muss: Beim Verständnis der spezifischen Probleme der Kunden, beim pro-aktiven Identifizieren zukünftig relevanter Themenstellungen oder auch bei dem Methoden-Know-how und -Toolset, das zur Lösung der Kundenprobleme eingesetzt wird.

Für die CBC hat dieser Prozess des permanenten Hinterfragens der eigenen Positionierung damit auch organisatorische Implikationen, da er eine regelmäßige Überprüfung der durch die Competence Centers zum Ausdruck gebrachten Zielkundengruppen sowie der Aktualität und Relevanz des mit den Topic Centers umrissenen Methoden-Sets erfordert: Wenn erkannt wird, dass die systematische Erschließung einer zusätzlichen Zielkundengruppe erforderlich ist oder Bedarf an zusätzlicher Methodenkompetenz besteht, dann ist auch zu prüfen, ob dies den Umbau bestehender bzw. den Aufbau weiterer Competence bzw. Topic Centers erforderlich macht.

Vor diesem Hintergrund beschreibt die zuvor dargestellte Organisation einen Meilenstein in einem kontinuierlichen Entwicklungsprozess, in dem sich CBC befindet und für dessen Erreichen noch einige der beschriebenen Elemente umgesetzt werden müssen.

Beratung in der Energiewirtschaft – Die MCG Management Consulting Group GmbH

Paul-Vincent Abs*

---

*   Paul-Vincent Abs ist Geschäftsführer/Managing Director der MCG Management Consulting Group GmbH München.

1   Einleitung

1.1   Entwicklung der MCG

Die MCG Management Consulting Group GmbH wurde im Jahr 1995 in Berlin als eigenständige Tochtergesellschaft der Dr. Seebauer und Partner GmbH zur Beratung der Treuhand Anstalt gegründet. Ende 2000 übernahm ein durch Fusion neu entstandener Energiekonzern die Gesellschaft mit damals fünf Mitarbeitern. Die MCG blieb weiterhin eine selbständig agierende Beratungsgesellschaft, die ihr Geschäft durch eigene Akquise im Energiebereich sowie weiteren Branchen generierte.

Nachdem das Spektrum der Beratungstätigkeiten zunächst die Bereiche Telekommunikation und Finanzdienstleistungen umfasste, konnte sich die MCG durch vermehrte Aktivitäten auch im Energiesektor etablieren und methodische Kernkompetenzen in den Bereichen Strategie, Organisation und Projektmanagement entwickeln. In den Folgejahren reduzierte sich der Anteil an branchenfremdem Geschäft und die MCG fokussierte sich vermehrt auf das Beratungsgeschäft innerhalb der Energiebranche. So wurden bis zum Jahr 2008 neben Aufträgen in der Finanzwirtschaft bereits etwa 90% des Umsatzes im Kerngeschäft Energie erwirtschaftet.

In 2009 verfügte die MCG Management Consulting Group über 100 feste Mitarbeiter und erzielte einen Jahresumsatz von etwa 30 Mio. Euro.

1.2   Struktur und Leistungsportfolio

Die Kompetenzfelder der MCG erstrecken sich über alle Bereiche der energiewirtschaftlichen Wertschöpfungskette und ihre Unterstützungsaktivitäten (siehe Abb. 1). Diese Orientierung spiegelt sich in der internen Struktur der MCG wieder.

Neun Kompetenzteams mit individueller Spezialisierung in einer energiewirtschaftlichen Wertschöpfungsstufe oder einem beratungstechnischen Kompetenzfeld bündeln Wissen und Erfahrung. Hier werden aktuelle Themen und zukünftige Trends erfasst, analysiert und neue Konzepte und Produkte für die Wirtschaft entwickelt. So können zu jeder Zeit bedarfsgerechte Lösungen für unternehmensweite Um- und Restrukturierungen wie auch für spezifische Entwicklungs- und Implementierungsprojekte angeboten werden. Diese werden in Zusammenarbeit mit dem Kunden individualisiert und in enger Kooperation über die Umsetzung bis zur abschließenden Übergabe vorangetrieben. Das Leistungsspektrum umfasst neben der Entwicklung und Umsetzung neuer Konzepte in der Unternehmenssteuerung, im Prozessmanagement sowie neuer Vertriebsstrategien auch die Kernkompetenz im professionellen Projektmanagement.

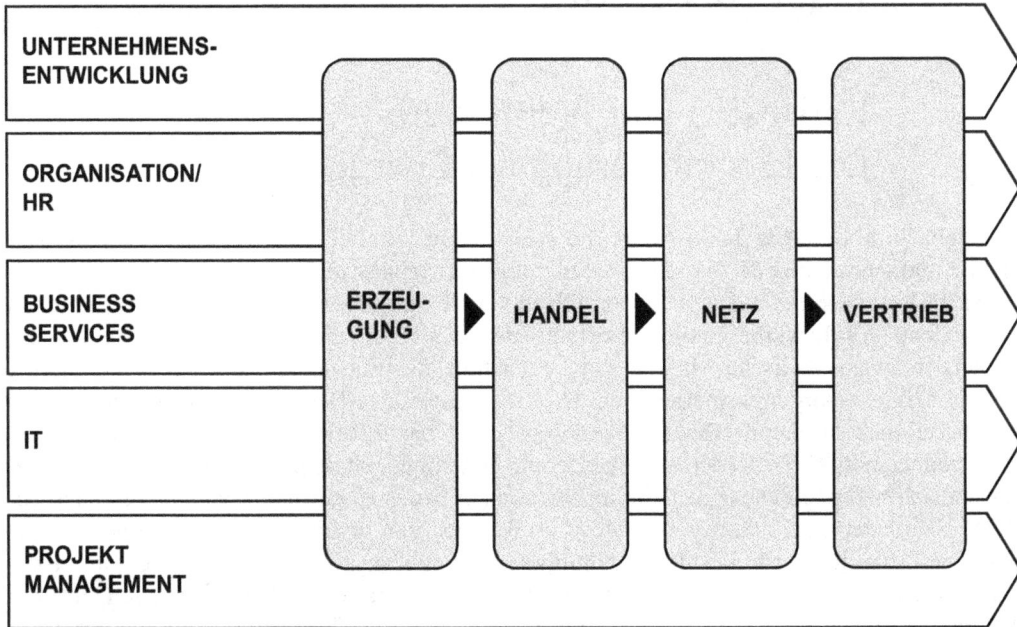

Abb. 1.1   Kompetenzteamstruktur der MCG.

Durch die intensive konzerninterne Spezialisierung der Berater fungiert die MCG auch als Talent Pool für ihre Muttergesellschaft. Die dadurch entstehende konstante Personalfluktuation sorgt bei der MCG für einen kontinuierlichen Nachwuchsbedarf. Für die individuelle fachliche Einarbeitung von Neu- und Quereinsteigern und die bedarfsgerechte Weiterentwicklung unserer Professionals wurde ein umfassendes Fortbildungskonzept implementiert. Dieses begleitet in Form von Seminaren die jeweilige Karrierestufe und bereitet auf die nächste Ebene vor.

Zusätzlich wird eine Partnerschaft mit den Programmen des Konzerns zur Nachwuchs-Förderung aufgebaut. Im Rahmen des konzerneigenen Trainee-Programms können die MCG Project Consultants gemeinsam mit den internationalen Trainees Seminare zu Projektmanagement, Energiewirtschaft und Interkultureller Kompetenz absolvieren. Ergänzend zu dieser Vernetzung im Konzern besteht die Einbindung der MCG in ein Programm zur Potenzialanalyse für kommende Führungskräfte.

2   Struktureller Rahmen für Energieversorger

2.1   Expansion und Wettbewerb – Die Liberalisierung der Energiemärkte

Seit dem Ende der 90er Jahre führte die schrittweise Liberalisierung der Strom- und Gas-märkte und Umsetzung der EU-Richtlinien zum Elektrizitäts- und Gasbinnenmarkt zu grund-legenden Veränderungen der Markt- und Wettbewerbsstrukturen in Europa. Die dadurch neu entstandene Wettbewerbssituation eröffnete den Marktteilnehmern die Möglichkeit einer Expansion in ausländische Märkte und begünstigte die Entstehung und den Markteintritt neuer Energieversorgungsunternehmen. Die neu entstandene Bewegung des Energiemarktes resultierte auch in einem erhöhten Beratungsbedarf bei früheren Monopolisten und neuen Marktteilnehmern. So erforderten Zukäufe und Beteiligungen deutscher Energiekonzerne an ausländischen Energieversorgern die Integration der neu entstandenen Tochtergesellschaften. Diese Eingliederungen wurden von MCG im Rahmen von internen Beratungsprojekten mit-gestaltet. Dabei lag der Fokus der Beratungsleistung zunächst auf der Entwicklung und Imp-lementierung konzernweit standardisierter Prozesslandschaften und Schnittstellen, die die Ankopplung neuer Unternehmensteile vereinfachte. Im Anschluss daran stand die organisa-torische und strukturelle Integration der neuen Gesellschaften. Die Gewährleistung einer effizienten und zukunftsfähigen Steuerung des sich rasant erweiternden Konzernnetzwerkes erforderte die Entwicklung neuer Unternehmenssteuerungskonzepte.

Der eigenen Expansion in ausländische Märkte stand eine verschärfte Wettbewerbssituation im deutschen Energiemarkt gegenüber. Ausländische und neue deutsche Wettbewerber traten mit aggressiven Preisstrategien und innovativen Produktlösungen gegen die bereits etablier-ten Konzerne an. Der zunehmende Wettbewerb und das dadurch steigende Angebot führten zu einer Verlagerung von einem Verkäufer- hin zum Käufermarkt. Die neue Verhandlungs-position auf Kundenseite spiegelte sich in der vermehrten Wechselbereitschaft gepaart mit einer sinkenden Kundenbindung wieder, auch im Privatkundenbereich. Neben diesem Trend führte der verstärkte Preiskampf zu sinkenden Margen. Die Energieversorger waren geford-ert, der neuen Situation mit innovativen Strategien und Lösungen zu begegnen. In den Fol-gejahren bestand ein immenser Beratungsbedarf bei der Entwicklung und Umsetzung neuer Vertriebskonzepte, dem Aufbau neuer Geschäftsfelder sowie verstärkten Maßnahmen im Bereich des Kundenbindungs- und Zufriedenheitsmanagements.

Im Rahmen der Entwicklung neuer Vertriebsstrategien war die Beratung bei dem Aufbau neuer Vertriebsmarken eine wesentliche Leistung der MCG. Die genaue Beobachtung der Energiemärkte und die Planung eines Markteintritts erfordern fundierte strategische Überle-gungen. Markt- und Wettbewerbsanalysen sowie die Entwicklung von Konzepten zur Nut-zung traditioneller und innovativer Vertriebskanäle sind klassische Beratungsfelder der MCG. Um die Produkte bestmöglich auf den bestehenden Markt auszurichten und den Vertrieb zielgerichtet zu fokussieren wurde ein neues Kundensegmentierungskonzept entwickelt. Auf Basis der für die einzelnen Kundensegmente eruierten Potentiale erstellte die MCG einen konkreten Business Plan. Auch bei der Einbindung externer Dienstleister für die Bereiche Abrechung und Kundenmanagement (Callcenter, Lieferantenwechselprozess) wurden Anforderungen an diese klar definiert und bei der Auswahl und anschließenden Steuerung der Dienstleister konzeptionell unterstützt.

2.2   Organisation und Restrukturierung – Regulatorische und kartellrechtliche Eingriffe

Der Liberalisierungswelle folgten die Auseinandersetzungen der Energieversorger mit den staatlichen Kontrolleinrichtungen. Kartellrechtliche Verfahren zwangen die Konzerne zu Zugeständnissen und zum Verkauf von Erzeugungskapazitäten und Transportnetzen. Die Ausgliederung von Konzerngesellschaften geht einher mit der Herauslösung des betroffenen Personals und der Abkopplung der rechtlichen und vertraglichen Infrastruktur. Die Einbindung der Beteiligten (Betriebsräte, Behörden, Mitarbeiter, Geschäftsführung) sowie das Monitoring der Umsetzung im Zusammenspiel aller Teilprojekte stellen eine große Herausforderung an die Projektkoordination.

Zur Steuerung eines solchen komplexen Organisationsprojekts installiert die MCG ein Projekt Management Office (PMO). In Abstimmung mit dem Kunden wird eine Projektstruktur aufgestellt, in welcher die Teilprojekte und Schnittstellenfunktion unter der Gesamtprojektleitung definiert und mit Projektverantwortlichen besetzt werden. Die klassischen Teilprojekte umfassen die für die Projektaufgabe relevanten technischen und kaufmännischen Funktionen. Daneben werden Querschnittsfunktionen in der Projektstruktur etabliert, z.B. HR, Recht, IT und Kommunikation, angeordnet.

Zur Kontrolle von Fortschritt, Kosten und Risiko erfolgt die Implementierung eines Projektcontrollings. Es dient dem Monitoring des Projektfortschritts mit Hilfe eines Meilenstein- und Kostencontrollings. Ergänzend dazu steht ein kontinuierliches Risikocontrolling. Hier werden identifizierte Risiken nach Eintrittswahrscheinlichkeit und möglicher Auswirkung auf den Projekterfolg eingeordnet. Dies beinhaltet beispielsweise die Abhängigkeit des Projektfortschritts von Zustimmungen des Betriebsrats und behördlichen Genehmigungen. Das Risiko-Tracking erfolgt über die gesamte Projektlaufzeit, inklusive der permanenten Neubewertung der genannten Schlüsselfaktoren, Eintrittsindikatoren und Neudefinition möglicher Eskalationsstufen.

```
┌──────────────────────────────────────────────────────────────────┐
│                        ┌─────────────────────┐                     │
│                        │  Steering Committee │                     │
│                        └──────────┬──────────┘                     │
│                                   │                                │
│       ┌────────────┐   ┌─────────────────────┐                     │
│       │ Betriebsrat├───┤  Projekt Management │                     │
│       └────────────┘   └─────────────────────┘                     │
│                                                                    │
│   ┌──────────┐  ┌──────────┐  ┌──────────────┐  ┌────────────────┐ │
│   │ Personal │  │  Recht   │  │ Kommunikation│  │Energiewirtschaft│ │
│   └──────────┘  └──────────┘  └──────────────┘  └────────────────┘ │
│   ┌──────────┐  ┌──────────┐  ┌──────────────┐  ┌────────────────┐ │
│   │Kaufmänn. │  │Betrieb und│ │     IT       │  │  Leittechnik   │ │
│   │Funktionen│  │Instandhalt│ │              │  │                │ │
│   │u. Steuern│  └──────────┘  └──────────────┘  └────────────────┘ │
│   └──────────┘                                                     │
└──────────────────────────────────────────────────────────────────┘
```

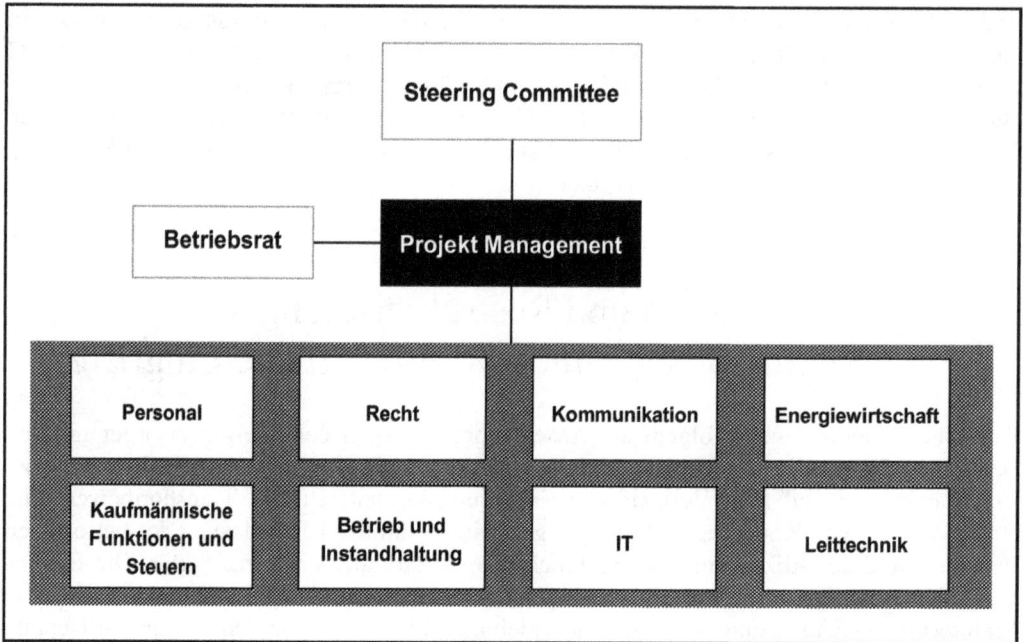

Abb. 2.1   *Projektorganisation.*

Die erhobenen Projektstände werden im Projektreporting dokumentiert. In regelmäßigen Abständen wird an Auftraggeber und Stakeholder über Projektstand und -status berichtet. Dem Adressaten entsprechend werden erreichte Ziele, nächste Schritte, auftretende Risiken und anstehender Entscheidungsbedarf aufbereitet. In der Regel wird eine Gesamtbewertung zum Projektstatus vorgenommen, beispielsweise im Ampelschema:

- Grün: Projektverlauf nach Plan; auftretende Probleme können intern gelöst werden
- Gelb: Auftretende Probleme bedürfen Eskalation oder Hilfe von außen; Projektziel weiterhin erreichbar;
- Rot: Schwere/nicht lösbare Konflikte; Zeitplan und/oder Gesamtprojekt gefährdet

Die Projektkommunikation beinhaltet neben der Information an die Projektsteuerungsgremien die Erstellung und Zuleitung von Informationsmaterial für Bereiche und projektbezogene Veranstaltungen sowie die Außenkommunikation. Über die gesamte Projektlaufzeit übernimmt das PMO die operative Koordination und eine inhaltliche Auseinandersetzung mit den unterstellten Teilprojekten. Dazu kommt die Organisation und Moderation von Meetings mit Teilprojekten und Steering Committee sowie deren inhaltliche Vor- und Nachbereitung. Für notwendige Korrekturen des Projektverlaufs fließen die Auswertungen des Monitorings und die daraus abgeleiteten Handlungsstrategien hier ein. Eine Funktion der Qualitätssicherung wird im Projektmanagement durch eine kontinuierliche Konsistenzprüfung zwischen den Teilprojekten erreicht. In dieser werden mittels qualitativem und quantitativem Abgleich die erzielten Fortschritte vergleichbar gemacht. Zum Projektende wird die Dokumentation erstellt und in einer Abschlusspräsentation die erreichten Ziele aufbereitet. Beendet wird der Einsatz des PMO nach der Erreichung der vertraglich definierten Projektziele mit der Entlastung der Projektleitung durch den Auftraggeber.

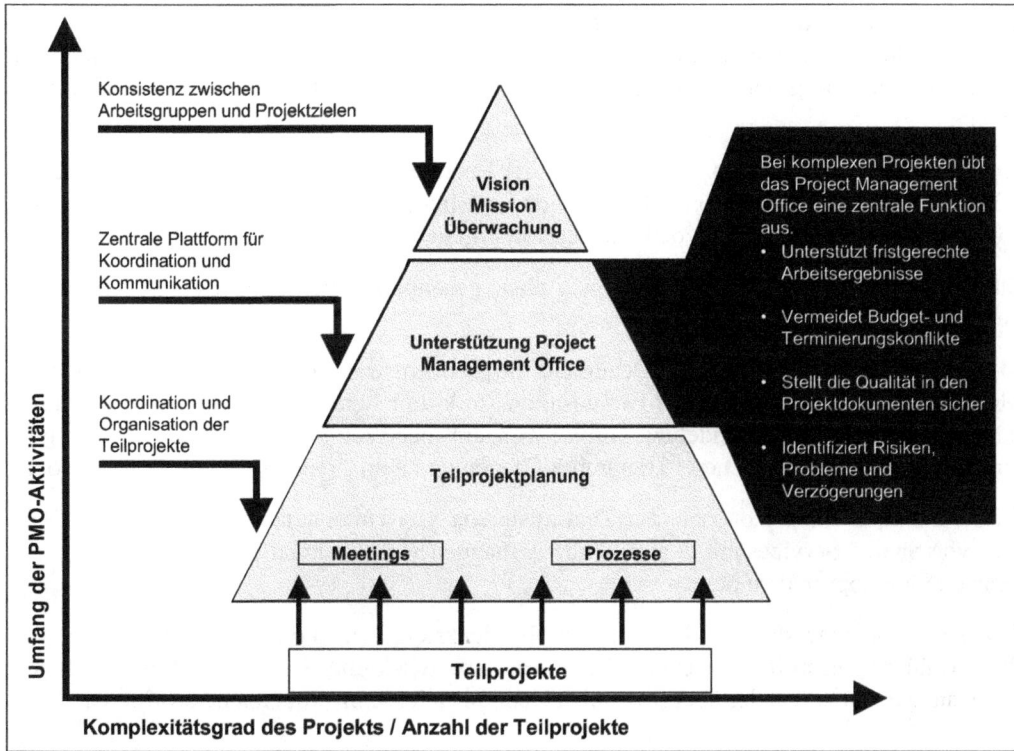

Abb. 2.2   Aufgaben des PMO.

Speziell bei kartellrechtlich begründeten Projekten ist eine für rechtliche Belange und informationspolitische Restriktionen sensibilisierte Projektorganisation gefordert. Hier kann eine Inhouse Beratung die Vorteile ihrer konzerninternen Vernetzung sowie des internen Know-

hows nutzen um dem Kunden in kurzer Zeit eine reibungsverlustarme Gesamtprojektorganisation aufzubauen und zur Verfügung zu stellen. Gleichzeitig ist der Verbleib sensibler wettbewerbsrelevanter Informationen innerhalb des Konzerns gesichert. Für die MCG bedeutete die Begleitung dieser Projekte die Nutzung und den Ausbau der vorhandenen Fachkompetenz in den Bereichen Erzeugung und Netz in Verbindung mit einer erworbenen Exzellenz im Management von Großprojekten.

2.3   Rationalisierung – Effizienzsteigerung in der Energiewirtschaft

Durch die in den vorherigen Kapiteln aufgeführten internen Veränderungen des Marktes und die verstärkten regulatorischen Eingriffe von außen müssen sich auch etablierte Energiekonzerne mit der Verbesserung ihrer Effizienz befassen. Nur so können sie – insbesondere im Zuge der allgemein geschwächten Konjunktur – ihre Wettbewerbsfähigkeit und Profitabilität erhalten.

Auch erforderte die Effizienzsteigerung bei der Energieerzeugung bedingt durch den technischen Fortschritt eine stringente Organisation im Hintergrund, um die dadurch entstehenden Kostenvorteile bestmöglich an den Kunden weitergegeben zu können.

Strategien zur Kosteneinsparungen sowie einer gesteigerten betrieblichen Effizienz waren gefordert.

Mit dem gewachsenen Wissen in Bezug auf die Konzernstruktur und –mentalität konnte die MCG die Entwicklung effizienter Organisationsstrukturen beratend unterstützen und mitgestalten. Eine funktionale Bündelung von im Konzern mehrfach bestehenden Funktionen ging einher mit der Bildung flacherer Hierarchie-Ebenen und dem Trend zur Matrixorganisation.

Dies beinhaltete auch Konzepte zur Zentralisierung von Unterstützungstätigkeiten im Rahmen von Shared Services mit dem Ziel, die vorhandenen Ressourcen über eine klare Kompetenzverteilung optimal zu nutzen.

Bei der Umsetzung dieser Strategien zur Effizienzsteigerung konnte die MCG stark von ihren Erfahrungen in den Bereichen Organisationsentwicklung, Business Services und Prozessmanagement sowie der übergreifenden Kenntnis aller Konzernbereiche profitieren.

3   Zentrale Herausforderungen der Energiewirtschaft

Die Entwicklung neuer Techniken zur Nutzung erneuerbarer Energien und die Volatilität der Märkte für fossile Energieträger bilden das Fundament der kommenden Herausforderungen für die Energieversorger. Die Nachhaltigkeit der Energieversorgung in Verbindung mit der Sicherstellung von Wirtschaftlichkeit und Versorgungssicherheit stellen das Spannungsdreieck in der Energiewirtschaft dar und werden zukünftig die Beratungsfelder innerhalb des Energiesektors bestimmen.

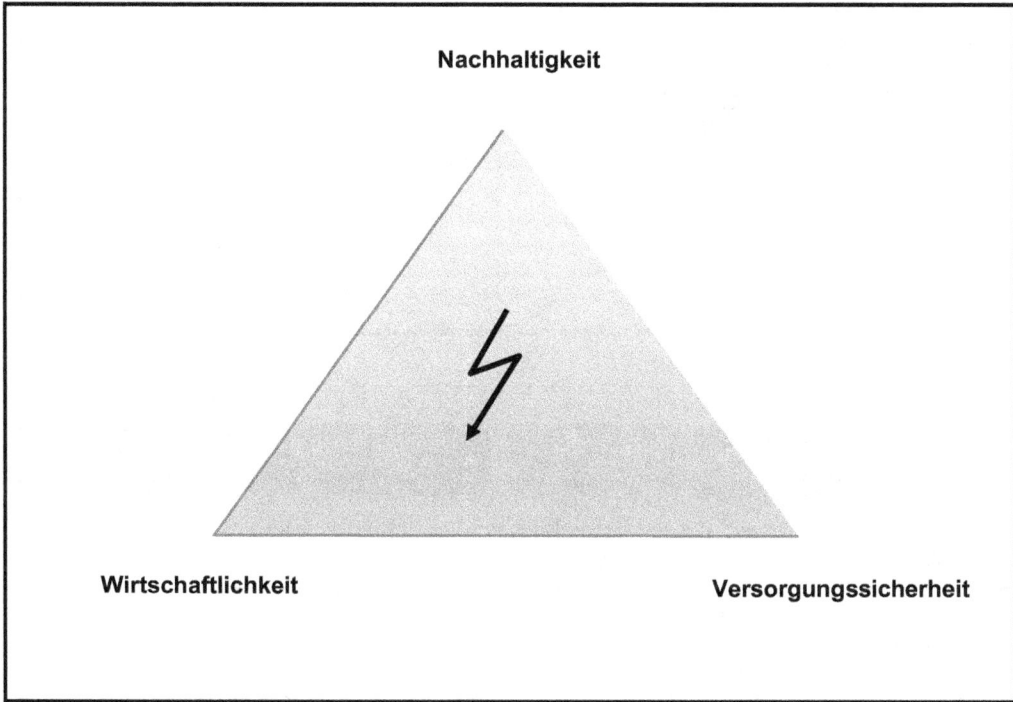

Abb. 3.1   *Spannungsdreieck der Energiewirtschaft.*

Durch den Trend zur Nutzungseffizienz entstehen neue Einsatzfelder für existente Technologien, wie die Nutzung der Kraft-Wärme-Kopplung in der dezentralen Energieversorgung. Der technische Fortschritt bei neuen Konzepten wie der Elektromobilität im Individualverkehr auch Impulse in Bezug auf die Unterstützung durch interne Berater. Bei der Umsetzung dieser Konzepte wird eine zentrale Projektsteuerung gefordert, welche das Zusammenspiel mehrerer Konzerngesellschaften koordiniert.

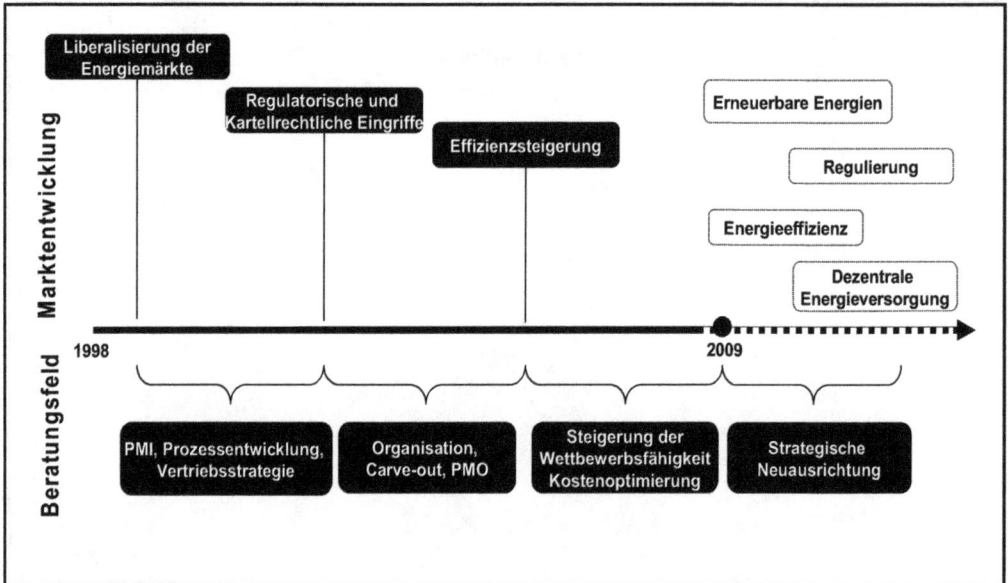

Abb. 3.2   *Marktentwicklung und resultierende Beratungsfelder.*

Die dezentrale Energieversorgung als neuer Trend in einer von zentraler Erzeugung und Netzverteilung geprägten Energiewirtschaft drängt die Energiekonzerne zur Entwicklung neuer Geschäftskonzepte. Zukünftig könnten private Kleinerzeuger unter Nutzung der Infrastruktur der Großkonzerne zur Versorgungssicherheit beitragen und einen schnelleren Umstieg zu CO_2-freier Energieversorgung ermöglichen. Die Entwicklung einer flexiblen Planung der Erzeugungskapazitäten und die Einbindung der neuen Einspeiser in die Prozess- und Abrechnungsstruktur zeichnen sich als Herausforderungen mit erweitertem Beratungsbedarf ab.

Für die MCG stehen bereits heute die Lösungen für die Herausforderungen und Trends von morgen im Fokus. Forschungen nach nutzbringenden Ergänzungen des Produkt- und Diensteistungsportfolios sowie Konzepten zur Nutzung strategischer Allianzen zwischen Konzernen stehen als Potenziale zur Prüfung. Die Begleitung der Konzernentwicklung und der Verbleib des erworbenen Wissens innerhalb des Konzerns stellen einen Grundpfeiler für den wachsenden Kompetenzvorsprung der MCG im Vergleich zu ihren externen Mitbewerbern dar. Die Abwicklung der Projekte mit einer internen Beratung stellt die Informationssicherheit bei zukunftsorientierten Pionieransätzen im Bereich Innovationen und Strategieentwicklung sicher. In Verbindung mit der über Jahre gewachsenen Fachkompetenz und dem konzern- und branchenspezifischen Know-how, besitzt das Konzept der Inhouse-Beratung ein beachtliches Zukunftspotenzial.

Inhouse Consulting in der Öffentlichen Verwaltung am Beispiel der BKK Gesundheit

Michael Ahrens*, Andreas Dumm**

*   BKK Gesundheit, Bereichsleiter IT und Organisation.

** adesso AG, Senior Consultant ehemals Leiter Inhouse Consulting der BKK Gesundheit.

1   Einleitung

Der folgende Artikel befasst sich mit dem Aufbau einer internen Beratungseinheit in einer der dynamischsten Säulen der Sozialversicherung, der gesetzlichen Krankenversicherung. Aufgrund der stetigen Reformen wird besondere Rücksicht auf die Anforderungen und die Veränderungen innerhalb der öffentlichen Verwaltung im Allgemeinen und in der gesetzlichen Krankenversicherung im Besonderen genommen. Als „noch" Körperschaften des öffentlichen Rechts sind die Krankenkassen Vertreter der mittelbaren Staatsverwaltung, auf dem Weg zu privatwirtschaftlichen Unternehmen.

Im Detail geht es in dem Artikel um den Aufbau des Inhouse Consulting bei einer der größten Krankenkassen Deutschlands – der TAUNUS BKK, die seit dem 01.10.2009 zur größten Betriebskrankenkasse Deutschlands, der BKK Gesundheit, fusionierte.

Seit der Entstehung der gesetzlichen Krankenversicherung verändern sich die Rahmenbedingungen für diese Säule der Sozialversicherung mit stetig wachsender Intensität. Insbesondere seit Beginn des demographischen Wandels verkürzte sich in Verbindung mit dem rasanten medizinisch-technischen Fortschritt der Zyklus grundlegender Gesundheitsreformen deutlich. Dennoch konnten die vorangegangen und werden sicherlich auch die kommenden Reformen, die mit dem Weg zur Einführung einer Kopfpauschale ihre Schatten vorauswerfen, die strukturellen Probleme des Gesundheitsmarktes nicht lösen. Dies hat nicht nur Auswirkungen auf einzelne Aufgaben und Anforderungen an die handelnden Protagonisten. Es ist hierdurch ein Markt entstanden, welcher mit der ursprünglichen gesetzlichen Krankenversicherung im Sinne einer öffentlichen Verwaltung mit rein „hoheitlichem Auftrag" nur noch in den Grundzügen in Verbindung steht.

Mittlerweile sind die Krankenkassen, obwohl diese noch immer Körperschaften des öffentlichen Rechts sind, zu Wirtschaftsunternehmen geworden. Sie stehen im eigenen Markt nicht nur im gegenseitigen Verdrängungswettbewerb um die Gunst des Kunden und im Vertragswettbewerb zur Senkung der Kosten. Vielmehr hat durch die Einführung der Insolvenzfähigkeit in Verbindung mit dem weitgehenden Wegfall der Kontrolle über die Einnahmeseite ein Fusionswettbewerb mit dem Kampf um die Erhaltung der eigenen Identität im noch nie dagewesenen Maß begonnen.[47] Darüber hinaus fördert der politische Wille mit der Möglichkeit zur Einführung von Wahltarifen, Rabattierungen, der Privatisierung von Leistungen und Festschreibung von Arbeitgeberanteilen einen immer weiter zunehmenden Wettbewerb mit der Privatversicherung.[48] Damit stehen die gesetzlichen Krankenkassen stellvertretend für

---

[47]   Stand Mitte 2009 gibt es in Deutschland noch etwa 186 Krankenkassen. 1992 waren es noch über 1.200.

[48]   Von der Annäherung privater und gesetzlicher Krankenversicherung können durchaus beide Systeme profitieren. So hat man in der gesetzlichen Krankenversicherung einen bedeutenden Erfahrungsvorsprung in den Bereichen des Fallmanagements und des Vertragswettbewerbs, wogegen man in den Bereichen der Beitragstarifierung und der Risikoselektion derzeit der privaten Krankenversicherung unterlegen ist. Siehe auch: Ahrens, M.: Verbot versicherungsfremder Geschäfte – Wie „fremd" sind Schadenmanagement und Assistanceleistungen?, GRIN Verlag 2002.

das Schicksal kommunaler und staatlicher Veraltungsbetriebe auf dem Weg der (Teil-)Privatisierung.

Der Unterschied zu privatwirtschaftlichen Unternehmen besteht bei gesetzlichen Krankenversicherern jedoch darin, dass diese Träger der öffentlichen Verwaltung stark durch Gesetze, Richtlinien und Verordnungen reglementiert werden. So ist nicht nur die Mehrheit der Produkte als Regelleistung im Gesetz verankert, sondern auch unternehmerische Entscheidungen, wie z.B. die Höhe des Marketingbudgets oder der Vertriebsprovisionen, unterliegen staatlichen Vorschriften. Damit obliegt den Krankenkassen ein genau definierter Entscheidungsrahmen, welcher durch verschiedene Aufsichtsbehörden permanent überwacht wird, um eine wirtschaftliche und zweckmäßige Nutzung der Mittel entsprechend der gesetzlichen Vorgaben sicherzustellen.

Um sich also auf dem Markt der gesetzlichen Krankenkassen langfristig behaupten zu können, ist es unerlässlich, sich in den eigenständig gestaltbaren Themengebieten, unter der Beachtung budgetierter Ressourcen, entsprechende Wettbewerbsvorteile zu erarbeiten.

Um diese Wettbewerbsvorteile zu generieren und die stetigen Veränderungen möglichst schnell und effizient umsetzen zu können, werden immer häufiger die Dienste von externen Unternehmensberatungen genutzt.[49] Bei großen Organisationen der gesetzlichen Krankenversicherung, werden ggf., wie in diesem Artikel beschrieben, interne Beratungseinheiten implementiert. Sie sollen die Kontinuität dieser Prozesse unter Nutzung des spezifischen, extern schwer erhältlichen Sozialversicherungs-Know-hows kostengünstig abbilden.

Im folgenden Kapitel wird zunächst die Ausgangssituation geschildert, die zur Entscheidung über die Implementierung einer internen Beratungseinheit geführt hat. Im Anschluss daran wird die Erstellung eines groben Business Plans veranschaulicht. Im dritten Schritt erfolgt unter Einbeziehung des geplanten Vorgehens eine Ableitung der Detailaufgaben für das Inhouse Consulting und die Darstellung, wie diese Aufgaben in der Praxis durch die gegründete Organisationseinheit wahrgenommen werden.

2   Ausgangssituation

Die Ermittlung und Darstellung der für die Gründungsentscheidung relevanten Ausgangssituationen erfolgt in zwei getrennten Abschnitten. Zum einen werden die globalen Rahmenbedingungen und die damit verbundenen Herausforderungen innerhalb der Branche als Ganzes erörtert. Dabei wird anhand der vorliegenden Reformgesetzgebung aufgezeigt, wie sich hieraus betriebswirtschaftliche Fragestellungen mit dem Bedarf an interner Beratung für die öffentliche Verwaltung in der Krankenversicherung ergeben. Zum anderen sind gerade für

---

[49]   Vgl. Ahrens, M.: Risikomanagement in Outsourcingsituationen, 2003 (unveröffentlicht).

den Aufbau einer internen Beratungseinheit die inneren Faktoren von besonderer Bedeutung. Hier können beispielsweise der Reifegrad der Organisation, die sich aus dem Stand der Unternehmensevolution ergebenden Unternehmensziele und die Unternehmenskultur genannt werden.

2.1   Externe Ausgangssituation

In der Bedürfnispyramide nach Maslow gehören Gesundheit und soziale Sicherheit zu den Grundbedürfnissen[50]. Dies verdeutlicht, wie wichtig ein System ist, welches diese beiden Bedürfnisse befriedigt. Um den Bedürfnissen gerecht zu werden, wurde 1883 auf Grundlage der Kaiserlichen Botschaft von 1881 die gesetzliche Krankenversicherung mit dem „Gesetz betreffend die Krankenversicherung der Arbeiter" begründet.

In der Gesundheitspolitik der Bundesrepublik Deutschland besteht ein permanenter Zielkonflikt:

„Die Ziele der Gesundheitspolitik lassen sich nach drei Ebenen unterscheiden. Auf der gesellschaftlichen Ebene steht das Solidaritätsprinzip im Vordergrund. Im Bedarfsfall soll jeder Bürger unabhängig von Einkommen und sozialem Status Anspruch auf die notwendige Gesundheitsversorgung haben. Auf der medizinischen Ebene geht es um die bestmögliche Qualität der Gesundheitsversorgung unter Wahrung der menschlichen Würde und Freiheit. Auf der ökonomischen Ebene geht es um die kostengünstige Versorgung mit Gütern und Diensten. Die verfügbaren finanziellen Mittel sollen nicht nur effektiv, sondern auch effizient verwendet werden. Diese Ziele stehen im Konflikt miteinander."[51]

Ziel der Gesundheitspolitik ist es also, dass die bestmögliche medizinische Versorgung aller Bürger auf der einen Seite gewährleistet sein soll, dies aber auf der anderen Seite als kapitalistisch lohnendes Geschäft zu volkswirtschaftlich bezahlbaren Preisen stattfindet. Dies ist eine schwierige Aufgabe, die beständige Reformen des Gesundheitssystems dauerhaft notwendig macht.

Seit der Einführung der gesetzlichen Krankenversicherung hat sich das Gesundheitssystem stetig weiterentwickelt und wurde durch Reformen permanent auf die veränderten Anforderungen angepasst. So gab es innerhalb der letzten 30 Jahre insgesamt 13 unterschiedliche Gesundheitsreformen, welche deutliche Kostendämpfungseffekte in der sonst stetig steigenden Ausgabenrelation zur Folge hatten. Leider waren diese Entlastungen nur von temporärer Natur (siehe Abbildung 2.1).

---

[50]   Vgl. Hugenberg, H. / Wulf, T.: Grundlagen der Unternehmensführung, 3. Auflage, Berlin 2007, Seite 280.

[51]   Andersen, U. / Woyke, W. (Hrsg.): Handwörterbuch des politischen Systems der Bundesrepublik Deutschland, 6. Auflage, Bonn 2007, Seite 250.

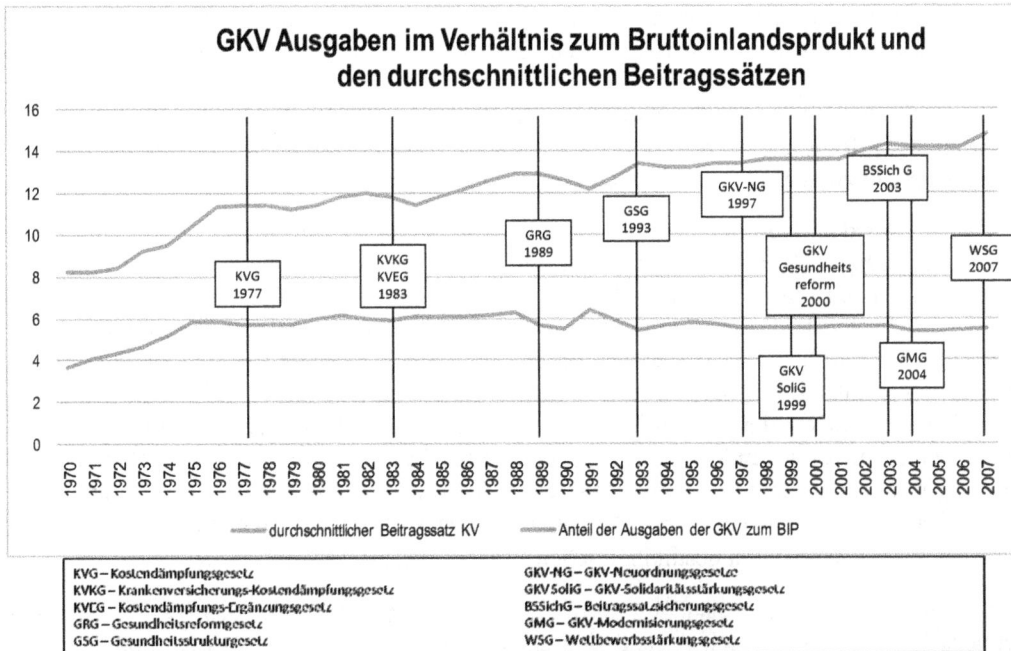

GKV Ausgaben im Verhältnis zum Bruttoinlandsprdukt und den durchschnittlichen Beitragssätzen

Abb. 2.1   *GKV Ausgaben im Verhältnis zum BIP und Beitragssätze[52].*

Die Gründe hierfür liegen in den beiden anderen Ebenen der Gesundheitspolitik – dem steigenden medizinischen Fortschritt und dem demographischen Wandel der beitragszahlenden Bevölkerung. Diese Faktoren bedingen steigende Kosten bei negativer biologischer Verzinsung innerhalb des Generationenvertrags.

Auch mit der jüngsten Reform, dem GKV-Wettbewerbsstärkungsgesetz welches im Jahr 2007 verabschiedet wurde und seitdem sukzessive umgesetzt wird, versucht die Bundesregierung die Auswirkungen dieser globalen Entwicklung zu mildern, ohne jedoch tatsächlich die zugrundeliegende Systematik zu durchbrechen. Im Ergebnis führte die vorliegende Reform u.a. zu folgenden Veränderungen, die unmittelbaren Einfluss auf unsere Entscheidung zur Etablierung eines Inhouse Consulting hatten:

2.1.1   Einführen des Gesundheitsfonds

Mit der Einführung des Gesundheitsfonds wurde ein bundesweit einheitlicher Beitragssatz für alle Krankenkassen in Höhe von 15,5 % festgelegt (ab Juli 2009 14,9 %). Diese Beiträge werden von den Krankenkassen eingezogen und taggleich an den Gesundheitsfond abge-

---

52 In Anlehnung an: Erbe, S.: Kostenexplosion im Gesundheitswesen, in: Wirtschaftsdienst, Jahresgutachten 2004/2005 Auflage 5, Seite 308.

führt. Dieser wird darüber hinaus mit einem Zuschuss aus öffentlichen Mitteln aufgestockt. Hierdurch haben die Krankenkassen keine Kontrolle mehr über die Gesamthöhe ihrer Einnahmen. Ein Preiswettbewerb kann nur noch über die Erhebung eines Zusatzbeitrages oder die Ausschüttung von Beiträgen erfolgen. Maßnahmen, die in der Praxis aufgrund ihrer Verwaltungsanforderungen, mitgliedererodierenden Auswirkungen und finanziellen Unwägbarkeiten nicht zu den präferierten Maßnahmen in der Unternehmensführung gehören.[53]

Die Mittel aus dem Gesundheitsfonds werden pauschal an die Krankenkassen in Abhängigkeit der jeweiligen Versichertenzahlen verteilt. Zusätzlich zu dieser pauschalen Grundverteilung erfolgt noch eine morbiditätsabhängige Zuschlagsverteilung. Hiermit soll vermieden werden, dass eine Risikoselektion in den gesetzlichen Krankenkassen vorgenommen wird. Der künftige „Morbi-RSA" berücksichtigt den Gesundheitszustand der Versicherten direkt, zum Beispiel anhand der Krankenhausdiagnosen und Arzneimittelverordnungen. Damit hat sich ein weiteres Kernelement des bis dahin bestehenden Wettbewerbs, der Kampf um junge, gesunde und gutverdienende Versicherte verändert. „Zusammen mit der erheblichen Vereinfachung und Verbesserung der Zielgenauigkeit des Risikostrukturausgleichs wird damit die Grundlage für einen scharfen, aber gleichzeitig fairen Wettbewerb zugunsten einer bestmöglichen und kostengünstigen gesundheitlichen Versorgung gelegt."[54]

Ein weiterer Teil der Zuweisungen an die Krankenkassen erfolgt für den Verwaltungskostenbedarf. Dieser Betrag richtet sich nach der Anzahl der Versicherten in Kombination mit den Leistungsausgaben. Die tatsächliche Höhe der Verwaltungskosten einer einzelnen Kasse ist für ihre Zuweisung aus dem Fonds nicht maßgeblich. Damit müssen kundenorientierte Strategien wie etwa ein breites Geschäftsstellennetz oder ausgedehnte Öffnungszeiten durch Zusatzbeiträge oder Quersubventionierungen aus den Leistungsausgaben bzw. anderen Einsparungen finanziert werden. In der Folge kommt effizienten Verwaltungsstrukturen und schlanken, möglichst automatisierten Geschäftsprozessen eine besondere Bedeutung im brancheninternen Wettbewerb zu.[55]

2.1.2   Veränderungen im Tarifsystem

Durch die Gesundheitsreform wurde die Möglichkeit geschaffen, dass gesetzlich Versicherte zwischen verschiedenen Tarifen ihrer Krankenkasse wählen können. Dabei kann die Krankenkasse unter anderem Prämienauszahlungen als Anreiz für eingeschränkte Gesundheitsleistungen einsetzen oder Selbstbehalttarife anbieten. Beispielsweise kann sich der Versicherte verpflichten, im Krankheitsfall erst seinen Hausarzt aufzusuchen und hierfür kann ihm

---

[53]   Stand Mitte 2009 nehmen nur 3 der 186 Krankenkassen eine Beitragsausschüttung vor und eine einzige Kasse erhebt einen Zusatzbeitrag.

[54]   CDU/CSU-Bundestagsfraktion: Eckpunkte zu einer Gesundheitsreform 2006, Berlin 2006 unter: http://www.cdu.de/doc/pdfc/060704_eckpunkte_gesundheit.pdf (Stand 4.07.2006).

[55]   Die in diesem Punkt viel gescholtenen gesetzlichen Krankenkassen liegen mit ca. 5 % Verwaltungskostenquote im Vergleich zu ihren privaten Mitbewerbern mit über 10% erstaunlich günstig. Siehe dazu auch: Bundeszentrale für politische Bildung: Die Gegliederte Krankenversicherung, Bonn o. J., unter: http://www.bpb.de/themen/WZDR7I.html?guid=AAA741&lt=AAA739.

dann beispielsweise die Praxisgebühr erlassen oder ein Bonus ausbezahlt werden. Da jede Krankenkasse für sich, innerhalb des vom Gesetzgeber erlaubten Rahmens, die Wahltarife eigenständig ausgestalten kann, entsteht hierdurch auch ein zusätzlicher Wettbewerb innerhalb der gesetzlichen Krankenkassen und auch gegenüber der privaten Zusatzversicherung.

Bei dieser, der Privatversicherung entlehnten Produktgestaltung, handelt es sich um ein völlig neues Aufgabenfeld für die gesetzliche Krankenversicherung. Zur Tarifierung der entsprechenden Produkte sind u.a. die Prozesskosten zu ermitteln und eine Risikokalkulation durchzuführen – für Unternehmen, die bis dahin ihre Beiträge aus der Lohnentwicklung der Bevölkerung und der Leistungsausgabenschätzung kalkulierten, ein ungewohntes Terrain. Im Rahmen einer wissenschaftlichen Betrachtung bieten sich hierzu unterschiedliche Forschungsfelder an. So sollten empirische Untersuchungen über möglichen kundenindividuelle Angebote[56], die Einstellung der Versicherer zu diesem Thema und den betriebswirtschaftlichen Nutzen durchgeführt werden. Darüber hinaus ist sicher auch die Frage zu klären, welche Auswirkungen diese Veränderungen auf die Ausbildung der Sozialversicherungsfachangestellten haben sollte.

2.1.3   Veränderungen im Insolvenzrecht

In der Vergangenheit waren nach § 12 Abs. 1 Nr. 2 der Insolvenzordnung (InsO) landesunmittelbare Krankenkassen vor Insolvenzverfahren geschützt. Somit konnte ein Insolvenzverfahren in der Vergangenheit nur über das Vermögen von bundesunmittelbaren Krankenkassen eröffnet werden. Durch die Regelungen im SGB V §§ 155 und 164 SGB V hafteten ehemals die Haftungsverbünde der landesunmittelbaren Orts-, Betriebs- und Innungskrankenkassen. Somit waren die jeweils kassenartenspezifischen Landesverbände für die Befriedigung der Gläubiger aus dem Vermögen der geschlossenen bzw. aufgelösten Krankenkasse verantwortlich. Durch die Gesundheitsreform können alle Krankenkassen ab 2010 insolvenzfähig werden. Im Zusammenhang mit der Einführung einer HGB-orientierten Rechungslegung ist dies ein Zugpferd für so manche Fusion und Machtposition für die „schönen Bräute" der Branche. Zumindest stellt diese Änderung allerdings neue, erhöhte Anforderung an die betriebswirtschaftliche Ausbildung der leitenden Mitarbeiter einer Krankenkasse.

Für die hier aufgeführten externen Ausgangsbedingungen kann festgehalten werden, dass durch die vorliegenden Reformen mit ihren wettbewerbsorientierten Bestandteilen und privatwirtschaftlichen Elementen die weiteren Grundlagen für den verstärkten Einzug betriebswirtschaftlicher Methoden und Organisationsformen in die „Hoheitsgebiete der Sozialgesetzbücher" gelegt wurden. Für die Krankenkassen sind die daraus entstehenden „Probleme zu identifizieren, zu definieren und zu analysieren, welche die Kultur, Strategie, Organisation, Prozesse, Verfahren und Methoden ... betreffen. Es sind Problemlösungen (Sollkonzepte) zu erarbeiten, zu planen und im Unternehmen umzusetzen".[57] In der Summe sind dies

---

[56]   Vgl. Ahrens, M.: Mass Customization in der Versicherungswirtschaft – Schließen sich rationale Individualisierung und kollektive Risikovorsorge aus?, Grin Verlag 2007.

[57]   Niedereichholz, C.: Unternehmensberatung – Band 1, 5. Auflage, München 2010, Seite 1.

Aufgaben, die der Definition von „Unternehmensberatung" entsprechen. Anders betrachtet würde es für den Aufbau eines Inhouse Consulting in der öffentlichen Verwaltung ohne diese externen Einflussfaktoren mit einer konkurrenzlosen, rein hoheitlichen Aufgabenerfüllung weniger Anreize geben.

2.2   Interne Ausgangssituation

Die Realisierung von Veränderungsfragen, wie die Einführung eines Inhouse Consultings, hängt erheblich vom strategischem, strukturellem und kulturellem Reifegrad einer Organisation ab. Insbesondere spielen hier die Methoden- und Managementkompetenz sowie die Veränderungsbereitschaft der Führungskräfte und Mitarbeiter eine entscheidende Rolle. Diese Komponenten der internen Ausgangssituation wird im nachfolgenden Kapitel für die TAUNUS BKK anhand von Praxisbeispielen beschrieben.

2.2.1   Historische Komponenten

Noch bevor der Staat seinen Auftrag zur Befriedigung des Bedürfnisses nach sozialer Sicherheit wahrgenommen hat, erfolgte dies eigenständig durch einige verantwortungsvolle Unternehmer. Damit liegen die Ursprünge der Sozialversicherung in der betrieblichen Krankenversicherung. So wurde auch der Vorläufer der TAUNUS Betriebskrankenkasse bereits 1880 gegründet.

Die Situation in unserem Unternehmen veränderte sich 1996 mit einer der vorangegangenen Gesundheitsreformen. Aufgrund der Möglichkeit zur Kassenöffnung über die Betriebsgrenzen des Trägerunternehmens hinweg, war die TAUNUS BKK bundesweit für alle Kunden als Versicherungsträger wählbar. Durch eine erfolgreiche Unternehmensstrategie konnte Anfang des neuen Jahrtausends die Preisführerschaft auf dem Markt der gesetzlichen Krankenversicherung erreicht werden. Das dann einsetzende Wachstum brach alle Rekorde früherer Wachstumskassen und erinnert an die Entwicklungen am „Neuen Markt". Von Januar 2000 bis Januar 2004 wuchs der Mitgliederbestand von knapp 3.000 auf über 630.000 Mitglieder.[58] Das Management eines solchen enormen Wachstums erfordert die ständige Anpassung der vorhandenen Aufbau- und Ablauforganisation, die besondere Beachtung entstehender Schnittstellen und ein professionelles Projektmanagement. In der Summe sind dies Aufgaben und Kompetenzen, die sich in einer internen Beratungseinheit konzentriert bündeln lassen. Das Bewusstsein über die aus Veränderungen resultierenden Chancen sowie die vorherrschende Kultur im Umgang mit Veränderungen waren von diesen Erfahrungen geprägt.

---

[58]   Vgl. TAUNUS BKK: Chronik der TAUNUS BKK 1880–2007, in: Geschäftsbericht 2007 unter: http://www.bkkgesundheit.de/_uploads/media/354_TAUNUS%20BKK_GB_2007.pdf.

2.2.2   Strategische Komponenten

Abgeleitet aus der Vision der TAUNUS BKK war das Wachstum über Fusionen eine Strategiealternative im Umgang mit der Veränderung der hier aufgeführten externen Rahmenbedingungen.[59] So haben die TAUNUS BKK und die BKK Gesundheit eine gesammelte Erfahrung von über 70 Fusionen.

Im Jahre 2006 begannen die Kooperationen zwischen der TAUNUS BKK, der sancura BKK und der BKK Hoechst zur Anbahnung einer der größten 3er Fusionen in der Geschichte der gesetzlichen Krankenversicherung. Im Rahmen der durchzuführenden Fusionsprojekte kam der Analyse, dem Vergleich und der Auswahl optimaler Prozessalternativen eine besondere Bedeutung zu. Die vorhandenen Elemente eines kontinuierlichen Prozessmanagements ermöglichten hierbei sowohl eine deutliche Erleichterung der Abstimmungsprozesse als auch eine Unterstützung in der Argumentation. Der gesamte Prozess der Post Merger Integration konnte hierdurch erheblich beschleunigt werden.[60] Die Durchführung der Fusionsaktivitäten erfolgte durch den Ausbau der vorhandenen Projektmanagementmethoden zu einem Multiprojektmanagement.

2.2.3   Technische Komponenten

Während der bereits in der historischen Komponente erwähnten Wachstumsphase wurden der Mitarbeiteraufbau, diverse Standorterweiterungen und notwendige Organisationsanpassungen vorgenommen. So erfolgte die Rekrutierung der Mitarbeiter auch aus den verschiedenen Kassenarten mit der wiederum jeweiligen Unternehmensvielfalt. Damit war auf der einen Seite ein reichhaltiger Erfahrungsschatz im Unternehmen verfügbar, auf der anderen Seite ergab sich jedoch die Notwendigkeit zur Vereinheitlichung der unterschiedlichen „mitgebrachten" Arbeitsweisen unter den Bedingungen höchster Effizienz. Die notwendigen Änderungen in der Aufbau- und Ablauforganisation, die zur Anpassung der Verwaltung an das rasante Kundenwachstum vorgenommen werden mussten, erforderten eine enorme Flexibilität bei der räumlichen und inhaltlichen Verlagerung von Aufgaben.[61]

Ein Mittel zur Lösung der aufgezeigten Problemfelder war die Einführung technologischer Komponenten zur Unterstützung und Automatisierung in der Sachbearbeitung. Insbesondere durch die Digitalisierung der Bearbeitungswege vom Posteingang bis zum zentralen Outputmanagement war es möglich, Arbeit in kürzester Zeit standortunabhängig zu verteilen bzw. umzuverteilen und Arbeitsprozesse zu vereinheitlichen. Im Rahmen des Einführungsprojektes für dieses Dokumentenmanagementsystem war es notwendig, die Dokumentenlaufprozesse sowie die Rollen der Prozessbeteiligten zu ermitteln, anzupassen und verbind-

---

[59]   Vgl. TAUNUS BKK: Gesundheitspolitik, in: Geschäftsbericht 2006 unter:
http://www.bkkgesundheit.de/_uploads/media/353_TAUNUS%20BKK_GB_2006.pdf.

[60]   Vgl. TAUNUS BKK: Fusionen, in: Geschäftsbericht 2007 unter:
http://www.bkkgesundheit.de/_uploads/media/354_TAUNUS%20BKK_GB_2007.pdf.

[61]   Vgl. Pentadoc AG: Projekt TAUNUS BKK: Eine Union der Kompetenzen, in: ECM Tag 2006, unter:
http://www.ecm-tage.de/uploads/media/Programmheft_ECM_Tag_Union_72dpi.pdf.

lich zu dokumentieren, eine Vorstufe zur Aufnahme und dem Management von Geschäftsprozessen. Die Akzeptanz von Methoden des Prozessmanagements und die Fähigkeit der Mitarbeiter zum „Denken in Prozessen" wurden dadurch unternehmensweit geprägt.

Die aufgeführte externe und interne Ausgangssituation hatte verschiedenste Projekte und Aktivitäten zur Untersuchung der Wettbewerbssituation, dem Erkennen von Chancen und Risiken sowie dem Ableiten von Markkonsequenzen auf Organisationsebene zur Folge. Letztendlich wurde das Aufgabenspektrum eines Inhouse Consulting bereits innerhalb der Organisation, teilweise auch mit externer Unterstützung, ausgeübt. Damit waren nur noch eine Bündelung der Aktivitäten und eine Implementierung dieser Aufgaben in einer dafür verantwortlichen Organisationseinheit vorzunehmen. Es herrschte bei allen Beteiligten ein hohes Bewusstsein über die Bedeutung der zu erfüllenden Aufgaben und die Notwendigkeit zur Eingliederung dieser Aktivitäten in die Linienorganisation.

3 Aufbau eines Inhouse Consulting in der Krankenversicherung

Die organisatorische Eingliederung eines Inhouse Consulting in eine bestehende Organisation bedingt Veränderungen in den Abläufen des Unternehmens. Die künftigen Aufgaben dieser Abteilung wurden in der Regel vorher zumindest teilweise durch unterschiedliche Personen, Personengruppen, und auch externe Institutionen wahrgenommen. Mit der Implementierung einer nun dafür zuständigen Organisationseinheit verändern sich auch die bestehenden Abläufe, Verantwortlichkeiten und nicht zuletzt auch die Machtstrukturen im Unternehmen. Darüber hinaus ist es eine der dauerhaften Kernaufgaben eines Inhouse Consulting, kontinuierliche Veränderungsprozesse herbeizuführen und zu begleiten. Die Implementierung eines Inhouse Consulting kann nur dann erfolgreich stattfinden, wenn die Führungskräfte und Mitarbeiter der neuen Organisationseinheit offen gegenüber stehen und diese unterstützen. Damit sind die bestehenden Veränderungskompetenzen eine der Voraussetzungen zur erfolgreichen Einführung eines Inhouse Consulting. Die entstehenden politischen, rationalen und emotionalen Widerstände gilt es mit den Methoden des Veränderungsmanagements zu überwinden.

3.1 Veränderungsmanagement bei Aufbau eines Inhouse Consulting

Im Rahmen des Veränderungsmanagements werden in den folgenden beiden Abschnitten die Veränderungskompetenzen und die Veränderungsaktivitäten, als Elemente des Veränderungsmanagements, am Beispiel der Einführung des Inhouse Consultings bei der TAUNUS BKK betrachtet. Die Ausführungen hierzu sind aus zwei unterschiedlichen Dimensionen zu betrachten. Zum einen stellen sie das Vorgehen und die Kompetenz des Inhouse Consulting bei der Begleitung von Veränderungsprozessen dar, zum anderen ist die Gründung der Abteilung selbst ein solcher Veränderungsprozess.

3.1.1   Veränderungskompetenzen

Maßgeblich für den Erfolg bei der Einführung eines Inhouse Consultings und die sich daraus ergebenden Veränderungen ist der kulturelle, strukturelle und strategische Reifegrad der Organisation. Dabei ist sowohl die Management- und Methodenkompetenz[62] als auch die Veränderungswilligkeit und -fähigkeit der Mitarbeiter und Führungskräfte[63] von entscheidender Bedeutung.

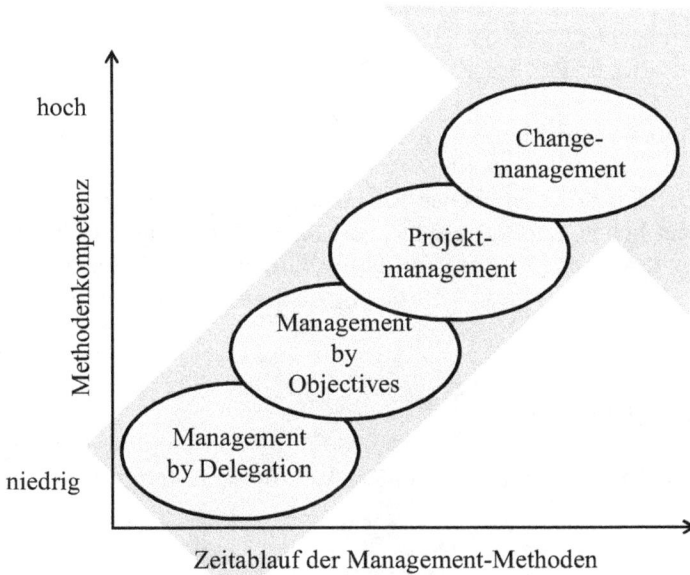

Abb. 3.1   *Reifegrad der Organisation.*[64]

---

[62]   Vgl. Schmidt-Tanger, M.: Veränderungs-Coaching, Paderborn 1998; S 4ff.

[63]   Vgl. Kegan, R. / Lahey, L.L.: Der wahre Grund, weshalb Mitarbeiter sich nicht ändern, in: HARVARD BUSINESS MANAGER 3/2002, S. 88ff.

[64]   Nach Kostka, C. / Mönch, A.: Change-Management, München 2001, S. 22ff.

Nach Kostka wird anhand der im Unternehmen implementierten Management-Methoden der Reifegrad der Organisation bestimmt.[65] So verlangt das Management von Veränderungsprozessen die vorgelagerten Methoden des Projektmanagements, des Zielmanagements und der Delegation von Aufgaben (siehe Abbildung 3.1). Wie im Abschnitt Prozessmanagement ausgeführt wird, sind dies zentrale Verfahren der TAUNUS BKK zur Steuerung des Unternehmenserfolgs.

Der Reifegrad des Managements ergibt sich aus den Denk- und Handlungsweisen der betroffen Führungskräfte im Allgemeinen und des verantwortlichen Veränderungsmanagers im Besonderen. Katzenbach und das RCL Team unterscheiden hier traditionelle Manager und Veränderungsmanager nach sechs Grundeigenschaften und weisen für Veränderungsmanager die folgenden aus:[66]

- **Grundhaltung**: Niemand kann allein die beste Lösung kennen.
- **Verantwortlichkeit**: Man fühlt sich selbstverantwortlich.
- **Risiko und Belohnung**: Man kann sich in jedem Unternehmen einbringen – hier oder anderswo.
- **Ziele**: Zufriedenheit der Kunden und Mitarbeiter.
- **Führungsphilosophie**: Die Mitarbeiter müssen so geführt werden, dass sie ihr Bestes geben können.
- **Quellen der Produktivität und Innovation**: Der Mensch liefert die Ressource hierfür.

Aufgrund der in der Ausgangssituation beschriebenen Rahmenbedingungen, war im Management der TAUNUS BKK ein hoher Innovationswille vorhanden. Die Ereignisse in der Wachstumsphase erforderten geradezu die Ausprägung dieser Eigenschaften. Daher finden sich die oben aufgeführten Punkte auch nahezu vollständig im Unternehmensleitbild der TAUNUS BKK wieder.

3.1.2   Veränderungsaktivitäten

Zu den Veränderungsaktivitäten zählen in Anlehnung an Kostka insbesondere die folgenden Aktionen:[67]

- Bewusstseinsschaffung,
- Visionsentwicklung,
- Kommunikationsstrategie,
- Erfolgsplanung,
- Prozesssteuerung,

---

[65]   Vgl. Kostka, C. / Mönch, A.: ebenda.

[66]   Vgl. Katzenbach, J. R. and the RCL Team 1996: Real Change Leaders, Times Business, Random House; unveröffentlichter Vorabdruck in: Böning, U./ Fritschle-Böning, B.: Veränderungsmanagement auf dem Prüfstand: Eine Zwischenbilanz aus der Unternehmenspraxis, Freiburg i.Br. 1997, S. 275–276.

[67]   Vgl. Kostka, C. / Mönch, A.: Change Management, München 2001, S. 16ff.

- Veränderungsstabilisierung,
- Veränderungskultivierung.

Zur Verstärkung des grundsätzlich vorhandenen Bewusstseins über die Notwendigkeit der organisatorischen Eingliederung eines Inhouse Consultings bei der TAUNUS BKK, wurde vom Vorstand als oberste Hierarchiespitze (Machtpromotor) die Entscheidung über die Gründung einer solchen Einheit kommuniziert. Gleichzeitig fand mit seiner Vorgabe einer richtungsweisenden Vision für diesen Bereich auch die Festlegung der Veränderungswichtigkeit und -dringlichkeit statt. Zur Gestaltung der aufbau- und ablauforganisatorischen Umsetzung gelang die Zusammenstellung eines kompetenten und durchsetzungsfähigen Teams aus Prozess- und Fachpromotoren. Dabei war der Prozesspromotor (Bereichsleitung) für den Umsetzungsprozess verantwortlich. Zur Veränderungsbewältigung wurden Fachpromotoren (Leitung Inhouse Consulting und externe Beratung) hinzugezogen. Gemeinsam entwickelte das Team Strategien zur Realisierung der vorgegebenen Vision anhand der Erstellung eines Business Plans. Hierdurch entstand eine nachhaltige Basis zur erfolgreichen Positionierung der Abteilung.

Im Rahmen der Erstellung des Business-Plans werden folgende Faktoren betrachtet:

- Analyse der Ausgangssituation
- Entwicklung eines Strategiekonzeptes
- Erstellung eines internen Marketingkonzeptes
- Betrachtung der Finanzen
- Operative Planung.

Aus der Analyse der Ausgangssituation resultierte die Erkenntnis über die Notwendigkeit einer internen Beratungseinheit im Rahmen einer Make-or-buy-Entscheidung sowie deren mögliches Aufgabenspektrum. So wurden im Rahmen von Gesprächen mit dem Vorstand und der Unternehmensleitung folgende denkbare Beratungsprodukte für die damalige TAUNUS BKK ermittelt:

- Aufbau eines Prozessmanagements zur Prozessoptimierung; Steigerung der Prozesseffizienz und der Kundenzufriedenheit, Beratung der Prozessverantwortlichen zu allen Prozessthemen,
- Aufbau eines internen Multiprojektmanagements infolge der Projektanzahl bei hoher Veränderungsgeschwindigkeit, Übernahme von Projektleitungen oder Supervision von Projekten
- Analyse, Konzeption und Begleitung von Organisationsänderungen und weiterer Veränderungsprozessen,
- Weiterentwicklung der analytischen Personalbemessung auf Grundlage der Geschäftsprozesse,
- Mitwirkung bei der Produktentwicklung, insbesondere auf dem Gebiet der Wahltarife,
- Mitwirkung bei der strategischen Analyse und im weiteren Strategieprozess.

In der Erfolgsplanung wurde vor dem Hintergrund knapper Ressourcen und der geschilderten externen und internen Ausgangssituation die Entscheidung zur stufenweisen Übernahme von

Aufgaben getroffen. So sollte in einem ersten Schritt das Prozessmanagement und danach die weitere Themenkompetenz aufgebaut werden. Um frühzeitige Erfolge vorweisen zu können, wurde die Einführung des Prozessmanagements wiederum in verschiedene Schritte aufgeteilt. Zur Beschleunigung der Integration während der anstehenden Fusionen und zur Harmonisierung des Führungsverhaltens wurden zuerst die Steuerungsprozesse beschrieben. Gemeinsame Auftritte mit dem Vorstand auf Führungskräftetagungen forcierten die Umsetzung und unterstrichen die Notwendigkeit des Vorgehens.

Ein wichtiger Bestandteil zur Sicherung des Einführungserfolges war der Einbezug der von der Aufgabenveränderung Betroffenen (z.B. Qualitätsmanagement) in den Veränderungsprozess. Dadurch konnten sowohl wertvolle Anregungen gewonnen als auch mögliche Widerstände vermieden werden. Durch diese Mitwirkung waren Informationen über die anstehenden Änderungen frühzeitig verfügbar, die Ereignisse waren gestaltbar und sinnhaft erklärbar. Diese Vorgehensweise trug entscheidend zur hohen Akzeptanz der Einführung bei.

Durch die Festlegung der Leiter als Prozessverantwortliche in ihrem Verantwortungsbereich erfolgte die Ausrichtung des Unternehmens auf die laufenden Veränderungen. Im Rahmen der Veränderungskultivierung wurde die Beziehung zwischen den veränderten Handlungen und den nachweisbaren Erfolgen an interne und externe Stakeholder kommuniziert. Dies geschah z.B. auch in Form der Geschäftsberichte 2007 und 2008. Zur Verankerung des Wissens im Sinne einer lernenden Organisation wurden die Führungskräfte und Mitarbeiter in ihren neuen Verantwortungsbereich geschult. Die veränderten Rollenanforderungen an die Führungskräfte wurden in die vorhandenen Stellenbeschreibungen aufgenommen. Schrittweise übernahm das Inhouse Consulting bis heute weitere der oben genannten Aufgaben. Nach Abschluss des nun folgenden Schrittes, dem Aufbau eines internen Projektmanagements, wird die Möglichkeit zu weiteren Engagements erneut überprüft.

Exemplarisch für die aufgeführten Aufgaben eines Inhouse Consulting werden in den folgenden Abschnitten die Inhalte und die Ausgestaltung des Prozess- und Projektmanagements beschrieben.

3.2   Prozessmanagement

„Unter Geschäftsprozessmanagement (oder auch Prozessmanagement) wird ein integriertes Konzept von Führung, Organisation und Controlling verstanden, das eine zielgerichtete Steuerung der Geschäftsprozesse ermöglicht. Es ist auf die Erfüllung der Bedürfnisse der Kunden und anderer Interessengruppen (Mitarbeiter, Kapitalgeber, Eigentümer, Lieferanten, Partner, Gesellschaft) ausgerichtet und trägt wesentlich dazu bei, die strategischen und operativen Ziele des Unternehmens zu erreichen. Zielsetzung des Geschäftsprozessmanagements ist es, die Effektivität und Effizienz des Unternehmens zu erhöhen und damit den Wert des Unternehmens zu steigern.“[68]

---

[68] Schmelzer H. / Sesselmann W.: Geschäftsprozessmanagement, 5. Auflage, München 2006.

Die Bedeutung des Prozessmanagements in der Kassenlandschaft zeigt die Studie „Status quo des Prozessmanagements gesetzlicher Krankenversicherungen in Deutschland"[69] der KPMG AG. Danach sind besonders die mittleren und großen gesetzlichen Krankenkassen mit der Prozessidentifikation und –dokumentation beschäftigt.

Für das Management von Prozessen wurde in der TAUNUS BKK folgendes schrittweises Vorgehen durchgeführt:

1. Beschreibung der Prozesse
2. Implementierung der Prozesse
3. Messung des Prozesserfolgs

Der erste Schritt, die Erstellung der Prozessbeschreibung, dient dazu, die Prozess- und Durchführungsverantwortung festzulegen sowie die weiteren Rollen der einzelnen Aktivitäten und den erforderliche In- und Output zu definieren. Zusätzlich werden die relevanten Systeme aufgeführt. Dafür setzte die TAUNUS BKK das Verfahren der ereignisgesteuerten Prozessketten ein. Bislang wurden im Rahmen der Prozessbeschreibung über 500 Kerngeschäfts-, Steuerungs- und Unterstützungsprozesse identifiziert, in einer Prozesslandkarte dokumentiert und mittels Prozessmanagementsoftware visualisiert. Aufgrund der hohen Bedeutung des Themas Prozessmanagement, im Hinblick auf die Erreichung des strategischen Ziels der Erhöhung der Kundenzufriedenheit, fand in der Einführungsphase des Projektmanagements ein erweitertes Freigabeverfahren statt. So wurden die Prozesse fachlich von dem Prozessverantwortlichen, aus Kundensicht durch das Qualitätsmanagement und aus übergeordneter Unternehmenssicht durch Vertreter der Unternehmensleitung freigegeben. Die einheitliche Methodik in den Prozessbeschreibungen wurde durch die Erstellung eines Konventionenhandbuchs und regelmäßige Schulungen der Inhouse Consultants, Prozessverantwortlichen sowie der Freigabegremien sichergestellt.

An die Beschreibung der Prozesse schließt sich deren Implementierung an. In dieser Phase werden vor allem Messgrößen gesucht, welche die Qualität der erbrachten Leistung aus Kundensicht bewerten. Ein Beispiel dafür ist die Messung der Bearbeitungszeit beim Eingang von Leistungsanträgen. So wurden für alle Organisationseinheiten unseres Unternehmens Service Level Standarts für die wichtigsten Prozesse aus Kundensicht festgelegt. Hierdurch kann den Mitgliedern und den Versicherten ein höherer Service und zusätzliche Qualität geboten werden. Dies ist unter den Bedingungen des Einheitsbeitrags in der gesetzlichen Krankenversicherung ein wichtiges Kriterium im Wettbewerb.

Diese Potentiale in konkreten, greifbaren Erfolg umzuwandeln entspricht der dritten Phase des Prozessmanagements. In einem Unternehmen werden sogenannte „Action Objects" gemessen, d.h., das Objekt, welches im Prozess eine Verbesserung erfährt bzw. direkt an die Leistung für den Kunden geknüpft ist. In der gesetzlichen Krankenversicherung kann dies beispielsweise die Zeitspanne der Antragsstellung bis zur Leistungsgewährung bzw. bis zur Ablehnung sein. Neben der Durchlaufzeit bieten sich als Messgrößen auch die Prozesskosten

---

[69]   Vgl. KPMG AG: Status quo des Prozessmanagements gesetzlicher Krankenversicherungen in Deutschland, ohne Ortsangabe, 2009.

und die Kundenzufriedenheit an.[70] Die Messung und das Reporting dieser Service Level erfolgt in der jetzigen BKK Gesundheit automatisiert mit Hilfe des vorhandenen Dokumentenmanagementsystems.

Mit Einführung eines professionellen Prozessmanagements durch das Inhouse Consulting konnten folgende Nutzenpotentiale für die TAUNUS BKK generiert werden:

- Verbesserung der Geschäftsprozesse im Hinblick auf Ineffizienzen und Schwachstellen (Redundanzen, unnötige Schnittstellen, Medienbrüche, Liegezeiten, Fehler etc.); Steigerung der Servicequalität und nachhaltige Senkung der Prozesskosten (IT-Kosten, Sachkosten und Personalkosten),
- strategiekonforme Steuerung der Prozesse im Sinne der verstärkten Kundenorientierung als unternehmerische Zielvorgabe; Aufstellung von Service Level Standards und Optimierung der Prozessqualität,
- Schaffung von Grundlagen für die Priorisierung und technische Verfeinerung bei der Implementierung von Workflows und für die erfolgte Zertifizierung nach den DIN EN ISO 9001:2000,
- Transparenz und einheitliche Dokumentation der Prozesse für Führungskräfte, Trainer und alle Mitarbeiter, Steigerung des Prozessdenkens; Vermeidung von Kopf- und Wissensmonopolen,
- Beschleunigung der Abstimmungsprozesse bei Kooperationen und Fusionen,
- Möglichkeit der prozessbezogenen Kosten-/Nutzenbetrachtung.

Mittlerweile konnte der Wissenstransfer über die Methoden des Prozessmanagements von der externen Unternehmensberatung (Bestandteil des Teams der Fachpromotoren) in das Inhouse Consulting vollständig abgeschlossen werden, ein wichtiger Schritt auf dem kontinuierlichen Weg der fortwährenden Prozessoptimierung, der im Rahmen der externen Zertifizierung besonders erwähnt wurde. Die Prozessverantwortlichen haben die Vorteile eines professionellen Prozessmanagements verinnerlicht und beziehen das Inhouse Consulting eigeninitiativ in allen Fragen der Prozessgestaltung ein.

3.3   Projektmanagement

Ein Multiprojektmanagement wird normalerweise dann erforderlich, wenn eine Vielzahl von Projekten – in der Regel von strategischer Bedeutung – zeitgleich in einem Unternehmen durchgeführt werden und somit die knappen vorhandenen Ressourcen aufgeteilt werden müssen. Dadurch wird eine objektive Betrachtung und auch Priorisierung der Projekte aus Sicht des Unternehmens und unter Berücksichtigung der Unternehmensziele zwingend erforderlich. Bei einer subjektiven Betrachtung durch die handelnden Personen besteht das Risiko, dass Themen von strategischem Interesse nicht die erforderliche Unterstützung erhalten

---

[70]   Vgl. Schmelzer H. / Sesselmann W.: Geschäftsprozessmanagement in der Praxis, 4. Auflage, München 2004, Seite 77ff.

und somit der Projekterfolg von Beginn an gefährdet ist. Im Rahmen des Multiprojektmanagements sind jedoch nicht nur die Ressourcen zu betrachten. Vielmehr hat hier auch ein Abgleich der laufenden und geplanten Projekte sowie eine Betrachtung der Projekte unter Berücksichtigung einer möglichen Gegenfinanzierung zu erfolgen. Ein Hilfsmittel für die neutrale Bewertung von Projekten ist die standardisierte Projektbewertungsmatrix. Darin können dann u.a. Strategiebeiträge, Kosten-/Nutzenbewertungen oder auch die Notwendigkeit zur Projektdurchführung aufgrund gesetzlicher Vorgaben aufgenommen werden.

Somit lässt sich das Multiprojektmanagement als ganzheitlicher Überbegriff eines umfassenden Managements der Projektlandschaft eines Unternehmens definieren.[71]

Das Multiprojektmanagement beinhaltet nach Kunz somit in seiner koordinierenden Rolle folgende unterstützende Aufgaben.[72]

Problemfeldanalyse
Hierdurch wird eine klare Definition des Problems vorgenommen. Zusätzlich erfolgt auch die Überprüfung auf frühere Ergebnisse ähnlicher Projekte, Abhängigkeiten zu bereits bestehenden oder sich in der Planung befindlichen Projekten sowie die Übereinstimmung des Projektziels mit dem Unternehmensziel.

Wirtschaftlichkeitsbetrachtung /Aufwandseinschätzung
Um eine objektive und somit realistische Kostenbetrachtung zu erreichen, sind alle externen und internen Projektkosten zu ermitteln. Die vollständige Kostenermittlung erfolgt auf Grundlage der Aufgabenplanung, da erst dann eine Kosten-/Nutzenbetrachtung und ggf. Break even Ermittlung erfolgen kann.

Projektantrag
Hierunter fallen alle Tätigkeiten zur Erstellung eines Projektantrags. Neben der reinen Formalie sind auch die verschiedenen Rollen der Projektbeteiligten, wie z.B. Projektverantwortung, Projektleitung und Qualitätssicherung zu klären.

Terminplanung
Bei der Terminplanung gilt es zu klären, bis wann das Projektziel realistisch erreicht werden kann und ob im Falle von Einhaltungsschwierigkeiten auch ein späterer Zeitpunkt akzeptiert werden kann. Kommt es tatsächlich zu diesen Differenzen, ist zu prüfen, ob Aufgaben zwischen den einzelnen im Unternehmen laufenden Projekten verschoben werden können.

Ressourcenplanung
Bei der Ressourcenplanung erfolgt die Ermittlung der für das Projekt erforderlichen und verfügbaren Ressourcen. Hier greifen wieder die klassischen volkswirtschaftlichen Produktionsfaktoren (Arbeit, Boden, Kapital). Analog der Terminplanung ist hier zu betrachten, ob eventuelle Engpässe durch Verschiebungen in anderen Projekten aufgefangen werden können.

---

[71]   Dammer H.: Multiprojektmanagement, Wiesbaden 2008, Seite 11ff.

[72]   Kunz C.: Strategisches Multiprojektmanagement, 2. Auflage, Wiesbaden 2007, Seite 19ff.

Bevor das Inhouse Consulting als eigenständige Organisationseinheit in der Kasse geschaffen wurde, begleiteten externe Berater hochpriorisierte Projekte. Für die Steuerung dieser Projekte bestand in der TAUNUS BKK ein etabliertes Projektmanagementverfahren. Im Rahmen der Fusion der TAUNUS BKK mit der BKK Gesundheit zum 01.10.2009 erfolgt ein Übergangs dieser Aufgabe in das Inhouse Consulting und eine Anpassung des Vorgehensmodells nach den oben beschriebenen Grundsätzen.

Ein Ziel dieser Aufgabenübernahme ist es, dass Inhouse Consulting künftig als Projektkoordinator zu etablieren. Darüber hinaus sollen die Projekte der Kasse nach Bedarf durch Inhouse Consultants oder externe Berater begleitet werden.[73] Im Sinne einer schnellen Erfolgsplanung, wird beim Aufbau des Projektmanagements im Inhouse Consulting wieder in kleinen Schritten vorgegangen. So ist das Inhouse Consulting anfangs bewusst nur auf Projekte ausgerichtet, welche durch die Unternehmensleitung beauftragt werden. Im Rahmen der anstehenden Fusion mit der BKK Fahr zum 01.01.2010 und der darauf folgenden Ablösung der EDV-Kernanwendung bestehen hier genügend Möglichkeiten, um schnell umfangreiche Erfahrungen sammeln und Erfolge generieren zu können.

4   Fazit

Infolge der Gesetzgebung der Europäischen Union, den Erfordernissen der gesellschaftlichen und volkswirtschaftlichen Entwicklung und den Ansprüchen des mündigen Bürgers unterliegt die öffentliche Verwaltung einer zunehmenden Liberalisierung und privatwirtschaftlichen Ausrichtung. Der hoheitliche Aufgabenerfüllungsanspruch wird zunehmend mit privatwirtschaftlichen Elementen angereichert. Damit treten jedoch die Träger der Verwaltung immer mehr in den freien Wettbewerb ein. Im Bestreben um eine dauerhafte Zukunftsfähigkeit der Institutionen halten betriebswirtschaftliche Aufgabenstellungen und Management-Methoden Einzug in die öffentliche Verwaltung. Durch die Einführung eines Inhouse Consulting lassen sich die damit verbundenen Herausforderungen erfolgreich meistern.

Abgeleitet von den aktuellen Entwicklungen im Gesundheitswesen, haben sich die Krankenkassen den speziellen Anforderungen zu stellen. Die Implementierung von Aufgaben des Prozess- und Projektmanagements sind für die Erhaltung der Zukunftsfähigkeit unerlässlich. Es wurde aufgezeigt, dass die Entwicklung der Krankenversicherung hier erst am Anfang steht. Die bisherigen Erfahrungen müssen aufgegriffen, erprobt und verallgemeinert werden. Daraus sind dann Konsequenzen für die Neugestaltung der Ausbildung und die Qualifizierung der Mitarbeiter und Führungskräfte abzuleiten. Bis dahin ist noch vielseitige For-

---

[73]   Siehe hierzu: Niewiem, S./Richter A.: Relevante Einflussfaktoren auf Make-or-Buy Entscheidungen für Beratungsleistungen, in: Nissen V. (Hrsg.): Consulting Research – Unternehmensberatung aus wissenschaftlicher Perspektive, Wiesbaden 2007, Seite 65.

schungsarbeit zu leisten, um die Körperschaften des öffentlichen Rechts noch effektiver zu gestalten.

Für die BKK Gesundheit waren die Ausgangsvoraussetzungen für die Implementierung eines Inhouse Consulting positiv. Für den Kunden und das Unternehmen konnte hierdurch schon ein nennenswerter Mehrwert generiert werden. Damit sehen wir uns auch für die Herausforderungen der Zukunft gut gerüstet.

5   Literatur

Ahrens, M.: Verbot versicherungsfremder Geschäfte – Wie „fremd" sind Schadenmanagement und Assistanceleistungen?, GRIN Verlag 2002.

Ahrens, M.: Risikomanagement in Outsourcingsituationen, 2003 (unveröffentlicht).

Ahrens, M.: Mass Customization in der Versicherungswirtschaft – Schließen sich rationelle Individualisierung und kollektive Risikovorsorge aus?, Grin Verlag 2007.

Andersen, U. / Woyke, W. (Hrsg.): Handwörterbuch des politischen Systems der Bundesrepublik Deutschland, 6. Auflage, Bonn 2007.

Böning, U./ Fritschle-Böning, B.: Veränderungsmanagement auf dem Prüfstand: Eine Zwischenbilanz aus der Unternehmenspraxis, Freiburg i.Br. 1997.

Bundeszentrale für politische Bildung: Die Gegliederte Krankenversicherung, Bonn o. J., unter: http://www.bpb.de/themen/WZDR7I.html?guid=AAA741&lt=AAA739.

CDU/CSU-Bundestagsfraktion: Eckpunkte zu einer Gesundheitsreform 2006, Berlin 2006 unter: http://www.cdu.de/doc/pdfc/060704_eckpunkte_gesundheit.pdf (Stand 4.07.2006).

Dammer H.: Multiprojektmanagement, Wiesbaden 2008.

Erbe, S.: Kostenexplosion im Gesundheitswesen, in: Wirtschaftsdienst, Jahresgutachten 2004/2005 Auflage 5.

Hugenberg, H. / Wulf, T.: Grundlagen der Unternehmensführung, 3. Auflage, Berlin 2007.

Katzenbach, J. R. and the RCL Team 1996: Real Change Leaders, Times Business, Random House, unveröffentlichter Vorabdruck

Kegan, R. / Lahey, L.L.: Der wahre Grund, weshalb Mitarbeiter sich nicht ändern, in: HARVARD BUSINESS MANAGER 3/2002, S. 88ff.

Kostka, C. / Mönch, A.: Change-Management, München 2001.

KPMG AG: Status quo des Prozessmanagements gesetzlicher Krankenversicherungen in Deutschland, ohne Ortsangabe, 2009.

Kunz C.: Strategisches Multiprojektmanagement, 2. Auflage, Wiesbaden 2007.

Niedereichholz, C.: Unternehmensberatung – Band 1, 5. Auflage, München 2010.

Niewiem, S./Richter A.: Relevante Einflussfaktoren auf Make-or-Buy Entscheidungen für Beratungsleistungen, in: Nissen V. (Hrsg.): Consulting Research – Unternehmensberatung aus wissenschaftlicher Perspektive, Wiesbaden 2007, Seite 57–72.

Nissen V. (Hrsg.): Consulting Research – Unternehmensberatung aus wissenschaftlicher Perspektive, Wiesbaden 2007.

Pentadoc AG: Projekt TAUNUS BKK: Eine Union der Kompetenzen, in: ECM Tag 2006, unter: http://www.ecm-tage.de/uploads/media/Programmheft_ECM_Tag_Union_72dpi.pdf.

Schmelzer H. / Sesselmann W.: Geschäftsprozessmanagement, 5. Auflage, München 2006.

Schmidt-Tanger, M.: Veränderungs-Coaching, Paderborn 1998.

TAUNUS BKK: Geschäftsbericht 2006, unter http://www.bkkgesundheit.de/_uploads/media/353_TAUNUS%20BKK_GB_2006.pdf.

TAUNUS BKK: Geschäftsbericht 2007, unter http://www.bkkgesundheit.de/_uploads/media/354_TAUNUS%20BKK_GB_2007.pdf.

Dornier Consulting – Symbiose interner und externer Beratung

Michael C. Blum*, Siegfried Steininger**

* General Manager Business & Mobility Consulting der Dornier Consulting, Head of Berlin Branch.

** General Manager Aerospace/Security der Dornier Consulting.

1   Einleitung

Unternehmen, öffentliche Auftraggeber oder supranationale Organisationen haben unterschiedlichste Aufgaben zu lösen, die zu einer Nachfrage von Beratungsleistungen führen. So vielschichtig wie die Nachfrage nach Management- und Engineering Consultants ist, so variantenreich kann auch die Beantwortung derselben mit Leistungen und Geschäftsmodellen sein. Ist die Beratungsnachfrage dauerhaft von nennenswertem Umfang, so machen sich Unternehmen in jüngster Zeit wieder häufiger daran, das Produktionssystem des Unternehmens im Hinblick auf das Sourcing von Beratungsleistungen zu überprüfen. Man kann sich also als Nachfrager auf dem Beratungsmarkt unter bestimmten Voraussetzungen durchaus die Frage des ‚Make or Buy‘ auch für einen Leistungsprozess stellen, welcher 1886 als technologieorientierte Managementberatung durch einen MIT-Professor namens Arthur Dehon Little vermutlich seinen Ursprung fand, der in jedem Fall aber den Grundstein für eine der ältesten Beratungen legte.

Dornier Consulting ist 1962 – heute würde man sagen – als eine Art unternehmenseigener „Think Tank" der Firma Dornier gegründet worden. Damit zählt die damalige Dornier Planungsberatung zu den ersten deutschen Beratungen, wenn man bedenkt, dass McKinsey 1964 das Deutschlandgeschäft begann und Roland Berger 1967 seine Beratung gründete. Obgleich Dornier Consulting heute eine hundertprozentige Tochter der EADS Deutschland ist, stellt sie keine klassische Inhouse-Beratung dar. Vielmehr kombiniert sie Aspekte verschiedener „Welten der Beratung".

In dem folgenden Beitrag lassen wir uns auf das Experiment ein, das Beratungsunternehmen Dornier Consulting in die verschiedenen Governance- bzw. Geschäftsmodelle der Beratung einzuordnen. Es folgt eine Diskussion der Wertbeiträge, die in der durchaus andersartigen Positionierung liegen. Schließlich gehen wir darauf ein, welche Auswirkungen damit auf wesentliche Prozesse der Beratung verbunden sind.

2   Einordnung der Dornier Consulting

Klassifizierungen oder Ordnungsschemata der Führungs- oder Geschäftsmodelle von Beratungen können unterschiedlich sein. Vor dem Hintergrund der Auseinandersetzung mit dem Thema Inhouse Consulting (IHC) soll den folgenden Fragen nachgegangen werden:

- Gibt es neben internen und externen Beratungen noch andere Ausprägungen des Beratungs-Geschäftsmodells?
- Wenn ja, wie ließen sich diese Ausprägungen beschreiben?
- Welche Beispiele illustrieren diese Ausprägungen?

Die folgenden Abschnitte zeigen, dass es neben den bisher besser beschriebenen „typischen" Modellen mindestens ein weiteres Modell gibt.

2.1   Externe Beratung

Ganz gleich, ob es sich um einen Einzelunternehmer, einen freiberuflich tätigen Berater, eine kleinere, sogenannte „Boutique" oder eine größere Beratung handelt, was externe Beratungen ausmacht, ist die wirtschaftliche und rechtliche Unabhängigkeit von ihrem Klienten. Obwohl – und das darf man vielleicht mit einem Schmunzeln anmerken – einige Klientenbeziehungen nahezu Ehe-ähnlich dauerhaft sind und Mitarbeiter auch größerer Beratungshäuser, besonders bei Großprojekten, auch schon jahrelang in die Leistungsprozesse der Klientenorganisation eingebunden sind, darf der Schein nicht darüber hinweg trügen, dass es sich letztlich um getrennte Organisationen handelt. Eine Trennung, die vor allem im Hinblick auf den mit der Beratung getätigten Einkauf von Erfahrungswissen einer Branche oder Industrie relevant ist.

In vielen Fällen ist es vollkommen einleuchtend, dass ohne einen externen Berater die Marktteilnehmer einer Branche sich nicht so schnell entwickeln würden, sieht man einmal von Ausnahmen, die nicht differenzierend sind, ab. Quasi als Nabe in einem Spinnennetz von Branchenverbindungen trugen externe Berater, gerade in den Top-Themen der Beratung der letzten Jahrzehnte die Erfahrungen aus Ansätzen wie Lean Management, Supply-Chain-Management, Six Sigma, Benchmarking zu etlichen Leistungsindikatoren oder die Implementierung neuer Beschaffungsmethoden durch die Branchen bei. Diese Dynamik und damit das Lernen von einer ganzen Branche wäre unter Nutzung der Mobilität am Arbeitsmarkt deutlich langsamer von statten gegangen. Damit zeigt sich schon ein wesentlicher Nutzen der externen Beratung. Der besteht nämlich darin, Wissen und Erfahrung unter Einsatz einer Sicht von außen einzubeziehen. Allerdings erfolgt dies nicht nur aus dem eigenen Wettbewerbsumfeld. Immer wichtiger werden die Veränderungen an den Schnittstellen zu anderen Branchen oder neuen Technologien.

Auch neue Marktteilnehmer vermag man aus der Innensicht einer Klientenorganisation oft nicht zu sehen. Man denke nur an den Siegeszug der Differenzierung über Dienstleistungen (Service) in den vergangenen Jahren. Haben Faktorkosten auf einem globalen Markt zu einem Margenverfall bei der Kernleistung geführt, so hat dies manches Unternehmen über die Ergänzung von Dienstleistungen und Neugestaltung von Preismodellen ausgeglichen, manchmal sogar überkompensiert. Hier waren gänzlich neue Einsichten gefordert, die ohne einen erheblichen Teil an externer Beratungsleistung wohl kaum ihren Weg in die produktorientierte Industrie geschafft hätten.

Ein Beispiel soll dies veranschaulichen: Der Geschäftsbereich eines Unternehmens hat die Anpassung an die Marktnachfrage von Serviceleistungen entlang des Produktes verpasst und verliert gravierend Marktanteile. Noch ist dem Management nicht klar, woran es liegt, dass der Wettbewerb Marktanteile übernimmt. Restrukturierungen werden erforderlich, Verlagerungen in Niedriglohnländer, Mitarbeiter verlieren ihre Beschäftigung oder müssen sich verändern. Gerade hier bedienen sich Unternehmen externer Berater. Häufig steht weniger das etwaige unternehmenseigene Unvermögen bei der Analyse im Vordergrund, als vielmehr zwei Funktionen: i) eine externe Autorität für schmerzhafte Änderungen und ii) der Vertrauensschutz für das Top-Management, der für deren weitere Tätigkeit von Belang ist.

Seine Unabhängigkeit und Vertrauenswürdigkeit erlangt der Berater durch die Tatsache, dass er im Detail vertraulich mit den erlangten Erkenntnissen und den in Augenschein genommenen, teils mitentwickelten Planungen umgeht. Die Übernahme von Serviceaufgaben durch den Berater, ist daher ein Wettbewerbs- und für die Rolle als unabhängiger Berater bestandskritischer Schritt. So verwundert es wenig, dass das Gros der externen Berater eine derartige Verflechtung mit dem Klienten meidet.

2.2   Inhouse Consulting

Die Umsatzleistung der in deutschen Unternehmen tätigen Inhouse Consulting Einheiten wird auf 450 bis 650 Mio. EUR in 2007 geschätzt[74]. Gemessen am deutschen Branchenumsatz in Höhe von etwa 18 Mrd. EUR in 2008[75], handelt es sich zwar um ein eher kleines angebotsseitiges Segment. Dies ist jedoch nach Meinung der Verfasser auch auf den noch relativ jungen Trend der zunehmenden Einrichtung von Inhouse Beratungen seit der letzten Jahrtausendwende zurück zu führen. Darüber hinaus stehen die Umsätze nur für 28 % der Beratungskosten, die die Unternehmen, in denen die IHC tätig sind, ausgeben[76]. Damit wird klar, dass auch Unternehmen, die über Inhouse Consulting-Einheiten verfügen, nach wie vor erhebliche Anteile externer Beratung einkaufen. Zumeist sind Inhouse Consultants dem Vorstand, der Unternehmensentwicklung, oder dem Personalentwicklungsbereich zugeordnet. Wo aber liegt der Unterschied unternehmensinterner Beratungen zu einem äußerst qualifizierten Pool an Mitarbeitern, der im Rahmen einer projektorientierten Unternehmung für strategisch wichtige Projekte und Programme eingesetzt wird? Die Tatsache, dass nach der Studie der European Business School lediglich 25% der IHC-Einheiten auch extern am Markt tätig sind und dies auch nur mit etwa 10-15% der Leistungen tun, wirft abermals die Frage danach auf. Blickt man aber auf die Qualifikation der internen Unternehmensberatungen, so wird klar, dass die akademischen Qualifikationen sich nicht unterscheiden. In Gesprächen mit Mitarbeitern hausinterner Beratungen trifft man immer wieder auf ehemalige Mitarbeiter klassischer externer Unternehmensberatungen.

---

[74]   Richter, A.: Der Inhouse-Consulting Markt in Deutschland, Präsentation BDU-Beratertag 9. Oktober 2009, S. 3.

[75]   Vgl. Bundesverband Deutscher Unternehmensberater BDU e.V.: Facts & Figures zum Beratermarkt, 2008/2009.

[76]   Richter, A.: Der Inhouse-Consulting Markt in Deutschland, Präsentation BDU-Beratertag 9. Oktober 2009, S. 4.

2.3   Externe Beratung mit Industrie-Anbindung

Wie aber ordnet sich eine der älteren Beratungen in Deutschland, die Dornier Consulting, in diese Marktsegmentierung ein? Liegt hier eine Mischform vor, die sich stark von anderen Beratungseinheiten unterscheidet? Diesen Fragen soll nun nachgegangen werden.

Mit einer Größe von bereits 160 Mitarbeitern Mitte der 1980er Jahre und der Tätigkeit für öffentliche und private Auftraggeber auf dem Gebiet der Verteidigung, Logistik, Verkehrsplanung, Gesundheits- und Umweltplanung, handelte es sich offensichtlich um ein erfolgreiches Geschäftsmodell.

Dornier Consulting ist 1995 unter dem Namen Dornier SystemConsult GmbH als eigenständige Tochtergesellschaft aus dem damaligen Mutterunternehmen Dornier GmbH ausgegründet worden. Was war der Anlass? Nach 33 Jahren im Konzern unter der Firmierung ‚Dornier Planungsberatung' war die Beratungseinheit, die von Beginn an externe Kunden bediente, kein klassisches Inhouse Consulting-Unternehmen mehr. Hauptziel der Ausgründung war, das Beratungsprofil am Markt zu schärfen und mehr Flexibilität im Konzernumfeld zu gewinnen.

Heute ist die Dornier Consulting eine hunderprozentige Tochter der EADS Deutschland GmbH und wird vom Vorstand des Systemhauses der Division Defence & Security Systems geführt.

Im Gegensatz zur Phänomenologie der von der European Business School untersuchten Inhouse-Beratungen, ist Dornier Consulting weder an das Corporate Office, die Unternehmensentwicklung oder den Personalbereich angegliedert. Schon hier besteht eine Abweichung von den üblichen Anbindungen.

Abb. 2.1   Entwicklungspfad der Dornier Consulting GmbH

Für die Muttergesellschaft lag die Motivation eine entsprechende Einheit aufzubauen in der Erkenntnis, dass die Hauptkunden neben innovativen Produkte auch Beratungs-Know-how benötigten.

2.4 Anteil des ‚Captive Business‘ eher mittel

Legt man den Anteil der Beratungsleistungen, die an den externen Markt (non captive) verkauft werden, zugrunde, so fällt auf, dass das Verhältnis der Leistungserbringung lange Zeit invers war und ab Mitte der 1990er Jahre erstmals sehr deutlich anstieg. So gingen über lange Jahre nur etwa 5-15 % der Leistung der Beratung in den Dornier-Konzern. Nimmt man heute das Beratungsgeschäft mit Daimler, EADS und verbundenen Unternehmen als Grundlage, so erhält man Verhältniszahlen von rd. 40 %, die bei Inhouse Consulting-Einheiten eher für deren externe, als etwa deren interne Leistung stehen. Hinzu kommt dass der größte Teil dieser internen Beratungsleistungen marktgleich angeboten und bewertet werden. Einen internen Schutzraum für Dornier Consulting gab es nie und wird es auch nicht geben.

Auch das Leistungsspektrum, welches seine Anwendung im „eigenen Konzern“ findet, ist mit vielleicht 15 %, in klassischen Inhouse-Beratungen hingegen mit 85 % zu bewerten. Eine interessante Beobachtung besagt, dass gerade in größeren Programmen oder bei Umsetzungsthemen, Dornier Consulting kapazitiv unterstützt. Bei entsprechend hoher thematischer Fokussierung greift der Mutterkonzern ebenfalls auf konzeptionelle Leistungen und solche, die dem Feld der Strategieberatung zugeordnet werden, zu.

2.5 Vorfeld-Funktion für den Konzern

Consultants sind üblicherweise bei Großprojekten in sehr frühen Phasen beteiligt. In diesen kann noch vieles im Design und in der Spezifikation eines Projekts, einer Technologie bzw. einer Ausschreibung beeinflusst werden. Mithin kann sich ein bestimmter Rat sogar auf künftige Lieferchancen auswirken. Deshalb suchen viele Unternehmen, vor allem solche, die in großen Projekten tätig sind, den Schulterschluss mit der Consultingbranche. Man könnte sogar auf den Gedanken kommen, dass Unternehmen eigene Consultingunternehmen aufbauen oder sich daran beteiligen, um konsequent Vorteile zu nutzen.

Reine Inhouse Consultants können definitionsgemäß wenig zur externen Marktentwicklung beitragen. Die große Gruppe der sogenannten unabhängigen Consultants und Consulting Engineers, also solche, die gerade damit werben, dass sie herstellerunabhängig Rat geben, sind ebenfalls von der Wahrnehmung der oben genannten Marktentwicklungsfunktion im Dienste eines Konzerns oder einer anderen Organisation ausgeschlossen, ‚Schwarze Schafe‘ sind hier selbstverständlich ausgenommen. Bleibt die Frage, wie es sich bei einem Beratungsunternehmen wie Dornier Consulting verhält, das sowohl als Inhouse Consultant, sowie auch marktextern auftritt.

Die Grenzziehung ist hier ebenfalls klar. Das moderne Ausschreibungswesen schiebt einer ungehinderten parteilichen Einflussnahme von vornherein einen Riegel vor. Entweder wirkt der Consultingbereich eines Unternehmens an einem Thema mit oder der operativ tätige Geschäftsbereich – beides gleichzeitig oder nacheinander ist ausgeschlossen. Dornier Consul-ting hat deshalb zu keinem Zeitpunkt eine solche unmittelbare Marktentwicklungsfunktion im Dienste seines Shareholders angestrebt und sich stets der Neutralität im Sinne des BDU verpflichtet.

Für ein Konzernunternehmen wie Dornier Consulting gibt es dennoch eine Vielzahl von Vorfeldfunktionen, die es im Auftrag oder durch selbständige Zielverfolgung verwirklichen kann. Viele Großunternehmen legen heute großen Wert darauf, in einem Gastland als ‚good corporate citizen' wahrgenommen zu werden. Ein Fahrzeughersteller, der über ein Consultingunternehmen verfügt, das sich z.B. in einem wasserarmen Land an der Entwicklung von Wasserressourcen beteiligt, kann damit punkten.

Etwas näher am Kerngeschäft bewegt sich bereits ein konzerneigenes Consultingunternehmen, das etwa an der Verbesserung der Rahmenbedingungen für das Konzerngeschäft mitwirkt. Beispiel hierfür ist bei Dornier Consulting die Mitwirkung am Ausbau von Flughafeninfrastrukturen beispielsweise für den A380. Es handelt sich auch hier um eine Vorfeldfunktion, wobei bei diesem konkreten Beispiel nicht Airbus, sondern Flughafenbetreiber die Interessenten sind und keinerlei Interessenkonflikt besteht.

Eine noch weitergehende Verquickung mit dem Kerngeschäft des Konzerns besteht, wenn das konzerneigene Consultingunternehmen mit unterschiedlichen Themen beim gleichen Kunden auftritt. Der Consultant berät den Kunden im Hinblick auf die Entwicklung eines bestimmten Service, der Lieferant des gleichen Konzerns bietet ein Produkt an, das auf die eine oder andere Weise von diesem Service profitiert oder umgekehrt. Das eigentliche Problem kann bei solchen Beispielen im Verkaufsmodell liegen. Vom gemeinsamen Kunden wird häufig erwartet, dass die Consultingleistung bereits mit dem Produkt kostenneutral mitgeliefert wird.

Schließlich besteht die Möglichkeit, dass sich der Konzern bei der Wahrnehmung von Business Development-Aufgaben, der Erstellung von Angeboten, im Projektmanagement etc. des Consultingunternehmens als Ressource bedient. Meist ist dies der Fall, wenn der Kon-zern ein neues Geschäftsfeld aufbaut, ein Produkt entwickelt oder in einem neuen Land die Konzerninfrastruktur entwickelt. In diesen Fällen bietet ein konzerneigenes Consultingunternehmen wesentliche Vorteile, zum einen weil das Know-how und die Deckungsbeiträge im Konzern bleiben, zum anderen weil es sich um wiederholbare Leistungen handelt.

Dornier Consulting ist mit Ausnahme der erstgenannten Marktentwicklung in allen Vorfeldfunktionen tätig. Wichtig dabei ist, mit den Betreibern des Kerngeschäfts weder fachlich noch im Hinblick auf die Projekteignerschaft in direkte Konkurrenz zu treten. Dies ist in den vergangenen Jahrzehnten sehr gut gelungen, weshalb die Wahrnehmung von Vorfeldfunktionen immer Teil des Geschäftsmodells von Dornier Consulting ist.

3   Projektbeispiele

Hierbei steht im Vordergrund, zu zeigen, dass ein Wechselspiel zwischen externer Beratung und Anbindung an die Mutterkonzerne (Daimler und EADS) bestimmte Wertbeiträge für beide Seiten liefert.

3.1   Maut Systemberatung – Toll Collection

Mitte der 90er Jahre reifte die Erkenntnis, Straßenbenutzungsgebühren nicht mehr zeitbezogen zu erheben und sie als allgemeinen Finanzierungsbeitrag zu verwenden, sondern – wenn möglich – tatsächlich streckenbezogen und zweckgebunden. An der Entwicklung dieses Trends war Dornier Consulting maßgeblich beteiligt. In Studien und Beratungsaufträgen für die öffentliche Hand wurden die Implikationen einer solchen Veränderung untersucht und mitentwickelt. Durch die konzeptionelle, wissenschaftsgeleitete Beratung für die Öffentliche Hand wurde eine inhaltliche Grundlage gelegt.

Diese Grundlage wirkte auch in die konzernverbundenen Unternehmen. Dornier Consulting erbrachte Leistungen, die keineswegs zum Kerngeschäft des Konzerns gehörten, die der Konzern auch als solcher nicht hätte erbringen können und wollen.

Im Anschluss an die Beratungsaufgabe der damals unter dem Namen „Dornier SystemConsult" firmierenden Beratungstochter, reifte im Konzern die Idee, sich selbst auf die Übernahme der Entwicklung, des Aufbaus und des Managements einer solchen Lkw-Maut vorzubereiten. Hier galt es zeitnah Fragen wie die Folgenden zu klären:

- Wie fügt sich dieses Geschäft in das Portfolio eines Mobilitätskonzerns ein? Wie sind die Geschäftspotenziale zu bewerten?
- In welcher Partnerschaft ist eine derartige Innovationsleistung zu bewältigen?

Später folgten Leistungen wie technische Konzeption, Designreviews, Integrations- und Testaufgaben, Projektmanagement, Geschäftsaufbau, Organisations- und Prozessberatung.

An dieser Stelle zeigte sich eindrucksvoll, wie der Verbund zweier Unternehmen, die nicht in klassischer Weise über das Modell Inhouse Consulting der Mutter (i.w.S.) noch als Business Developmentabteilung des damaligen konzerninternen Betriebsführers der Dornier Consulting funktionierten, wertschöpfend war. Was aber konkret ist hier wertschöpfend? Die maßgeblichen Aktiva seien wie folgt benannt:

- Die wissenschaftsbasierte und konzeptionelle Auseinandersetzung außerhalb der Leitplanken eines dann doch Automobil fokussierten Konzerns schaffen gerade für Innovationen die nötige Weite des Blicks.

- Eine Einlassung auf die Interessen des Regulators und der gleichermaßen lösungsoffene und wenig Industrie-Interessen geleitete Diskurs mit allen Stakeholdern fällt an der Stelle des eigenständigen Beraters leichter und führt zu wichtigen Erkenntnissen.
- Die gelebte und verbriefte Unabhängigkeit vom Kerngeschäft des Shareholders erlaubt – selbstverständlich nicht zur gleichen Zeit – die Tätigkeit für verschiedene Stakeholder und macht die Beraterinnen und Berater zu wertvollen Erfahrungsträgern.
- Gerade in der Evaluation, im Aufbau und der Umsetzung derart neuartiger Geschäfte dient das verbundene Beratungsunternehmen als hoch qualifizierte Task Force, die in dem beschriebenen Fall die Eigenschaften
  i) fachliche Expertise,
  ii) räumliche, zeitliche und vom Tagesgeschäft unabhängige Flexibilität,
  iii) Erfahrung in projektorientierter Arbeitsweise und zu guter Letzt
  iv) Implikationen aus verschiedenen Stakeholdergruppen liefert.

Diese Assets sind dauerhaft natürlich nur dann wirksam und nachhaltig für einen Konzern verfügbar, sofern die Bindung in einer idealen Distanz oder Nähe gelebt wird. So sind verschiedene Rahmenbedingungen zu schaffen, die oben genannte Wertbeiträge fördern helfen. Hierzu zählen:

- Die bewusste Enthaltung des Managements des Mutterkonzerns bei der Auswahl von Kunden der Beratung.
- Die Verpflichtung und Einhaltung des Beraters im Falle eines Interessenkonfliktes, von einer der beiden Seiten klar Abstand zu nehmen.
- Für den Inhouse-Markt gilt das Gleiche wie für den externen Markt. Die Entwicklung einer klaren Positionierung gegenüber dem Konzern oder dem Anteilseigner ist wichtig, um das Leistungsbild nicht zu verwässern und in beiden „Welten" als wertschöpfend und nützlich erlebt zu werden.

Die gelebte Unabhängigkeit und der strikt eingehaltene Code of Conduct führten letztlich dazu, dass Dornier Consulting, ausgehend von EU- und Regierungsberatung über die Beratung im Mutterkonzern Beratungstätigkeiten weltweit für Regierungen und Betreiber bzw. Dienstleister, Banken und Behörden im Feld der Mautberatung übernahm. Hier zeigt sich, dass ein „zuhause in beiden Welten" insgesamt nützlich und Erfolg versprechend ist.

3.2   Border Line Security – Projekte

EADS ist – auch global gesehen – einer der führenden Anbieter von Borderline Security-Systemen. Im Inhouse-Geschäft eröffnet dieses Themenfeld des Gesellschafters EADS der Dornier Consulting GmbH ein breites Betätigungsfeld.

Das Borderline Security-Geschäft der EADS ist zunächst und in erster Linie auf große Systeme gerichtet. Die typischen Aufträge bewegen sich im zwei-, drei- oder vierstelligen Millionenbereich. Die EADS hat sich hierfür als Lead System Integrator (LSI) aufstellt. Der Lead

System Integrator ist bezogen auf das einzelne Projekt der Generalunternehmer, der im Auftrag einer Regierung, Behörde oder auch eines Betreibers von Großanlagen die Planung, Entwicklung, Integration, Installation und zu einem späteren Zeitpunkt ggf. auch den Betrieb eines Grenz- oder anderen Sicherungssystems übernimmt. Typische Projekte dieser Art sind Grenzsicherungssysteme für mehrere hundert oder tausend Kilometer Land- oder Wassergrenze oder Grenzsicherungssysteme für Spezialeinrichtungen wie z.B. einen Großflughafen.

Die Aufgabenstellungen, die Dornier Consulting aus solchen Projekten der EADS erwachsen, sind unter anderen die beratende Unterstützung

- bei der Bearbeitung großer Angebote sowie Unterstützung im Rahmen des Verhandlungsprozesses,
- im Projektmanagement sowie Projektmanagement-Training,
- bei der Systemintegration und im Testing sowie
- bei Spezialthemen, wie beispielsweise der Projektsteuerung von Bauprojekten.

Neben Beratungsthemen übernimmt Dornier Consulting in Abhängigkeit vom bestehenden Bedarf auch Interimmanagement-Aufgaben.

Mit einer ‚Wald- und Wiesenberatung‘, selbst wenn diese aus dem eigenen Hause kommt, ist EADS nicht gedient. Nicht alleine wegen der Border Line Security-Projekte, sicher aber zu einem erheblichen Teil unter dem Eindruck, dass der Konzern bei seinen Großprojekten im Innenverhältnis beratende Unterstützung benötigt, hat Dornier Consulting das Geschäftsfeld ‚Aerospace/Security‘ eingerichtet. Dieses Geschäftsfeld hat für spezielle Aufgabenstellungen wie das Border Line Security-Geschäft der EADS spezielle Leistungen entwickelt und einen Stab von Mitarbeitern in Richtung LSI-Projekte qualifiziert. Dabei ist wichtig: Die Experten für Sicherheitstechnologien und LSI-Themen befinden sich auf Seiten der EADS. Dornier Consulting ist hingegen auf beratende Unterstützung im Bid-Management, Projektmanagement (einschl. Training), Systemintegration & Testing sowie auf weitere Spezialthemen fokussiert. Auf diese Weise ist konzerninterne Konkurrenz, die zu organisatorischen Problemen führen könnte, ausgeschaltet. Selbstverständlich ist es wichtig, dass Dornier Consulting die speziellen Belange des Border Line Security-Geschäfts kennt und friktionsfrei Aufgaben ohne langwierige Einarbeitung übernehmen kann. Entscheidende Wertbeiträge von Dornier Consulting im Innenverhältnis sind:

- EADS verfügt für Border Line Security-Projekte über eine flexible, schnelle ‚Einsatztruppe‘.
- Diese ist auf die vom Konzern gesetzten Methoden und Tools getrimmt.
- Mit der international tätigen Beratungsgesellschaft verfügt Dornier Consulting über einen kurzfristig einsetzbaren Pool international ausgewiesener Management-Experten.
- Wegen der existierenden, konzerninternen Trading-Rules entfallen komplizierte Vertragsverhandlungen.
- Dornier Consulting bringt aufgrund seiner branchenübergreifenden Kenntnisse und Erfahrungen Impulse für die Weiterentwicklung von Methoden und Tools ein.

Projektspezifische und sicherheitskritische Themen sowie die Marge verbleiben im Konzern.

3.3 Klima-Wind-Kanal

Die Rail Test & Research GmbH (RTR) hat im Rahmen eines Public-Private-Partnership Modells in Wien den Klima-Wind-Kanal für die europäische Bahnindustrie errichtet, der von der RTA Rail Tec Arsenal Fahrzeugversuchsanlage GmbH (RTA) langfristig betrieben wird. Dornier Consulting übernahm in Zusammenarbeit mit Gauff Rail Engineering die Bauherrenvertretung bei der Planung und Errichtung dieses Objekts, das der Prüfung und Zertifizierung vor allem von Schienenfahrzeugen dient.

Die Erwartungen an das Beraterkonsortium waren:

- Sicherstellung der Qualität und Funktionalität.
- Minimierung von Nachträgen.
- Vertretung im Genehmigungsverfahren und Durchführung des Auswahlverfahrens für den Generalunternehmer.
- Effiziente Kontrolle während der Planungs- und Errichtungsphase.
- Vertretung der RTR gegenüber der späteren Betreibergesellschaft.
- Einhaltung des vorgegebenen Zeit- und Investitionsrahmens.

Der Auftraggeber hat die Beratungsaufgabe im Rahmen einer öffentlichen Ausschreibung vergeben. Der Auftraggeber legte dieser Ausschreibung die bei vergleichbaren Projekten üblichen Ausschreibungskriterien zugrunde. Dornier Consulting hatte für diese Ausschreibung einen besonderen Trumpf: Das Bieterkonsortium um Dornier Consulting konnte bei der Auftragsvergabe und bei der Erledigung des Auftrags besonders von der langjährigen Kompetenz des Daimler-Konzerns auf dem Gebiet der Errichtung und des Betrieb von Klima-Wind-Kanälen profitieren. Dornier Consulting hatte für diesen Auftrag Klima-Wind-Kanal Experten von Mercedes-Benz in das Team eingebunden.

Von der sehr guten Referenz in Wien und der engen Zusammenarbeit mit den Mercedes-Benz Klima-Experten konnte Dornier Consulting auch im Inhouse-Geschäft profitieren. Als Mercedes-Benz für das Werk in Sindelfingen entschied, zwei neue Klimakanäle zu errichten, lag es nahe, die Aufgabe der Bauherrenunterstützung an Dornier Consulting zu vergeben.

4 Auswirkungen auf Kernprozesse der Unternehmensberatung

Das Geschäftsmodell einer Beratung wird von drei Faktoren maßgeblich bestimmt. Müller-Stewens u.a. nennen Utilization, Leverage und Rate als die bestimmenden Einflussgrößen[77].

---

[77] Vgl. Müller-Stewens, G./Drolshammer, J./ Kriegmeier, J.: Professional Service Firms, Franfurt 1999.

Mit Utilization ist die Auslastung der Berater, ausgedrückt in einem Verhältnis von auf den Kunden oder einen Kostenträger (Projekt) verrechenbaren Stunden zu den nach Abzug von Erholungsurlaub, Wochenfeiertagen, Weiterbildung und Krankheit regelmäßig möglichen Beraterstunden, gemeint. Als Leverage wird das Verhältnis von Partnern zu Associates bezeichnet. Mit der Rate ist die Honorarhöhe in Euro/Std. oder Euro/Tag gemeint.

Der Gesamtertrag einer Unternehmensberatung, Wirtschaftsprüfung, Kanzlei oder anderen Professional Service Firm wird durch eben diese drei Faktoren maßgeblich bestimmt. Gerade in der Inhouseberatung sind hier signifikante Unterschiede zu beobachten. Im Folgenden sollen einige Aspekte näher beleuchtet werden.

4.1   Unterschiedlichkeit des Karrieremodells

Vom Standpunkt einer externen Unternehmensberatung aus betrachtet, ist die Laufbahnentwicklung dadurch gekennzeichnet, dass die Berater aufeinander aufbauende Laufbahnstufen durchlaufen. Die Anzahl variiert von zwei Stufen (Partner, Associate) bis hin zu einem knappen Dutzend Abstufungen. Gerade in der jüngeren Vergangenheit haben einige größere Beratungen die Anzahl der Laufbahnstufen erhöht, um dem wachsenden Karrieredruck Raum zu geben. Insbesondere eine Abstufung in mehrere Non-Equity Partner Stufen bot sich hier an. Wenngleich die Vertriebsleistung der Partner, gemessen in realisiertem Umsatz, zwischen 1 Mio. Euro und einem fast zweistelligen Millionenbetrag stark schwankt[78], so ist es zumeist ein implizites, häufig auch ein klar artikuliertes Ziel, Partner und damit im Grundkonzept auch Anteilseigner der Beratung zu werden. Es locken – je nachdem ob es sich um „Lockstep" oder „Eat-What-You-Kill"[79] handelt – mehr oder weniger risikoreich, signifikante Einkommenssprünge.

Inhouse Consulting-Einheiten sind in der Regel nicht als partnerschaftliche Beratungen organisiert. Sie binden die Mitarbeiter mit anderen Mitteln. So weist VW Consulting beispielsweise explizit darauf hin, dass sie ihre Mitarbeiter durch den Einsatz in anspruchsvollen Projekten für Entscheider des Konzerns „...auf eine Funktion im Konzern nach vier bis fünf Jahren vor[bereiten]..."[80]. Volkswagen Consulting versteht sich als „Management-Nachwuchsschmiede des Volkswagen Konzerns" und zeigt damit eine Perspektive auf, die im übrigen auch für einen großen Teil der Berater in externen Beratungen existiert, nämlich der Umstieg in eine Linienfunktion eines Unternehmens, typischerweise eines Klienten.

---

[78]   Vgl. Preen, A. von: Mitarbeiterentlohnung und Partnerschaftsmodelle in Unternehmensberatungen, Vortrag, Düsseldorf, 8. Oktober 2009, u. a. S. 9 und 26.

[79]   Lockstep: Die Ertragsverteilung unter den Partnern richtet sich vor allem nach der Dauer der Firmenzugehörigkeit. Lockstep soll die Zusammenarbeit der einzelnen Abteilungen fördern und weniger Druck auf die einzelnen Partner ausüben. Eat-what-you-kill: Der an einen Partner ausgeschüttete Gewinn orientiert sich an seinem eigenen Umsatz. Dieses System ist damit stärker leistungsorientiert als das Lockstep-System.

[80]   Volkswagen Consulting: URL: http://www.volkswagen-consulting.de/index.php?id=2, (zugegriffen am 31.10.2009).

Auch die interne Management-Beratung der Deutsche Bahn AG eröffnet ihren Mitarbeitern vergleichbare Perspektiven: „Nach drei Jahren Verweildauer unterstützen wir auf Wunsch des Beraters aktiv den Transfer in eine attraktive Linienposition des DB-Konzerns."[81]

In diesem Feld positioniert sich Dornier Consulting abermals in einer eigenen Façon. Unter Anwendung einer differenzierten variablen Vergütung, wird mit starkem Fokus auf den erzeugten Ertrag den Leitern der so genannten Profit Center (Practice Groups, Teams) der erfolgsabhängige Teil der Barvergütung ausgezahlt. Eine Komponente, welche die Betriebszugehörigkeit berücksichtigt, existiert nicht. Im Vergleich zu klassischen Beratungen ist jedoch der Partizipationsanteil der Führungskräfte am Erfolg des Unternehmens eher als gering einzustufen. Andererseits wird durch eine Gruppierung verschiedener Profit Center zu Business Lines und einer anteiligen Berücksichtigung des Business Line-Ergebnisses bei der Vergütung der Leiter der Profit Center ein Ausgleich geschaffen, der Kooperation fördern soll (im weitesten Sinne ähnlich der Idee des Lockstep-Systems). Aufgrund des im Vergleich zu anderen Inhouse Beratungen eher kleineren Leistungsanteils im Konzern der Eigentümerin, ist die Motivation, nach einigen Jahren eine Linienfunktion innerhalb des Mutterkonzerns zu besetzen, kaum im Zentrum der Entscheidung über seine berufliche Karriere. Dornier Consulting-Mitarbeiter wechseln somit bei einer eher begrüßenswerten unterdurchschnittlichen Fluktuation mehrheitlich in branchenverwandte Unternehmen.

Damit ist auch aufgezeigt, dass ein fast zum Geschäftmodell der Inhouse-Beratung empfundener und damit geplanter Exit in den Konzern nicht zum Modell der Dornier Consulting gehört. Ergo mussten Wege gefunden werden, einen „blend" der beiden Welten zu kreieren. Dieser besteht in einem Laufbahnmodell, welches sowohl Raum für die Entwicklung in Richtung Top-Management/"Partner" bietet, als auch Fachkarrieren ermöglicht. Ein multiples Laufbahnmodell bietet die Chance, eine Experten-Laufbahn einzuschlagen und Karriere auch ohne die Übernahme von Personalführung zu machen. Ebenso attraktiv für einen Teil der Mitarbeiter ist die Entwicklung in Richtung einer Projektmanagement Laufbahn. Im Zentrum stehen hier wechselnde, thematisch orientierte und zeitbefristete Führungsaufgaben. Letztlich bietet Dornier Consulting aber auch Kollegen Entwicklungschancen, die – dann vielleicht mehr im Sinne einer die Partnerschaft anstrebenden Karriereorientierung – nach einer Entwicklung in Richtung Profit & Loss schauen sowie Mitarbeiterverantwortung suchen.

---

[81] Siehe: Deutsche Bahn Managementberatung (GSC):
URL: http://www.inhouse-consulting.de/memberprofil.php?mid=7 (zugegriffen am 31.10.2009)

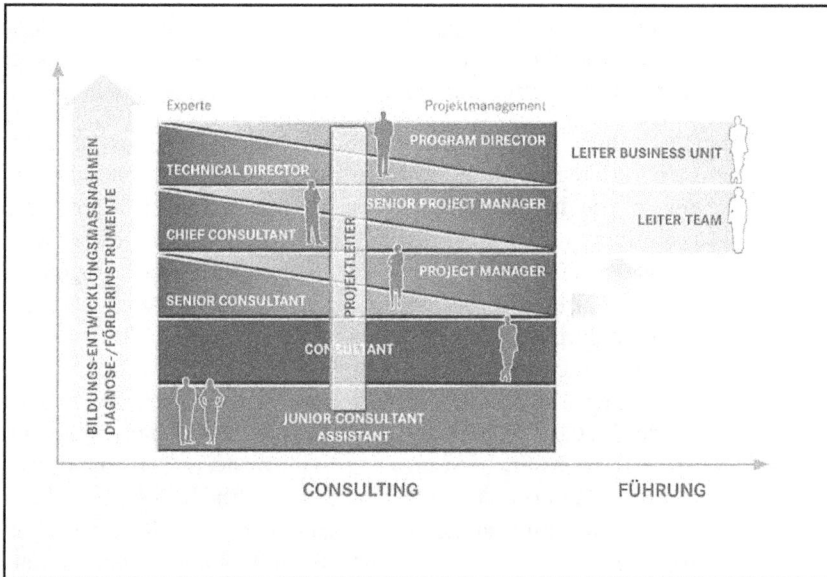

Abb. 4.1   Laufbahnmodell Dornier Consulting GmbH

4.2   Wachstumspfade

Die ausgegründete und durch Verlagerung des militärischen Beratungsgeschäfts sowie des Umwelt- und Gesundheitsgeschäfts in das Mutterhaus verschlankte Dornier SystemConsult GmbH hatte 1995 einen Umsatz von knapp 10 Mio. Euro. Heute liegt dieser bei knapp 40 Mio. Euro. Diese Vervierfachung des Umsatzes war fast ausschließlich organischer Natur. Im Rahmen der vorliegenden Themenstellung lauten die entscheidenden Fragen:

1. In welchem Umfang war dieser Wachstumssprung konzernintern sowie -extern bestimmt und
2. gibt es im Unternehmenswachstum sogar Wechselwirkungen?

Für beide Fragen gibt es eindeutige Antworten:

Ad 1: Dornier Consulting verzeichnete in den letzten 15 Jahren sowohl im konzerninternen, als auch am externen Consultingmarkt ein stringentes Wachstum. Es lässt sich deutlich feststellen, dass der Wachstumserfolg des Unternehmens wesentlich von der neuen Marktpositionierung in den 1990er Jahren bestimmt war. Dornier Consulting versteht sich seit diesen Jahren als Consultingunternehmen mit den Schwerpunkten Verkehr und Umwelt/Wasser.

Im hausinternen verkehrsorientierten Geschäft erwies sich die Fokussierung auf den Automotivesektor und hier insbesondere auf Systemintegrationsaufgaben im wachstumsträchtigen Infotainmentbereich als wesentlicher Wachstumstreiber. Parallel konnte Dornier Consulting in der telematikorientierten Mobilitätsberatung für die öffentlichen Hand wichtige Aufträge lancieren. Das oben bereits detailliert dargestellte Toll Collection-Thema, das bis heute bundes- und weltweit das größte Telematikprojekt im Mobilitätsbereich darstellt und in dem Dornier Consulting beide erwähnten Erfahrungsbereiche vereinen konnte, war sicher einer der entscheidenden Wachstumsimpulse im konzerninternen Geschäft.

Dem Innovationsgedanken des Hauses Dornier folgend, konzentrierte sich Dornier Consulting (bzw. die Vorläuferorganisation) immer auf neue, zukunftsweisende Themen. In den 1990er Jahren war dies auf dem externen Beratungsmarkt beispielsweise in der Eisenbahninfrastrukturentwicklung die Neigezugtechnik. Als in klassischen Bahninfrastrukturthemen relativ wenig erfahrenes Unternehmen gelang es Dornier Consulting in wenigen Jahren ein spezialisiertes Beratungsteam aufzubauen, das sich auf diesem Gebiet gut etablieren konnte. Ein ähnlich erfolgreiches Beratungsfeld, das ebenfalls in diesen Jahren aufgebaut werden konnte, ist die Flughafenberatung. Im Wassergeschäft ist es Dornier Consulting gelungen, ausgehend von einer sehr speziellen Aufgabenstellung und zwar der Suche nach fossilem Wasser, sich in Wasserthemen in der Golfregion insgesamt einen Namen zu machen. Heutige Beratungsschwerpunkte des Beratungsfelds ‚Ressourcenmanagement' gehen weit über dieses ursprüngliche Feld hinaus.

Ad 2: Die wechselseitige Befruchtung des internen und externen Consultinggeschäfts von Dornier Consulting lässt sich am deutlichsten an der Internationalisierung des Marktauftritts nachvollziehen. Die nachhaltige Internationalisierung des Geschäfts, die Mitte der 1990er Jahre strategisch entschieden und vor rund drei Jahren nochmals auf erweiterte Beine gestellt wurde, kann sich mit inzwischen rund 40 % des Jahresumsatzes sehen lassen.

Der Konzernvorteil für Dornier Consulting im internationalen Consultinggeschäft liegt auf der Hand:

- Dornier Consulting profitiert gerade im internationalen Geschäft von der Größe und Reputation des Daimler- und EADS-Konzerns.
- Bei der Auftragsvergabe großer internationaler Beratungsprojekte egalisiert die Mitgliedschaft zum Daimler- und EADS-Konzern Größennachteile des Nischen-Players Dornier Consulting.
- Die erfolgreiche Inhouse-Tätigkeit in den international angesehenen und für Innovation sowie Qualitätsprodukte bekannten Konzernen wird von internationalen Kunden als ein zusätzlicher Garant für den Erfolg Ihrer Projekte betrachtet.
- Dornier Consulting profitiert darüber hinaus vom internationalen Kontaktnetz und den vielen Standorten der beiden Konzerne.
- Nicht zuletzt ist das internationale Inhouse-Geschäft Referenzen- und Reputationsbringer für externe internationale Consultingaufgaben.

Erfolge im internationalen Geschäft wirken sich allerdings auch auf das Inhouse-Geschäft von Dornier Consulting positiv aus:

- Dornier Consulting wurde und wird wegen seiner internationalen Erfahrungen, etwa bei Business Development- oder Political Affairs-Themen immer wieder als Berater oder Moderator beigezogen.

- Bei internationalen Großprojekten der Konzerne wird auf die interne Tochter Dornier Consulting mit Vor-Ort-Erfahrung zurückgegriffen.
- Internationale Konzerne streben in den Gastländern – wie bereits erwähnt – die Position des ‚Good Corporate Citizen‘ an. Dornier Consulting kann hier für seinen Shareholder wichtige Projekte einbringen und teilweise werden von den Konzernen spezielle Projekte ins Leben gerufen, die von Dornier Consulting gemanagt und administriert werden oder wo Dornier Consulting der Konzernpartner für das jeweilige Projekt vor Ort wird.
- Dornier Consulting bringt eigene Geschäfts- und Projektideen in die Konzerne ein, die dann ggf. weiter verfolgt werden und seitens Dornier Consulting zu internen Aufträgen führen.

Dornier Consulting hätte sich auch ohne diese besondere Verflechtung von Inhouse- und externem Beratungsgeschäft auf einem Wachstumspfad bewegt. Auf einen einfachen Nenner gebracht kann jedoch behauptet werden, dass das Wachstum in den letzten 15 Jahren in diesem Fall nur etwa halb so groß wie heute gewesen wären.

4.3   Compensation

Im Zusammenhang mit dem Karrieremodell wurde schon angesprochen, dass das Modell der variablen Vergütung ein Anreizsystem ist. Es sucht individuelle Ziele mit Einheiten- und Unternehmenszielen durch entsprechende Gewichte auszugleichen und damit auch Kooperation zu fördern. Dies stellt jedoch keine Besonderheit dar, als in nahezu allen fortschrittlichen Unternehmen Ziele und damit einhergehende Incentives vereinbart werden. Entscheidend wird bleiben, in welchem Maße vom jeweiligen Mitarbeiter der Erfolg als beeinflussbar eingeschätzt wird und in welchem Maße sich ein Mehr an Engagement zu lohnen scheint.

In vielen Fällen, aber abweichend von üblichen Rahmenbedingungen einer Unternehmensberatung, sind bei Dornier Consulting zutreffende vergütungsgleiche oder vergütungsähnliche Gehaltsbestandteile anzutreffen wie beispielsweise Pensionszusagen, Gruppenunfallversicherungen, verlängerte Entgeltfortzahlungen im Krankheitsfall, Gleitzeitmodell oder Teilnahme am Firmenangehörigengeschäft, was insbesondere bei Konzernverbundenheit mit einem Automobilkonzern nach wie vor als attraktiv gewertet werden kann. Gerade in Zeiten der – gelegentlichen – Rückbesinnung auf ein funktionierendes Familienleben oder ein auch früher einsetzendes Gesundheitsbewusstsein werden oben genannte Bestandteile der „Compensation" als attraktiv gewertet. Gleichwohl bieten die zumeist im Wege von Betriebsvereinbarungen getroffenen Regelungen nicht die Flexibilität, die unter bestimmten Projekt- und Wettbewerbbedingungen erforderlich ist, um sich gegenüber Mitbewerbern zu behaupten. Hier gilt es vor allem Lösungswege zu finden, wenn zu einem erheblichen Maße am externen Beratungsmarkt agiert wird. So können konzernweite Entsendungsrichtlinien, eine üblicherweise höhere Anzahl an Erholungsurlaubstagen, Reiserichtlinien etc. zu Verzerrungen führen und müssen, in welcher Form auch immer, angepasst oder besonders effizient umgesetzt werden, um keine Kontrahierungsnachteile am externen Markt zu erleiden.

4.4 Staffing

Klienten suchen in der Beratung Unterschiedliches. Mal ist es der Benchmark und damit die Reflexion der eigenen Leistung am besten Mitbewerber. Mal ist es die Expertise aus einer anderen Branche. Oder es ist die funktionale Expertise und damit einhergehende neue Erkenntnisse oder Effizienz. Immer weniger jedoch werden nur Konzepte und Abstaktionen gesucht; das ist zumindest die Auffassung der Verfasser.

Insofern ist es ein Asset, kann ein Beratungsunternehmen auf der gesamten Klaviatur des Staffings spielen. Aber wie sieht diese Folge von weißen und schwarzen Tasten aus?

Mit Festlegung auf eine Value Proposition und der Fokussierung auf eine oder wenige Branchen bilden sich Expertise und Branchenkenntnisse bei entsprechend gelungenem Recruiting aus. Was aber für Beratungsunternehmen oft mühsam ist, ist der Einbezug von tatsächlichem Betriebs Know-how. Abgesehen von großen integrierten Beratern/Service Providern wie Cap Gemini, fehlt typischerweise die Betriebserfahrung. Hier greift das Geschäftsmodell von Dornier Consulting die Anbindung an den Konzern auf. In Technologie-Konzernen wie der EADS oder der DAIMLER AG sind funktionale und betriebliche Kompetenzen verfügbar, die ein Beratungs- oder Umsetzungsergebnis erheblich bereichern können, es sogar in manchen Fällen sehr viel präziser werden lassen. So war es ein Erfolgsrezept, die Kompetenz des Mutterkonzerns für die Umsetzung des weltgrößten Klima-Wind-Kanals einzusetzen oder auf Ergebnisse der Konzernforschung für die Weiterentwicklung von Navigations- und Mautsystemen Zugriff zu haben. Auch die Mobilität der Mitarbeiter ist in bestimmten Fällen gegeben. Konzernmitarbeiter können, sofern sich dies im Linienumfeld organisieren lässt, auch in Beratungs- und Umsetzungsprojekten eingesetzt werden. Auch das – betrachtet man die dem Konzern angeschlossene Beratung aus Sicht des Mutterkonzerns – bietet an der einen oder anderen Stelle Chancen für Mitarbeiter in Linienfunktionen.

4.5 Sales/Akquisition

Bei rund 90 % der Themen muss sich Dornier Consulting auf einem hart umkämpften Wettbewerbsmarkt behaupten.

Im Inhouse-Consulting sind dies die typischen Einkaufsbedingungen von Industriekunden, bei dem ein professionelles Procurement des Auftraggebers stets bestrebt ist, noch die letzten Einsparpotentiale zu realisieren. Für den Inhouse-Anbieter gibt es ohne Zweifel Vorteile. Diese liegen darin, dass der Inhouse-Consultant in der Regel besseren Zugang in das Konzernnetzwerk und zu Interna hat. Des Weiteren greifen hausinterne Rahmenvertrags- und ‚Last Call'-Regelungen. Allgemein wird als positiv gesehen, dass bei Beteiligung von Dornier Consulting an einer konzerninternen Aufgabenstellung das Know-how im Konzern bleibt. Dornier Consulting ist bei einigen Aufgabenstellungen als interner Bieter exklusiv gesetzt, musste sich diese Position allerdings in einem Auswahlverfahren unter externer Beteiligung sichern.

Die Sales- und Akquisitionsstrategie von Dornier Consulting im internen Beratungsgeschäft beruht auf vier Säulen:

- Promotion von neuen Geschäftsideen für den Konzern.
- Fokussierung auf Themen, die für das externe und interne Geschäft von Dornier Consulting gleichermassen von Interesse sind.
- Bevorzugte Akquisition im Bereich von Schlüsselthemen des Konzerns.
- Auftritt als internes ‚Competence Center' in Schwerpunktthemen (z.B. Projektmanagement und -training).

Im externen Beratungsgeschäft wird die Sales- und Akquisitionsstrategie wesentlich von den Ausschreibungs- und Vergabebedingungen des jeweiligen Feldes bestimmt, auf dem sich Dornier Consulting bewegt.

Sind die Auftraggeber supranationale Organisationen (z.B. Weltbank, EU), nationale Regierungen oder Behörden, besteht ein strikt geregeltes Ausschreibungs- und Vergabewesen. Selbst in Ländern, in welchen bisher öffentliche Aufträge ‚frei' vergeben wurden, ist eine Professionalisierung des Ausschreibungs- und Vergabewesens in Richtung westlicher Standards unverkennbar. Dies ist insbesondere der Fall, wenn sich internationale Finanzierungsorganisationen an einem Projekt beteiligen.

Bei den privatwirtschaftlichen Auftraggebern von Dornier Consulting setzt sich zunehmend und unabhängig von der Standortregion des Auftraggebers der westliche Procurementstandard bei Industriekunden durch.

Dornier Consulting konzentriert sich bei allen Sales- und Akquisitionsaktivitäten auf erfolgversprechende Beratungsaufträge. Erfolgversprechend ist ein Beratungsgeschäft, das profitables Wachstum verspricht. Entscheidend ist dabei weniger die absolute Höhe der realisierbaren Tageshonorare, sondern vielmehr die über den Zeitverlauf erzielbare Gesamtmarge. Diese ist bei langfristigen Aufträgen mit Vollauslastung ggf. höher, als bei kurzfristigen hoch dotierten Aufträgen mit anschließendem Leerlauf.

Weitere wichtige Elemente der Sales- und Akquisitionsstrategie bei externen Beratungsaufträgen sind:

- Fokussierung auf Geschäftspotentiale in den Feldern Transportation/Infrastructure, Automotive, Aerospace/Security, Ressourcenmanagement/Wasser.
- Sales- und Akquisitionsaktivitäten ausschließlich in ausgewählten Schwerpunktregionen (Deutschland, Osteuropa/Zentralasien, Middle East/North Africa, Southern Africa); andere Regionen opportunistisch.
- Verzicht auf riskante Geschäfte.
- Strikte Compliance.

Da Dornier Consulting als selbständiges Konzernunternehmen mit eigenen Wirtschaftszielen seine Sales- und Akquisitionsschwerpunkte frei wählen kann, folgt die jeweilige Ausrichtung zunächst und in erster Linie vom geplanten Geschäftserfolg bestimmt. Eine wie immer geartete vorab festgelegte Dominanz des konzerninternen oder –externen Geschäfts gibt es nicht.

Strategieentwicklung und Umsetzung in Anlehnung an das Deutsche Zentrum für Luft- und Raumfahrt

Manfred J. Senden*, Dr. Jürgen Ortner**

---

* Deutsches Zentrum für Luft- und Raumfahrt e.V. in der Helmholtz-Gemeinschaft, Bereichsleiter Finanzen und Unternehmenscontrolling.

** Deutsches Zentrum für Luft- und Raumfahrt e. V. in der Helmholtz-Gemeinschaft, Leiter Strategie und Vernetzung.

1   Einleitung

Wir erfahren jeden Tag aufs Neue, dass in einer auf Veränderung und Wandel ausgerichteten Umwelt nichts mehr so bleiben kann, wie es gestern war. Die rasante Zunahme von sich ändernden Anforderungen an die handelnden Personen, der immer schnellere technische Fortschritt, die Verdichtung der Aktivitäten und der wachsende Wettbewerbsdruck sind atemberaubend und erzwingen, sowohl von den Unternehmen als auch von den handelnden Managern eine starke Fokussierung auf die Unternehmensziele und -strategien einerseits sowie eine hohe Flexibilität und Adaptionsfähigkeit andererseits.

Die Gestaltung des Strategieentwicklungsprozesses und das intendierte Ergebnis – eine Strategie – dient als Ankerplatz für die Ausrichtung und Gestaltung einer Organisation. Es sind Wege zu finden, diesen Prozess optimal zu gestalten. Egal welche strategischen Schulen zugrunde liegen, die zunehmende Komplexität der Informationen muss verarbeitet und die Paralyse durch Analyse vermieden werden.

In Anlehnung an das Deutsche Zentrum für Luft- und Raumfahrt (DLR) wird der Prozess der Strategieentwicklung dargelegt und beschrieben. Die besondere Herausforderung liegt dabei in dem Einbezug der dezentralen Organisationslandschaft in den Strategieentwicklungsprozess und der nachhaltigen Verankerung dieser Strategie in der Organisation. In diesem Verfahren des Gegenstroms bedient sich der Vorstand Inhouse Consultants bezüglich Kommunikation, Moderation, Koordination und Fach- und Methodenkompetenz. Die Identifikation der Manager mit der Strategie der Organisation wird durch eine breite Beteiligung an der Strategiedefinition erreicht.

2   Notwendigkeit einer integrativen Strategie

Unter Strategie wird in der wirtschaftswissenschaftlichen Disziplin die langfristig geplante Verhaltensweise der Akteure (z.B. im Unternehmen) zur Erreichung ihrer Ziele verstanden. Dies macht die Strategie zu einem Schlüsselthema für die Führung einer jeden Organisation.

Begreift man die Strategieentwicklung als das Ergebnis des strategischen Denkens zu Lasten der strategischen Planung, führt das dazu, dass es keinen allgemeinen Strategiebegriff geben kann[82]. Eine Möglichkeit ist die Charakterisierung der Strategie anhand der zeitlichen Dimension. In diesem Sinne wird zwischen kurzfristigen, mittelfristigen und langfristigen Elementen der Orientierung der Akteure unterschieden.

Im DLR begreift man die Strategie basiert auf vorgeschalteten grundsätzlichen Orientierungsüberlegungen (undefinierter Horizont), der Vision (Wo wollen wir hin?) und Mission (Was sind wir?), die in einem Leitbild konkretisiert sind.

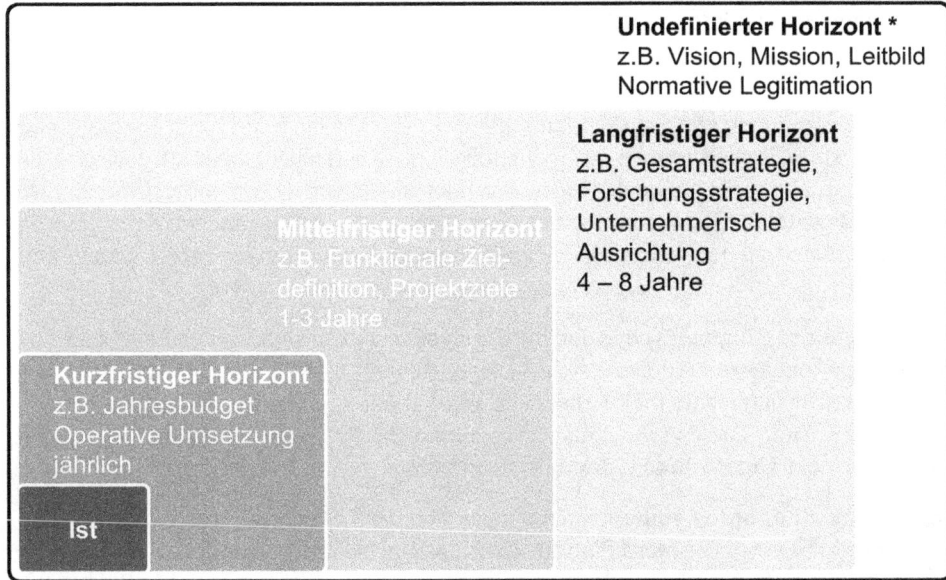

Undefinierter Horizont *
z.B. Vision, Mission, Leitbild
Normative Legitimation

Langfristiger Horizont
z.B. Gesamtstrategie,
Forschungsstrategie,
Unternehmerische
Ausrichtung
4 – 8 Jahre

Mittelfristiger Horizont
z.B. Funktionale Ziel-
definition, Projektziele
1-3 Jahre

Kurzfristiger Horizont
z.B. Jahresbudget
Operative Umsetzung
jährlich

Ist

* Neuentwicklung ausgelöst durch radikale Umweltveränderungen

Abb. 2.1   Horizonte der Unternehmensführung[83]

Eine Organisation hat per Definition mindestens eine implizite Strategie, denn selbst *keine Strategie* wäre eine solche, auch von außen betrachtet. An vielerlei Stellen drängt sich der Eindruck auf, dass viele Organisationsmitglieder nicht genau wissen, was Strategie ist, wie sie lautet oder wie diese operationalisiert bzw. umgesetzt werden kann.[84] Die Strategie der Organisation ist zur Routine verkommen und das Management verwaltet den Status Quo. Dies kann zu ineffektiven Ergebnissen durch ineffiziente Umsetzung führen. Insbesondere in großen managementgeführten Unternehmen zeigt sich die Paralyse durch Analyse[85].

---

[82]   Vgl. Mintzberg (1994).

[83]   Quelle: DLR/AD-F.

[84]   Simon (1988), S. 42.

[85]   Vgl. Ansoff (1965).

Paralyse durch Analyse ...

... ist die Unfähigkeit von Managern, Entscheidungen zu fällen, als Resultat des permanenten Versuchs der Analyse und dem Erkennen des „großen Ganzen". Dabei „verzetteln sich die Manager in der Teilnahme an Sitzungen, dem Schreiben von Berichten und dem Sammeln von Statistiken. Eine Lähmung der effektiven Entscheidungsfindung kann eintreten bei Auseinandersetzungen auf einer Ebene, Uneinigkeit zwischen verschiedenen Hierarchieebenen oder unklaren Zielen.[86]

Statt „geht hinaus und lernt" lautet die implizite Botschaft „bleibt zu Hause und rechnet "[87]

Einzelne Manager agieren wie im Gleichnis „Die blinden Männer und der Elefant" nach John Godfrey Saxe[88]. Eine Gruppe in völliger Dunkelheit – untersucht einen Gegenstand, um zu begreifen, worum es sich handelt. Jeder erkundet ein anderes Teil (aber jeder nur ein Teil), wie zum Beispiel die Flanke oder einen Stoßzahn. Dann vergleichen sie ihre Erfahrungen untereinander und stellen fest, dass jede individuelle Erfahrung zu ihrer eigenen, vollständig unterschiedlichen Schlussfolgerungen führt.

Im Gleichnis steht die Blindheit (oder das im Dunkeln sein) für nicht in der Lage sein, klar zu erkennen: Der Gegenstand (Elefant) steht für eine Realität. Die Geschichte soll aufzeigen, dass die Realität sehr unterschiedlich verstanden werden kann, je nachdem, welche Perspektive man hat oder wählt. Dieses Gleichnis lässt sich auf die Problemstellung der Manager in ihrem Verständnis der Unternehmensstrategie adaptieren.

Bei der Gründung eines neuen Unternehmens muss sich der Gründer aufgrund externer Faktoren (z.B. Erstellung eines Business Plan für die Kapitalgeber etc.) genau überlegen, welche Vision er hat, welche Ziele sich aus der Vision ableiten lassen und mit welcher Strategie er diese erreichen will.

Besteht ein Unternehmen erst einmal am Markt, treten diese Überlegungen in den Hintergrund, denn die Strategie wird im Tagesgeschäft als gegeben angenommen und nicht hinterfragt. Verändert sich aber die Umwelt wird z. B. das angestrebte Ziel unerreichbar, dann kann es durchaus passieren, dass das ursprüngliche Ziel fallengelassen und ein neues Ziel angestrebt werden muss. Es sind Flexibilität und Adaptionsfähigkeit an veränderte Umweltbedingungen, welche die unternehmerische Strategie auszeichnen. Als prominente Erfolgs- bzw. Misserfolgsbeispiele könnten Unternehmen wie IBM mit der Abkehr vom Consumer-PC und die deutsche Fotoindustrie seit der Entwicklung der digitalen Fotografie dienen. Letztlich aber gilt der Grundsatz von Simon „Um im Wettbewerb langfristig und profitabel

---

[86]   Vgl. Ansoff (1965).

[87]   Vgl. Mintzberg/Ahlstrand/Lampel (2007), S. 138 ff.

[88]   Vgl. Mintzberg/Ahlstrand/Lampel (2007). S. 14–15.

zu überleben, muss eine Firma zumindest einen strategischen Wettbewerbsvorteil besitzen."[89]

Aus diesen Vorüberlegungen ergeben sich folgende **Kernfragen**:

- Wie lautet das konstante Grundbedürfnis des Kunden?
- Was können wir dazu beitragen?
- Was unterscheidet uns von den anderen Wettbewerbern?
- Gibt es geeignete Mechanismen und Ansätze, die die Strategieentwicklung in der Organisation auf allen Ebenen sinnvoll flankieren?
- Wie können die aus diesem Prozess abgeleiteten Strategien in die gesamte Organisation implementiert werden, sie durchdringen und gelebt werden?
- Wer wird an der Strategieentwicklung beteiligt?
- Wer koordiniert und moderiert die Strategieentwicklung?
- Kennen nach der Strategieentwicklung alle Manager die Ziele und Strategien?
- Wie werden die Ziele und Strategien umgesetzt?

3   Das Deutsche Zentrum für Luft- und Raumfahrt e.V.

Das DLR ist das Forschungszentrum der Bundesrepublik Deutschland für Luft- und Raumfahrt. Die Geschäftsfelder der Forschung und Entwicklung sind Luftfahrt, Raumfahrt, Energie und Verkehr. Unter der Ausrichtung Sicherheitsforschung sollen zukünftig bereits vorhandene Forschungsaktivitäten zu diesem Themenfeld koordiniert werden. Als Raumfahrtagentur der Bundesregierung ist das DLR für die Planung und Umsetzung der deutschen Raumfahrtaktivitäten zuständig. Zudem fungiert das DLR als Dachorganisation für den national größten Projektträger und den Projektträger Luftfahrtforschung.

Die Mission des DLR umfasst dabei die Erforschung von Erde und Sonnensystem, die Forschung für den Erhalt der Umwelt, die Entwicklung umweltverträglicher Technologien zur Steigerung der Mobilität sowie für Kommunikation und Sicherheit. Das Forschungsportfolio des DLR reicht von der Grundlagenforschung bis hin zur Entwicklung von innovativen Anwendungen und Produkten von morgen. Auf diese Weise trägt das im DLR gewonnene wissenschaftliche und technische Know-how zur Stärkung des Industrie- und Technologiestandorts Deutschland bei. Das DLR betreibt Großforschungsanlagen sowohl für eigene Projekte als auch für Kunden und Partner.

---

[89] Simon (1988), S. 424.

Darüber hinaus fördert das DLR den wissenschaftlichen Nachwuchs, betreibt kompetente Politikberatung und ist eine treibende Kraft in den Regionen seiner Standorte (vgl. Abb. 3.1). Das DLR stellt sich national und international in allen Aktivitäten als anerkannter Vertragspartner in Wissenschaft, Wirtschaft, Politik und Gesellschaft dar.

Der Etat des DLR für die eigenen Forschungs- und Entwicklungsarbeiten sowie für Betriebsaufgaben betrug im Jahre 2008 600 Mio. Euro, davon entfielen ca. je 50 Prozent auf Drittmittel und institutionelle Förderung. Der Gesamtumsatz inkl. der Raumfahrtagentur belief sich im Jahre 2008 auf ca. 1,4 Mrd. Euro.

Mitarbeiter und Standorte

6.200 Mitarbeiterinnen und
Mitarbeiter arbeiten in
29 Forschungsinstituten und
Einrichtungen in

    ■   13 Standorten.

Büros in Brüssel,
Paris und Washington.

Abb. 3.1   *Standorte des DLR[90]*

3.1   Matrixstruktur im DLR: Programmatische Steuerung

Die Forschungsaktivitäten des DLR werden über eine Matrixstruktur geplant und gesteuert. Über diese Matrix wird die programmatische Ausrichtung des DLR mit der wissenschaftlichen Kompetenz seiner 29 Institute und Einrichtungen verbunden. Die programmatische Ausrichtung gliedert sich in die vier FuE-Geschäftsfelder Luftfahrt, Raumfahrt, Energie und Verkehr. Im Rahmen der strategischen Aufgabenstellungen und Ressourcenzuweisungen finden zu vereinbarten Meilensteinen Überprüfungen und Bewertungen auf verschiedensten Ebenen statt.

---

[90]   Quelle: DLR.

Programmatische Steuerung

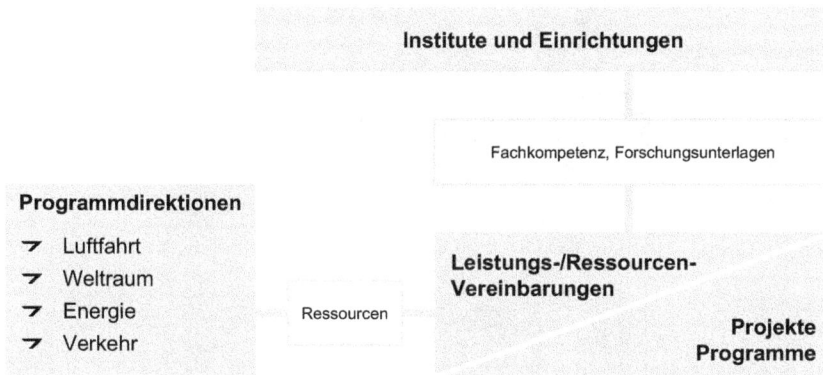

Abb. 3.2 *   Programmatische Steuerung im DLR[91]*

Die Matrixsteuerung d.h. Programmatische Steuerung des DLR soll sicherstellen, dass Veränderungen und Neuausrichtungen in den Instituten und Einrichtungen als Teil des Planungsprozesses berücksichtigt werden. Die Programmvorstände sind für diesen Prozess verantwortlich.

3.2   Geschäftsprozessmodell im DLR

Die im DLR identifizierten Geschäftsprozesse werden den Klassen der Führungs-, Kern- und Unterstützungsprozesse zugeordnet.

- Führungsprozesse sind Grundlage für die Werterhaltung, beinhalten die Erarbeitung der Ziele und Strategien und überwachen deren Umsetzung und Wirksamkeit. Sie steuern ebenso die Führung und Entwicklung der Mitarbeiter, wie auch die Bereitstellung von Ressourcen für die Prozesse.
- Kernprozesse sind wertschöpfende Prozesse, die die strategischen Ziele operativ umsetzen und mit konkreten Kundenaufträgen in Verbindung stehen. Sie liefern dem Kunden einen Mehrwert, für den er zu zahlen bereit ist.
- Unterstützungsprozesse dienen der Wertsicherung und erbringen Supportleistungen für die Führungs- und Kernprozesse, damit diese effizient funktionieren.

---

[91]   Quelle: DLR.

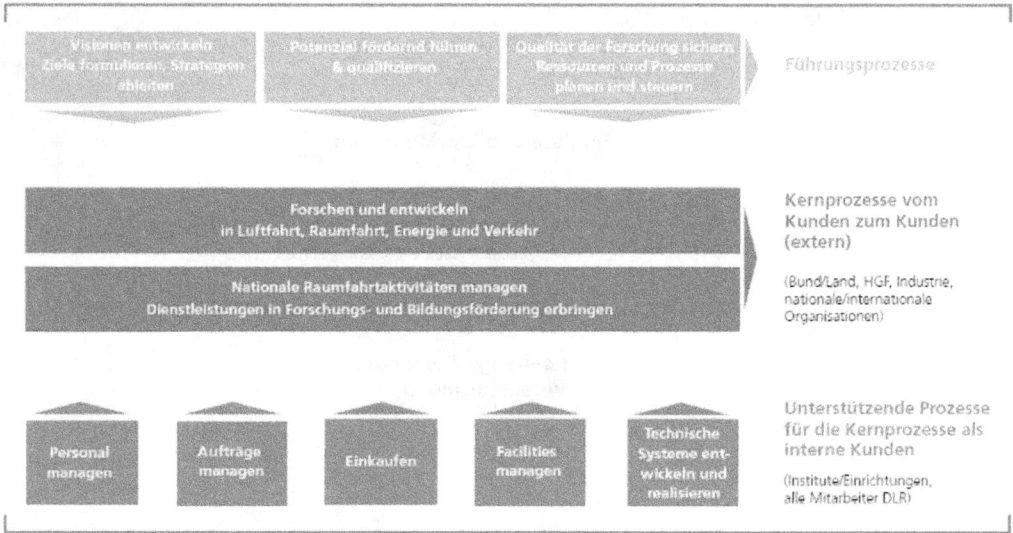

Abb. 3.3   *Geschäftsprozessmodell im DLR[92]*

4   Phasenmodell im Führungsprozess

Das DLR ist die größte über verschiedene Standorte diversifizierte ingenieurwissenschaftliche Forschungseinrichtung in Deutschland. Die Akteure haben beträchtliche Entscheidungsfreiheiten. Anstatt aber komplizierte Regelwerke über den Inhalt von Strategie zu erstellen, wählen die zentralen Entscheidungsträger einen anderen Weg. Der Vorstand beauftragt Inhouse Consultants mit der Moderation, Kommunikation und Koordination im Gegenstromprozess der Ziel- und Strategienentwicklung. Diese besitzen die Fach- und Methodenkompetenz zur Unterstützung des Vorstandes und der Kommunikation innerhalb der Organisation. Ziel ist es, die Kreativität und Innovation dort abzuholen, wo diese selbstorganisiert entsteht (Institute und Einrichtungen innerhalb des Kernprozesses, Unterstützungsprozesse). Die Inhouse Consultants haben die Aufgabe durch Verdichtung der Vorschläge den Vorstand in seiner Priorisierungsfunktion zu unterstützen und die Gesamtstrategieentwicklung zu begleiten. In der Umsetzung der Strategien und strategischen Ziele sind die Organisationseinheiten bis zur dritten Führungsebene in den gegebenen Rahmenbedingungen weitestgehend frei.

Der Vorstand entwickelt Vision, Mission, Ziele und Strategien für das gesamte DLR. Die Vision und Mission wird grundsätzlich alle vier Jahre oder ereignisorientiert bei einer signi-

---

[92]   Quelle: DLR/AD-F.

fikanten Umfeldveränderung hinterfragt. Diese Überprüfung erfolgt im Rahmen des Ziele- und Strategieprozesses der jährlich Teil der Vorstandsklausur ist und auf den jährlichen Dialogveranstaltungen zwischen der ersten und zweiten Führungsebene (Institutsleiter, Leiter der vorstandsnahen Stabsabteilungen, Bereichsleiter der Infrastruktur etc.) kommuniziert, überprüft, aktualisiert und transformiert wird. Durch eine Internetplattform „Wettbewerb der Visionen" treten die Vorstandsmitglieder alle vier Jahre mit allen Mitarbeitern in einen Dialog, um im Vorfeld der Überprüfung von Vision, Mission, Ziele und Strategien Impulse/Anregungen der Mitarbeiter aufzunehmen. Dieser Prozess wird durch die Inhouse Consultants organisiert, koordiniert und begleitet.

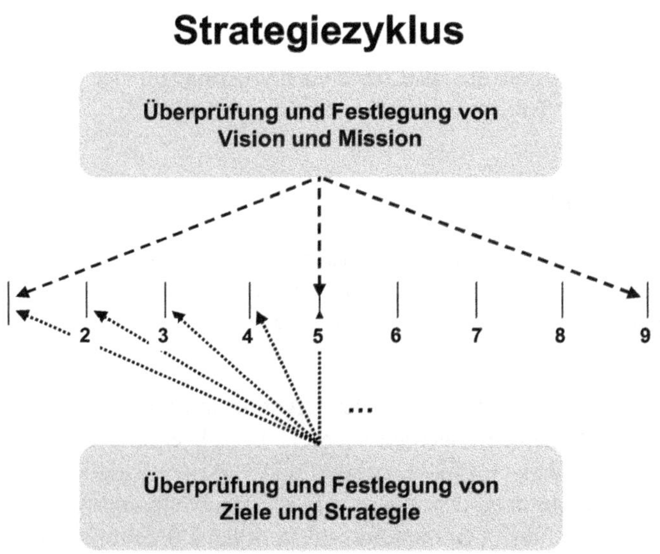

Strategiezyklus

Abb. 4.1   *Strategiezyklus*[93]

Die Strategieentwicklung erfolgt turnusmäßig im Rahmen der Festlegung der Vision/Mission des DLR oder als eigenständiges Ereignis.

Ändern sich die relevanten Rahmenbedingungen bzw. die der Strategie zugrundeliegenden Annahmen signifikant, wird mit einer notwendigen Strategieneuentwicklung oder -revision reagiert. Beide Fälle des Agierens und Reagierens münden in einem Strategieentwicklungsprozess, der vom Vorstand angestoßen und durch Inhouse Consultants unterstützt wird. Dabei steuern die Consultants die Moderation, Kommunikation, Koordination und die Bereitstellung von Fach- und Methodenkompetenz bei.

---

[93]   Quelle: DLR/AD-F.

Der Strategiezyklus (siehe Abb. 4.1) nennt den Zeitpunkt, an dem ein geplanter Prozess der Strategieentwicklung anläuft. Dabei wird – mit kurzem Zyklus – jedes Jahr der Strategieentwicklungsprozess mit der Absicht der Revision der Ziele und Strategien und der daraus abgeleiteten strategischen Ziele unternommen.

Langzyklisch (alle vier Jahre) erfolgt eine grundlegendere Überprüfung der Vision, Mission, Ziele und Strategien. Eine gänzliche Neuentwicklung kann unzyklisch durch radikale Umfeldänderungen oder einem Vorstandwechsel mit einer Neuausrichtung nötig werden.

4.1   Phasen der Kreativität

Ziele und Strategien können bezogen auf das gesamte DLR nur einmal vorkommen. Der leitende Grundsatz lautet „Keep it simple and stupid", halte es einfach und leicht verständlich[94].

4.1.1   Strategische Analyse

Auf Ebene des Vorstands wird im Strategiezyklus der Führungsprozess „Visionen entwickeln, Ziele formulieren, Strategien ableiten" angestoßen. Dieser Prozess versteht sich zunächst einmal als Bottom-Up-Ansatz, wird aber später in einem zweiten Schritt von einem Top-Down-Ansatz ergänzt.

Die Flexibilität und Adaptionsfähigkeit der Strategie und der Organisation wird durch das Managen von Beobachtungsbereichen erreicht. Es werden (Umfeld-) Beobachtungsbereiche der das DLR umgebenden Außen- und Innenwelt (Was) definiert und verschiedenen Koordinatoren (Wer) zugeordnet. Für den Gesamtvorstand sind dies z.B. die Beobachtungsbereiche Politik/Wirtschaft sowie Wissenschaft/Technik. Die daraus resultierenden Erkenntnisse verdichten die Koordinatoren zu eigenen strategischen Stoßrichtungen (strategisches Denken in Verbindung mit dem Grundsatz „Keep it simple and stupid"). Die strategischen Stoßrichtungen beinhalten die Ergebnisse der Eigen- als auch der Umfeldanalyse anhand der permanenten Auswertung der Beobachtungsbereiche.

Um eine möglichst breite Basis zu finden, werden interne Skeptiker und Kritiker, sowie konstruktive Querdenker explizit in die Strategieentwicklung mit einbezogen. Querdenker eignen sich insbesondere bei grundsätzlichen oder radikalen Veränderungen von Strategien und Prozessen, um interdisziplinäre, neue oder „verrückte" Ansätze zu skizzieren (Revolution). Auch eine Weiterentwicklung (Evolution) der Strategie kann eine neue strategische Ausrichtung flankieren.

Frei nach den Regeln des Heiligen Benedikt Kapitel 3.3 – Die Einberufung der Brüder zum Rat („Dass aber alle zur Beratung zu rufen seien, haben wir deshalb gesagt, weil der Herr oft einem Jüngeren offenbart, was das Bessere ist.") – sollten an diesem Strategieentwicklungs-

---

[94]   Vgl. Peters & Waterman, (1982), S. 63.

prozess ebenfalls die ‚Novizen' und unvoreingenommene Mitarbeiter zur Beteiligung ange-regt werden, um neue Perspektiven mit unverschlossenem Blick einzubringen[95].

4.1.2   Strategieentwicklung ‚-formulierung und -auswahl

Zu Beginn des Prozesses gibt der Vorstand inhaltliche Impulse im Sinne von Setzungen. Diese werden durch die vom Vorstand benannten Inhouse Consultants in einem Diskussi-onsprozess mit der zweiten und teilweise der dritten Führungsebene eingebracht. Die Füh-rungskräfte kommentieren die Vorschläge und ergänzen diese durch eigene Strategiebeiträ-ge. Für den Bottom-Up-Diskussionsprozess kann bei dem jährlichen Strategiezyklus zusätz-lich eine elektronische Plattform genutzt werden, bei der auf die Selbstorganisation der nach gelagerten Ebenen gesetzt wird. Dieses Medium unterstützt den Diskussionsprozess, ersetzt aber keinesfalls die notwendige persönliche Kommunikation zwischen Vorstand, Führungs-kräften und Mitarbeitern. Dieser Diskussions- und Reflexionsprozess im DLR ist in Abbil-dung 4.2 beispielhaft dargestellt.

Reflektion der strategischen Ziele

Strategische Ziele (von VO mit VO-ST abgestimmt)
↓
Reflektion der strategischen Ziele mit den Teilnehmern der Strategiekonferenz
- per Mail und persönliche Gespräche
- Formulierung von Maßnahmen und von Kriterien, an denen die Zielerreichung deutlich wird
↓
Abstimmung mit VO
↓

Input ──────── Vorgabe für die 1. Führungsebene

Input für den DIALOG   Abstimmung ──→ Diskussion mit der 1. Führungsebene
(22.-23.06.09)

Feedback ──── Beitrag der 1. Führungsebene durch
deren strategische Ziele
↓
Ergebnis:
Strategische Ziele, Grundlagen für Maßnahmen und Qualitätssicherung als Input für die Fachstrategien
↓
Vorstellung der strategischen Ziele auf den Regionalkonferenzen
↓
Aufsetzen eines Controllingsystems (Abgleich Ist und Auftrag/ Soll)

Abb. 4.2   Reflexion der strategischen Ziele[96]

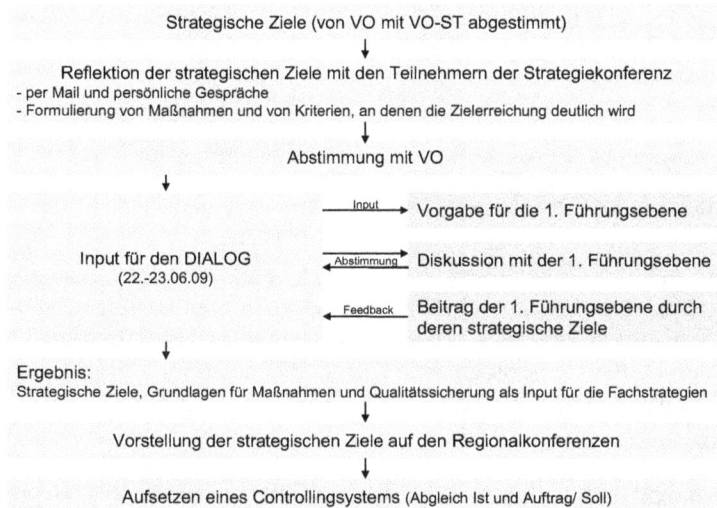

Das Ergebnis des Diskussions- und Reflexionsprozesses wird von den Inhouse Consultants für den Vorstand konzentriert. Dabei prüfen die Inhouse Consultants die Konsistenz bzw.

---

[95]   Vgl. Die Regel des Heiligen Benedikt, http://www.benediktiner.de/regula/Benediktsregel_deutsch.pdf.

[96]   Quelle: DLR.

Konvergenz der vorgeschlagenen strategischen Stoßrichtungen untereinander sowie mit der Vision und Mission. Der sich daraus ergebende verdichtete Maximalkatalog an strategischen Stoßrichtungen wird nach einer Auswahl anhand einer Analyse der Stärken, Schwächen, Chancen und Risiken (z.B. SWOT-Analyse) durch den Gesamtvorstand priorisiert. Daraus werden die Ziele und die Gesamtstrategie für das DLR formuliert.

Der derart gestaltete Integrationsansatz der Strategieentwicklung[97] ist der Moment, an dem unterschiedlichste (konfliktionäre) Logiken aufeinandertreffen und auf ihre Verknüpfung und Synthese warten. Man stelle sich die Verknüpfung von Klientenlogik und Beraterlogik, Prozesseigentümerlogik und Mitarbeiterlogik, Forschungslogik und Marktlogik und viele andere vor.

Die verabschiedeten strategischen Ziele haben eine dynamische Komponente, d.h., sie sind innerhalb des Strategiezyklus veränderbar. Eine Anpassung der strategischen Ziele kann das Ergebnis einer routinemäßigen Strategieüberprüfung oder die Reaktion auf eine nicht vorhersehbare Situation sein. Sie kann vom Vorstand oder Bottom-Up angestoßen werden und muss auch die Schaffung der notwendigen Rahmenbedingungen durch den Vorstand beinhalten.

Wegen des kompletten Neuzuschnitts von Vision, Mission, Ziele und Strategien übernimmt es im gewählten Beispiel der Vorstandsvorsitzende, die ersten Ergebnisse sowie den Strategieprozess in Informationsveranstaltungen allen Mitarbeitern an allen Standorten persönlich vorzustellen und mit ihnen zu diskutieren.

4.2 Phasen der Disziplin

Während im Abschnitt 4.1 die Analyse, Entwicklung, Formulierung und Auswahl der Strategie den kreativen Teil des Prozesses umfasst, beschreibt dieser Abschnitt anhand der Unterstützungsprozesse des DLR, wie dies diszipliniert in die Organisation überführt wird. Dieses Beispiel zeigt auf, wie in der DLR-Prozessorganisation auch die nicht im Kern (Kernprozess) stehenden Unterstützungsprozesse Ziele und Strategien aufgreifen und umsetzen.

4.2.1 Strategieimplementierung und -umsetzung

Die objektgebundene Implementierungsforschung wirft die Frage auf: „WER soll WAS WIE WOHIN implementieren?" Anders ausgedrückt beschreibt ein Implementierungsansatz neben Implementierungsträgern auch das Implementierungsobjekt, die Implementierungsaufgabe und die Implementierungsumgebung.

Das bereits fokussierte Implementierungsobjekt in Form einer Repräsentation von Zielen und Strategien im DLR wird hier – in ähnlich praktischer Art und Weise – anhand einer ausge-

---

[97] Vgl. Schulte-Derne, 2005. S. 204–205.

wählten Implementierungsumgebung – der Administrativen und Technischen Infrastruktur (ATI) – beispielhaft konkretisiert.

Im DLR hat sich die ATI als virtuelles Bündel der Unterstützungsprozesse – begonnen vor fünfzehn Jahren – von einer hierarchisch organisierten Aufbauorganisation zu einer Prozessorganisation entwickelt, die sich entlang festgelegter Prozesse aufstellt.

Diese Entwicklung betraf nicht nur die Neugestaltung der Prozesse, sie setzte vielmehr einen Kulturwandel auf verschiedenen Ebenen voraus. Nicht Besitzstand und Hierarchie, sondern Teamarbeit und Kundenorientierung werden verlangt. Dieser Wandel erforderte von den Führungskräften und Mitarbeitern ein radikales Umdenken und führt zu neuen und veränderten Aufgabenprofilen, Leitungsprinzipien und Qualifikationsanforderungen. Ihr Wertesystem in Bezug auf Führung und Arbeitskultur hat die ATI in Führungskräfte- und Mitarbeiter-Leitlinien beschrieben, welche im Rahmen von Workshops von allen betroffenen Mitarbeitern und Führungskräften entwickelt und untereinander abgestimmt wurden.

Die Prozesse der ATI unterstützen die Kernprozesse des DLR. Die Unterstützungsprozesse der Administrativen Infrastruktur (AI) sind „Aufträge managen", „Einkaufen", „Personal managen" sowie „Ressourcen planen und steuern", der im Geschäftsprozessmodell der Klasse der Führungsprozesse zugeordnet ist. Als Unterstützungsprozesse liefert die Technischen Infrastruktur (TI) „Facilities managen" sowie „Technische Systeme entwickeln und realisieren". In diesen Unterstützungsprozessen wurden jeweils die Funktionen und Aufgaben nach einem Vorgehensmodell identifiziert und gebündelt.

Nicht alle Funktionen und Aufgaben lassen sich nach diesen Kriterien in Prozesse fassen. Insbesondere prozessübergreifende Querschnittsaufgaben sind als Funktionseinheiten nicht in die Prozesse integriert.

Da sich die Vision, Mission und Strategie des DLR überwiegend an den Kernprozessen (insbesondere „Forschen und Entwickeln") orientieren, stehen die wissenschaftsbezogenen Ziele im Vordergrund.

Für die ATI bzw. ihre Linieneinheiten werden sie entsprechend operationalisiert und in entsprechenden Zielen – strategisch und aktionsbasiert – konkretisiert.

Wie bereits dargelegt, gibt es nur eine Vision, Mission und Strategie für das DLR. Um die in seinem Ressort zugeordneten Unterstützungsprozesse der ATI zu steuern, leitet der zuständige Vorstand ressortbezogene strategische Ziele ab. Aus diesem Zielbündel ergibt sich eine implizite strategische Stoßrichtung für die Organisationseinheiten der ATI.

DLR

Impulspapier
VO-V

Statuspapier
VO-ST

AI

Strategische Ziele
VO-S

Diskussion
VO-Klausur

Zusammenstellung
der Vorgaben VO
VO-ST

Input
**Umfeld- und
Eigenanalyse**

Zielvereinbarung mit
VO-S
VO

Entwurf
Gesamtziele

jährlich

Impulspapier
2. Führungsebene

Impulspapier
VO-S

**„Vorbereitung"
Leitungsworkshop (LWS)**
Prozesse,
Querschnittsabteilungen

**Leitungsworkshop
(LWS)**

**Diskussion über
Impulspapier VO-S**

VO-S, 2. Führungsebene
+ Prozesseigentümer +
relevante 3.
Führungsebene

**alle 3-5
Jahre**

Reflexion
Strategiekonferenz
(VO, Vertreter der 2.
Führungsebene)

Leitungsworkshop (LWS)
• Überprüfung der
  strategischen Ziele
• Vorabstimmung
  aktionsbasierte Ziele
• Vorschläge
  Unterstützungsziele

**Information und
Diskussion**
Regionalkonferenzen
(alle Mitarbeiter)

2. & 3. Führungsebene +
Prozesseigentümer & -
verantwortliche, 1
Nachwuchskraft, weitere
relevante Teilnehmer

**Strategische Ziele
2. Führungsebene**

Zielvereinbarung mit
2. Führungsebene
VO-S

**Diskussion und
Abstimmung**
Gesamtvorstand

**Information und
Diskussion**
VO-Dialog

**Information und
Diskussion**
Programmsprechersitzung

**Abgleich
Zielvereinbarung mit
Ergebnissen aus LWS**
2. Führungsebene

Zusammenstellung
der Ergebnisse
VO-ST

**Strategische Ziele
3. Führungsebene**

Zielvereinbarung mit 3.
Führungsebene
2. Führungsebene

Ergebnis
Gesamtziele

**Zielvereinbarungs-
prozess zwischen der
2. und 3.
Führungsebene**

**Zielvereinbarungs-
prozess zwischen der
3. und 4.
Führungsebene**
(analog 2. und 3.
Führungsebene)

**Vorstellung und
Abstimmung**
Senat

Freigabe
VO-V

Strategische Ziele der
• Programmvorstände
• Programmdirektionen

**Zielvereinbarungs-
prozess zwischen der
4. Führungsebene
und
Mitarbeitern/Teams**
(analog 2. und 3.
Führungsebene)

Gesamtziele DLR
(hieraus wird „Was wollen wir dafür
tun?" (DLR-Strategie) abgeleitet)

Quelle: AD-F, AD-WO

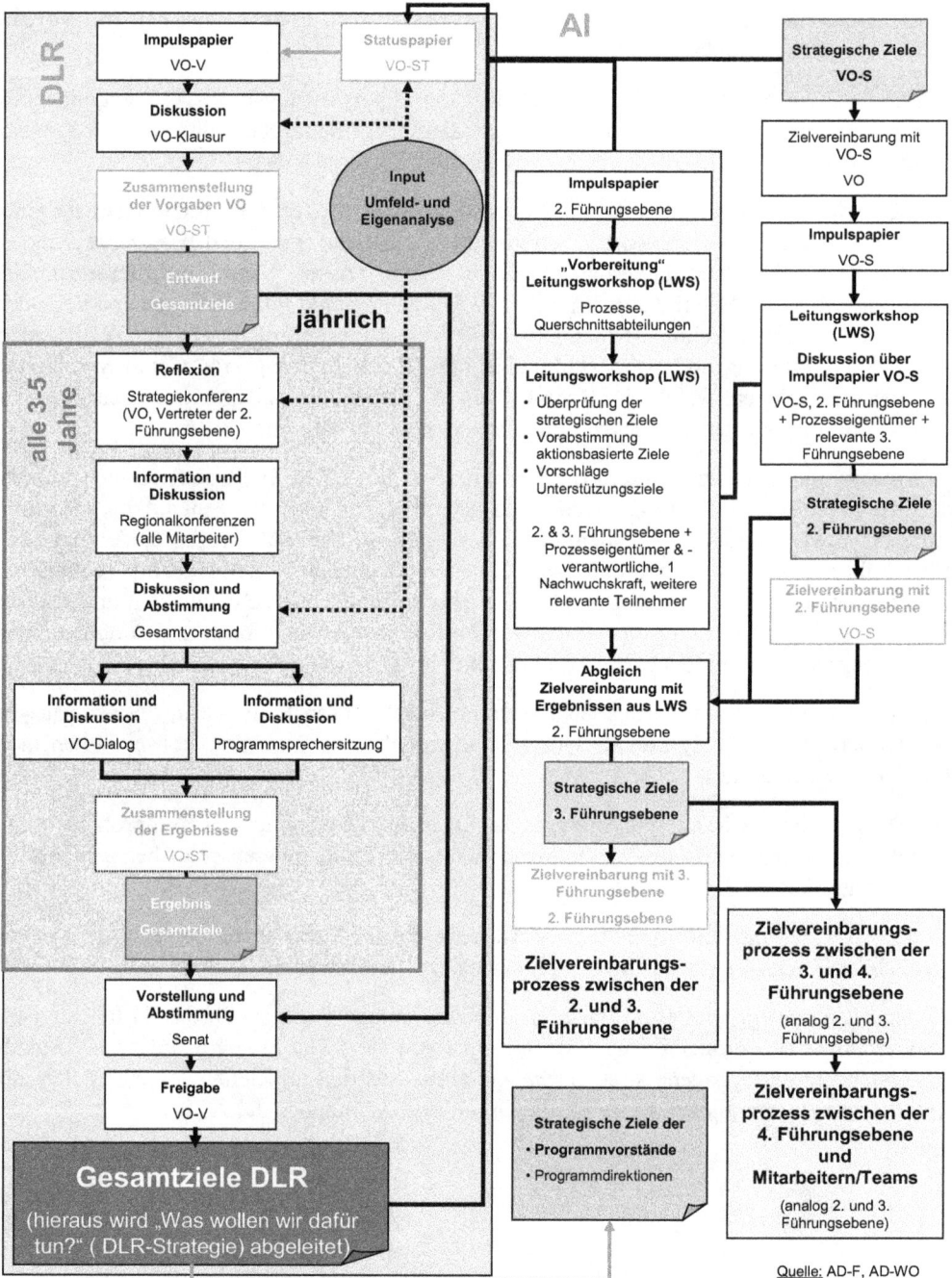

Abb. 4.3   *Ablauf des strategischen Planungsprozesses (inkl. Zielvereinbarungen) zwischen der ATI und VO-S*

Durch ein Zielvereinbarungssystem werden die nach geordneten Hierarchieebenen (bis zur dritten Führungsebene als letzter Stufe der strategischen Ebene) mit strategischen Zielen orientiert. Die dort stattfindende Kaskadierung operationalisiert und konkretisiert die strategischen Ziele. Dies erfolgt in einem Top-Down-/Bottom-Up-Prozess, in dem auch die nach geordneten Ebenen ihre Zielvorstellungen vereinbaren können. Darüber hinaus erfolgt die Umsetzung strategischer Ziele, indem daraus aktionsbasierte – i.d.R. jahresbezogene – Ziele abgeleitet und in Zielvereinbarungen mit Mitarbeitern und/oder Teams vereinbart werden. Zur Beurteilung der Zielerreichung werden, wo sinnvoll und akzeptiert, strategische Kennzahlen herangezogen. Das System ist so aufgebaut, dass an dieser Stelle jeder Mitarbeiter seinen Beitrag zu der Strategie und den strategischen Zielen erkennen kann.

Durch die hierarchische Kaskadierung der Ziele und Strategien erfahren die ursprünglichen strategischen Stoßrichtungen (Kreativität) eine Priorisierung und kommen an entsprechender Stelle in der Hierarchie (Disziplin) an. Damit wird das Prinzip des Gegenstroms realisiert (Siehe Abb. 4.4).

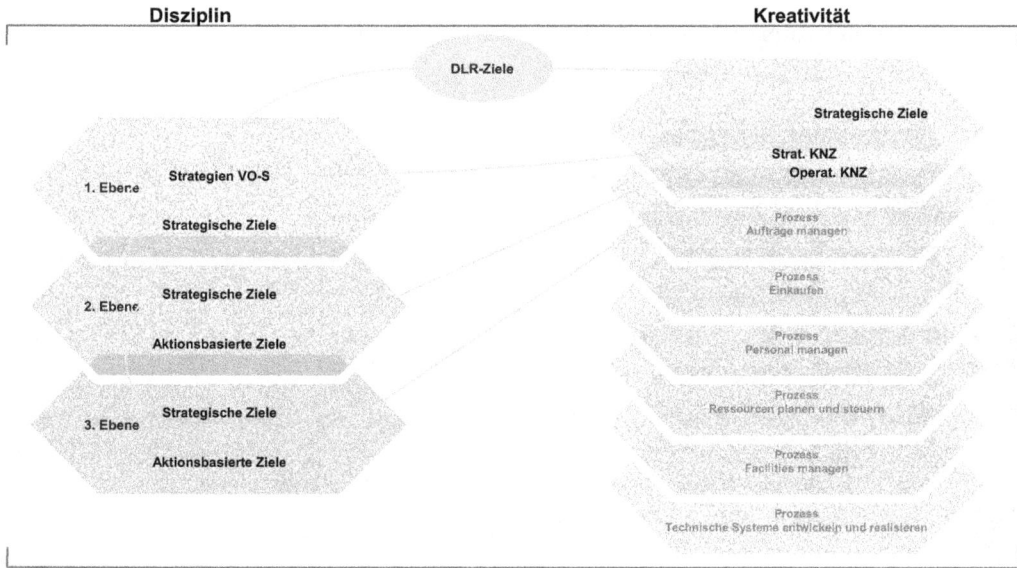

Abb. 4.4   *Die Zielkaskade – Der Zielvereinbarungsprozess*[98]

Als interner Dienstleister partizipiert die ATI am Strategieentwicklungsprozess des DLR sowie am Strategiedialog zwischen Vorstand und Forschungseinrichtungen, den internen Kunden der ATI. Teil dieses Prozesses ist der strategische Planungsprozess zwischen VO-S und der ATI, indem die Zielvereinbarung generiert wird.

---

[98]   Quelle: DLR/AD-F.

4.2.2   Strategiecontrolling

Um die Umsetzung der Strategien des DLR und den daraus abgeleiteten strategischen und aktionsbasierten Ziele zu unterstützen und zu überwachen, werden strategische Kennzahlen gebildet, die die Wirksamkeit der Strategien bzw. den Erreichungsgrad der strategischen Ziele gerade auf Prozessebene messen sollen. Die erfolgreiche Realisierung wird sich auf Grund der höheren Reichweite des Prozesses im Vergleich zur Abteilung (Hierarchie) eben dort in seiner ganzen Dimension messen.

Falls sinnvoll und akzeptiert, werden die strategischen und aktionsbasierten Ziele mit Zielwerten und einem Konzept der Messbarkeit (z.B. Balanced Scorecard) versehen. Hierbei unterstützen die Inhouse Consultants die entsprechende Ebene bei der Konzeptionierung.

4.3   Evolution durch Strategierevision

Zur Revision und damit auch der Evolution der Organisation werden permanent folgende Fragen gestellt:

„Verfolgen wir die richtigen Strategien in Form strategischer Ziele?" (Effektivität)

„Verfolgen wir die Strategien richtig (mit den richtigen Aktionen und Maßnahmen)?" (Effizienz)

Die Beantwortung dieser Fragen sichert die Adaptionsfähigkeit und Flexibilität der Organisation und kann zu einer partialen oder fundamentalen Revision der strategischen Ziele führen.

Dieser Prozess „des sich selbst Versorgens mit Zielen und Strategien" hat erheblichen Einfluss auf die Kreativität bei allen Mitarbeitern und damit die Vitalität der Gesamtorganisation.

Dieses Prozedere setzt Potenziale der Identifikation mit der Gesamtorganisation, dem DLR, bei den Mitarbeitern frei. Zusätzlich sichert dieses regelmäßige und strukturierte Abgleichen der Ziele und Strategien mit den Anforderungen eines sich stetig wandelnden Umfelds – dramatisch gesprochen – die Überlebensfähigkeit der Organisation.

4.4   Rolle der Inhouse Consultants im Phasenmodell

Ein Strategieentwicklungsprozess kann nur dann erfolgreich sein, wenn das Top-Management diesen Prozess selbst betreibt und in die Ebenen darunter beteiligt und in diese transformiert. Hierbei gingen die Impulse für die Strategieentwicklung vom Vorstand des DLR unterstützt durch die Inhouse Consultants (Moderation, Kommunikation und Koordination des Bottom-Up-/Top-Down-Ansatzes und der strategischen Stoßrichtungen) aus. Die Abbildung nennt die beteiligten Inhouse Consultants und ihre Aufgaben bei der Strategieentwicklung.

Inhouse Consultants	Aufgaben	Funktion/Organisation
Strategie (Leader im Strategieentwicklungsprozess)	Moderation, Kommunikation, Koordination, Lieferung von Fach- und Methodenkompetenz zur Entscheidungsvorbereitung und –unterstützung der Strategieentwicklung im DLR.	Dem Vorstand zugeordnete Stabsabteilung Strategie und Vernetzung.
Unternehmensorganisation (Methodische Unterstützung im Strategieentwicklungsprozess)	Prozess- und Organisationsberatung (Schaffung von Transparenz über Prozesse und Organisationseinheiten zur Unterstützung der Entscheidungsfindung) z.B. Gestaltung des Zielvereinbarungssystems.	Linieneinheit mit Richtlinienkompetenz in den Themen Wirtschaftsinformatik und Unternehmensorganisation für das gesamte DLR.
Betriebswirtschaftliche Informationssysteme (Methodische Unterstützung im Strategieentwicklungsprozess)	Bereitstellung eines das Geschäftsprozessmodell unterstützenden Informationssystems, z.B. Betrieb eines ERP-Systems, Gestaltung von Business Intelligence.	

Abb. 4.5   *Aufgaben der Inhouse Consultants*[99]

5 Schlussbetrachtung

Der vorliegende Beitrag stellt in Anlehnung an das Deutsche Zentrum für Luft- und Raumfahrt den Strategieentwicklungsprozess anhand eines Phasenmodells dar. Dieses Phasenmodell stellt sich dem nachnutzenden Praktiker, Inhouse Consultant (interner Berater) oder dem versierten Leser als normativer Mantelprozess mit zu füllenden Leerstellen dar. Der Mantelprozess sollte als adäquater Mechanismus verstanden werden, der bei konsequenter und

---

[99]   Quelle: DLR/AD-WO.

stringenter Ausgestaltung der Leerstellen Kreativität, Disziplin und Evolution zu einer erfolgreichen Strategie führt. Der Erfolg einer Strategie kann durch eine Funktion von Qualität und Akzeptanz beschrieben werden, die zu lasten einer Brillanz steht. All diese Überlegungen aus der Konstruktion und den Erfahrungen aus der Nutzung verdichten sich in den Grundlagen der Strategiearbeit:

- Top-Management als Initiator (Auflösung der strategischen Wolke).
- Vermeidung von Paralyse durch Analyse.
- Hohes Potenzial aus der Top-Down-/Bottom-Up-Vorgehensweise begleitet durch Inhouse Consultants.
- Strukturierte Analyse der (Umfeld-) Beobachtungsbereiche.
- Hohe Partizipation im Sinne der Einbindung der Interessengruppen (insb. Querdenker, Skeptiker und Novizen).
- Die Priorisierung der strategischen Stoßrichtungen gewährleistet die „Machbarkeit".
- Wechselwirkung aus der Kreativität (Strategieentwicklung) und Disziplin (Strategieumsetzung).
- Zunahme der Verbindlichkeit und Überprüfbarkeit durch intensive Abstimmungsprozesse.
- Strategische Planung ist als Mechanismus nicht mit einer Strategie im Sinne von strategischem Denken gleichzusetzen.
- Ständige Iteration der Kreativität – Disziplin – Evolution (Phasenmodell).
- Verbesserung des Strategie- und Zielverständnisses auf breiter Ebene in den Führungs-, Kern- und Unterstützungsprozessen des DLR.

In diesem skizzierten Vorgehen erkennen wir einen praktikablen Ansatz der Analyse ohne Paralyse. Um im Gleichnis von John Godfrey Saxe zu bleiben, werden die „blinden Männer" befähigt, ihre unterschiedlichen Schlussfolgerungen diskursiv und verdichtet an die Führung zu geben, die daraufhin den „Elefanten" erkennt und benennt. Die Führung erzeugt bei den „Männern" also ein Verständnis über den „Elefanten" und die „Männer" erkennen nun, dass ihre partiellen Schlussfolgerungen für das Erhellen des ganzen Bildes unabdingbar sind.

Da wir uns im DLR nicht mit „Elefanten" beschäftigen, gelangen wir nach dem Strategieentwicklungsprozess zu einer Strategie mit dem internen Motto „Ein DLR", d.h., es gibt nur eine organisationsweit gültige Vision und Mission einschließlich der Strategie.

6   Literatur

Ansoff, H. I. (1965). Corporate Strategy . McGrawHill, New York.

Die Regel des Heiligen Benedikt,
http://www.benediktiner.de/regula/Benediktsregel_deutsch.pdf.

Mintzberg, H. (1994). The Rise and Fall of Strategic Planning. Free Press, New York.

Mintzberg, H., Ahlstrand, B. & Lampel, J. (2007). Strategy Safari. Eine Reise durch die
Wildnis des strategischen Managements. Redline Wirtschaftsverlag, Heidelberg. S. 14–15.

Mintzberg, H., Ahlstrand, B. & Lampel, J. (2007). Strategy Safari. Eine Reise durch die
Wildnis des strategischen Managements. Redline Wirtschaftsverlag, Heidelberg. S. 138.

Peters, T. J. & Waterman, R. H. jr. (1982): In Search of Excellence: Lessons from America's
Best-Run Companies. Harper & Row, New York. S. 63.

Schulte-Derne, M. (2005). Transformation follows strategy: Transformation und Strategieentwicklung von Innen. Springer, Wien. S. 204–205.

Simon, H. (1988). Management strategischer Wettbewerbsvorteile. In: Wettbewerbsvorteile
und Wettbewerbsfähigkeit, Hrsg. H. Simon. Schäffer-Poeschel, Stuttgart. S. 424.

Die SBB Consulting

David Baer, Samuel Ruggli, Dr. Martin Schenk*

* David Baer, Consultant; Samuel Ruggli, Senior Advisor; Dr. Martin Schenk, Geschäftsführer bei SBB Consulting.

1   Die SBB AG im Überblick

Die Schweizerischen Bundesbahnen (SBB) sind das größte Transportunternehmen und der viertgrößte Arbeitgeber der Schweiz. Ihre rund 28.000 Mitarbeiter arbeiten in den vier Divisionen Personenverkehr, Güterverkehr (SBB Cargo), Infrastruktur und Immobilien. Hinzu kommen die Zentralbereiche, denen unter anderem Finanzen, Personal, Informatik und die Unternehmensentwicklung angehören.

Das Unternehmen erbringt sowohl Mobilitätsleistungen im Nah- als auch im Fernverkehr und befördert im Personenverkehr über 322 Millionen Fahrgäste jährlich auf dem weltweit am stärksten genutzten Bahnnetz. Täglich nutzen über 900.000 Kunden die über 7.000 Personenzüge.

SBB Cargo AG, eine 100%-Tochtergesellschaft der SBB AG, bietet darüber hinaus ein großes Leistungsspektrum an Transport- und Logistikdienstleistungen an. Das Unternehmen bewegt jährlich 54 Millionen Nettotonnen Güter durch Europa.

Im internationalen Vergleich sind die SBB und die von ihr erbrachte Verkehrsleistung in mehreren Punkten einzigartig:

- Hohe Qualität/ Pünktlichkeit (2008: 90% aller Züge waren weniger als drei Minuten verspätet) und Nutzungsintensität/Verkehrsfrequenz (2008: 93 Züge pro Strecken-km und Tag) zählt sie unter den großen nationalen Eisenbahngesellschaften weltweit zu den Spitzenreitern.
- Kundenorientierung steht im Mittelpunkt. So stellt etwa der 2004 eingeführte integrale Taktfahrplan den Stundentakt, auf den wichtigsten Verkehrsachsen den Halbstundentakt und in größeren Agglomerationen gar den Viertelstundentakt sicher. Dies ermöglicht eine S-Bahn-ähnliche Nutzung der Bahn.
- Kaum ein Volk greift so intensiv und gerne auf Bahnverkehrsleistungen zurück. So reist etwa jeder Schweizer im Mittel jährlich 2.422 km (2008) mit der Bahn. Diese Treue drückt sich unter anderem in fast 400.000 verkauften Generalabonnements sowie über zwei Millionen Halbtax-Abonnements aus. Die SBB genießt in der Schweizer Gesellschaft einen großen „Goodwill".
- Dank der zentralen Lage der Schweiz in Westeuropa und der intensiven Zusammenarbeit mit den Nachbarbahnen kennt die SBB die nationalen Gegebenheiten der Eisenbahnverkehrs- (EVU) und Eisenbahninfrastrukturunternehmen (EIU) ihrer Nachbarländer Deutschland, Frankreich, Italien und Österreich. Ihre Expertise ist daher auch international seit jeher gefragt.

2   Die Ausrichtung der SBB Consulting

2.1   Ziele und Entstehung

Haupttreiber für die Gründung der SBB Consulting waren und sind folgende Ziele:

- Aus Beratungsmandaten generiertes Know-how verbleibt in der SBB, wird dort aktiv weitergegeben und trägt somit zur Förderung des Kerngeschäftes der SBB sowie zur Stärkung des Images der SBB bei.
- Das Fachwissen, die Management-Erfahrung und das weite Beziehungsnetz der Topkader (s. Kap. 3.1) bleiben der SBB erhalten und werden systematisch an jüngere Kader weiter gegeben.
- Nachhaltig werden die Ausgaben der SBB für externe Beratungsleistungen reduziert.
- SBB Consulting ist ein aktives Instrument der Personalentwicklung: Für potenzielle Nachwuchskader werden gute Karriereperspektiven geschaffen.

Die Idee für den Aufbau einer eigenen Beratung bestand seit Längerem. Im Zuge einer Reorganisation 1999 wurde sie zur Jahrtausendwende konkretisiert. Die SBB Consulting startete mit acht Senior Advisors in Bern nach dem Vorbild der früheren ABB Management Consulting, heute Consenec AG. Senior Advisors sind ehemalige Führungskräfte der knapp 100 Personen umfassenden obersten Führungsebene, dem SBB-Topkader.

Seit ihrer Gründung agiert die SBB Consulting als Cost Center. Auf eine Ausgliederung mit eigener Rechtsform wurde bewusst verzichtet. Über ihre verrechneten Tagessätze werden sowohl die Personalaufwendungen (inkl. Sozialaufwendungen) als auch die Aufwendungen für Material, Waren und Drittleistungen gedeckt.

2.2   Beratungsverständnis, -kompetenzen und Kunden

Sämtliche erbrachte Beratungsleistungen haben einen engen Bezug zu den Themenfeldern „Bahn" und „öffentlicher Verkehr". Zentraler Wettbewerbsvorteil der SBB Consulting sind ihre praktische Erfahrung auf diesen Gebieten und das dichte SBB-interne und internationale Beziehungsnetzwerk.

Um den bestmöglichen Nutzen für den Kunden zu erzielen, wird das SBB Consulting Team nach Projektauftrag maßgeschneidert. Weitere Kompetenzen können durch temporär Mitarbeitende aus der SBB, beispielsweise Kader-Mitglieder sowie Fachspezialisten, ergänzt werden. Gleiches gilt für externe Berater (vgl. Abbildung 2.1). Dies sind etwa ehemalige Mitarbeitende, Berater-Makler, Planer und Ingenieurbüros, Hochschulen und externe Beratungsunternehmen.

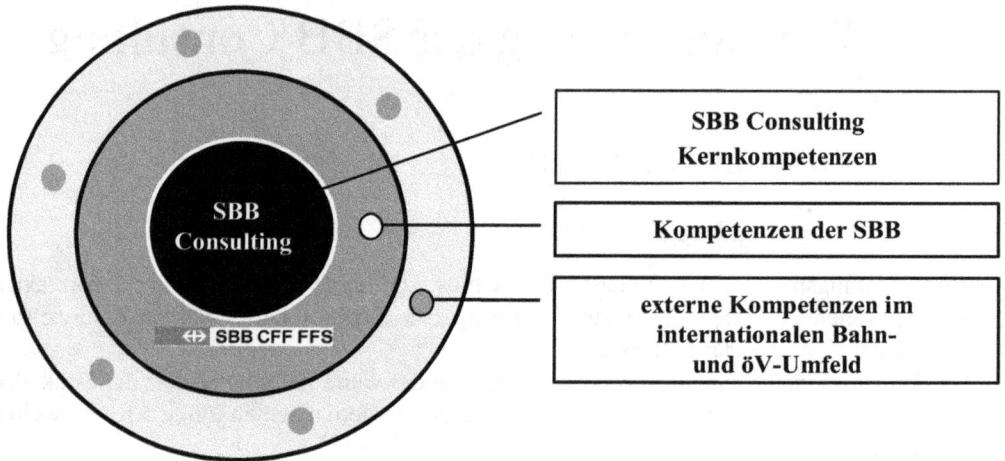

Abb. 2.1   Bildung kompetenter Projektteams

SBB Consulting deckt vor allem folgende Beratungskompetenzen ab:

- Hauptfokus ist der Bereich des Managements (inkl. Risk-Managements) und der Begleitung größerer, für die SBB sowohl strategisch als auch operativ bedeutungsvoller Projekte. So wurde etwa die Konzeption des Projekts „Bahn 2000" – die Einführung des integ-
  ralen Taktfahrplans und des Halbstundentaktes zwischen den wichtigsten Knoten – maßgeblich durch Mitarbeitende der SBB Consulting konzipiert und umgesetzt. Ein anderes
  Beispiel ist das Projektmanagement der Bau- und Instandhaltungskonzepte für den 2017
  in Betrieb gehenden Gotthard-Basistunnel.
- Im Rahmen des „Management auf Zeit" übernehmen Mitarbeitende zeitlich befristet die
  Leitung vakanter Organisationseinheiten. Der Vorteil gegenüber Alternativlösungen liegt
  hier insbesondere in der vergleichsweise raschen Verfügbarkeit, vorhandenen Sachkennt-
  nis und umfangreichen Führungserfahrung.
- In Tochtergesellschaften, Gemeinschaftsunternehmen, Behörden und Verbänden werden
  wichtige Mandate durch Mitarbeitende der SBB Consulting im Auftrag der SBB wahrgenommen.
- Facheinschätzungen für die SBB als auch andere Dienstleister des öffentlichen Verkehrs
  werden im Rahmen von Second Opinions, Fachanalysen und -expertisen erbracht.
- In Form von Moderationen und individuellen Coachings von Führungskräften werden
  aber auch „soft skills" vermittelt.

Außerdem wird die methodische Kompetenz in folgenden Themenfeldern ausgebaut:

- Strategieentwicklung,
- Zielemanagement, inklusive Benchmarking,
- Prozessmanagement/-optimierung,

- Organisationsentwicklung und Change Management,
- Know how-Transfer über Schulung, Weiterbildung und Kommunikation.

Beratungsleistungen für die SBB werden vor allem gegenüber der Konzernleitung, Mitgliedern des Top- und mittleren Kaders aus den Zentralbereichen, den Divisionen, Geschäftsbereichen sowie Tochtergesellschaften der SBB erbracht. SBB Consulting agiert schwerpunktmäßig als interne Unternehmensberatung. Im Zeitverlauf konnte sie sich zunehmend auch extern als anerkannte Beratung etablieren und somit zur Förderung des Images und der Marke SBB beitragen. Rund ein Drittel der Leistungen wird für externe Kunden erbracht.

Vor allem SBB-Expertisen, zum Beispiel Lösungsbeiträge für Verkehrskonzepte, Markt- und Benchmark-Untersuchungen können hier beispielhaft aufgeführt werden. Auftraggeber sind vorwiegend nationale und internationale EVU, EIU, als auch Verbände und staatliche Institutionen.

Zudem geht der Beratungsumfang in der Regel deutlich über die Erarbeitung von Konzepten hinaus – ein Vorteil gegenüber externen Beratern, die häufig das beratene Unternehmen nach der Erstellung des Konzeptes verlassen und dem Unternehmen die Umsetzung überlassen. Dank des guten Gespürs der Mitarbeitenden für das Sinnvolle und Machbare liegt die Stärke in der frühzeitigen Umsetzungsorientierung. Dadurch werden nachhaltig erfolgreiche Lösungen sichergestellt.

3   Die Mitarbeitenden der SBB Consulting

Die Kompetenzen von Mitarbeitenden stellen den zentralen Erfolgsfaktor einer jeden Beratung dar. Daher ist die projektspezifische Teamzusammenstellung sowie die flexible Erweiterung der Kompetenzen und Kapazitäten ein zentrales Erfolgsmerkmal der SBB Consulting. Neben SBB-internen werden nach Kundenwunsch auch externe Berater einbezogen (vgl. Abbildung 3.1).

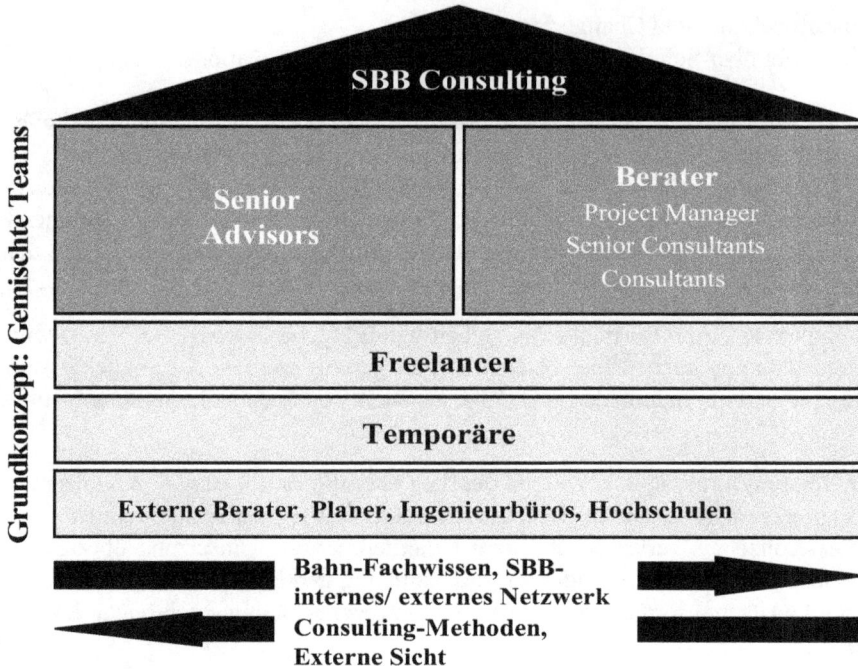

Abb. 3.1   *Mitarbeitende der SBB Consulting*

Die Projektmitarbeitenden der SBB Consulting setzen sich aus den fest bei ihr angestellten Senior Advisors – ehemaligen Topkadern der SBB – und Beratern zusammen. Bei Letzteren handelt es sich um vormalige Management-Berater sowie Fach- und Methodenexperten der SBB. Je nach Projektbedarf zusätzlich benötigte Ressourcen können über „Freelancer" und „Temporäre" flexibel beigesteuert werden. „Freelancer" sind besonders erfahrene Fachexperten, die nicht mehr in einem festen Anstellungsverhältnis zur SBB stehen, etwa ehemalige Senior Advisors. „Temporäre" sind indessen Mitarbeitende der SBB, die zeitlich befristet oder projektspezifisch Fachwissen einbringen.

Diese flexible Teamzusammensetzung ist eine Grundvoraussetzung für nachhaltig erfolgreiche Beratungsprojekte, ohne Abstriche an der Innovationskraft und methodischen Qualität der Konzepte machen zu müssen. Die Mitarbeitenden der SBB Consulting bringen ihren Mehrwert – einerseits Bahn-Fachwissen, SBB-internes/ externes Netzwerk, andererseits Consulting-Methoden und die externe Sicht – in die Projekte ein. Sie ergänzen sich dabei in ihrer Expertise.

Nachfolgend werden die verschiedenen Mitarbeitergruppen der SBB Consulting vorgestellt. Dabei werden auch die praktischen Erfahrungen der Senior Advisors beim Übertritt zur SBB Consulting vermittelt.

3.1   Senior Advisors

Beim SBB-Topkader handelt es sich um die oberen 100 Kadermitglieder der SBB. Sie treten in der Regel mit Erreichen des 59. Lebensjahres von ihrer bisherigen Linienaufgabe in die SBB Consulting als Senior Advisor über. Ausgenommen sind die Mitglieder der Konzern- und erweiterten Konzernleitung. Im Mittel sind fünf bis acht Senior Advisors bei der SBB Consulting tätig.

3.1.1   Erfahrene Topkader

Senior Advisors sind SBB-Mitarbeitende, die mehrere Jahrzehnte Berufs- und Führungser- fahrung gesammelt haben; dies überwiegend in verschiedensten Bereichen der SBB und ihrer Tochtergesellschaften. Sie haben Höhen und Tiefen des Berufsalltags und der Führung haut- nah erlebt und verfügen über ein breites Erfahrungswissen. Sie waren konfrontiert mit unter- schiedlichsten Aufgabenstellungen und Herausforderungen, oftmals auch in anderen Ländern und Kulturen. Als Mitglieder des SBB-Topkaders verfügen sie über ein breites Bahnwissen und kennen den SBB-Konzern detailliert von innen wie von außen. Sie verfügen über ein dichtes und weitreichendes Netzwerk, bis hin zu Verbänden, Ministerien, Kantonen und sonstigen nationalen sowie internationalen Institutionen. Auf der Basis ihrer Kenntnisse des strategischen und operativen Umfelds können sie relevante Trends, Chancen und Risiken fundiert einschätzen. Für das Beratungsgeschäft entscheidend ist aber, dass sie über ein gutes Gespür für das Machbare verfügen. Im Rahmen von gemischten Beratungsteams stellen Senior Advisors etwa sicher, dass inhaltlich und methodisch innovative, aber von der Orga- nisation schwer akzeptierte Konzepte eine frühzeitige „Erdung" erfahren. Damit kann ver- hindert werden, dass diese gar nicht, erst zu einem späteren Zeitpunkt oder erst unter einer neuen personellen Konstellation zum Einsatz kommen. Insbesondere bei Projekten mit ho- hem Change-Anteil ist dies besonders wertvoll.

Für die Auftraggeber ist von hohem Wert, dass Senior Advisors gewohnt sind, Verantwor- tung zu tragen, Entscheidungen zu treffen, Ziele zu setzen, Aufträge zu erteilen und Arbeiten sowie Mitarbeitende effizient und konsequent zu führen. Kurzum, sie beherrschen das große Einmaleins des Projektmanagements.

Vielfältigste Erfahrungen und fundiertes Wissen stehen der SBB mit dem Team der Senior Advisors zur Verfügung: Dank der vielseitigen Berufserfahrung der Senior Advisors liegen in der SBB Consulting breite Kenntnisse nahezu aller Konzernbereiche vor. Hiervon profitie- ren die Berater innerhalb der SBB Consulting, die bei projektspezifischen Fragestellungen zunächst auf Senior Advisors zugehen können. Der Projektauftraggeber wird damit nur in wirklich notwendigem Maße zeitlich in Anspruch genommen. Dies ist ein wesentlicher Un- terschied gegenüber externen Beratungen.

3.1.2   Vom SBB-Topmanager zum Senior Advisor

Je nach aktueller Situation im Berufs- und Privatleben erscheint das Ereignis „Übertritt zur SBB Consulting" als drohendes Schreckgespenst oder als freudiges Ereignis und große Chance. Eines ist klar: Die Umstellung von der bisherigen, stark fremdgesteuerten Linientätigkeit mit einer Führungsverantwortung, von teilweise mehreren tausend Mitarbeitenden und Assistenten, zum deutlich stärker selbst gesteuerten Senior Advisor bedeutet für den Einzelnen oft eine erhebliche Umstellung.

Nach den ersten Monaten ihrer Beratungstätigkeit zeigt sich, dass die praktischen Erfahrungen der Senior Advisors für ihre Rolle und Aufgaben große Chancen bergen. Von einem Tag auf den anderen werden die Topmanager von ihren direkten Ergebnis-, Entscheidungs- und Führungsverantwortungen entlastet. Damit entfallen erhebliche Stressfaktoren. Die Möglichkeit, Aufgaben- und Verantwortungslast nun in höherem Maße selbst und flexibel zu definieren, bedeutet Freiheit und Chance, seinen eigenen Rhythmus – bis hin zur eigenen Arbeitszeit und zum Beschäftigungsgrad – zu bestimmen. Der Kopf ist frei von Linienaufgaben und bereit, das vorhandene Wissen und die Erfahrung auf ausgewählte Themen zu fokussieren. Zumeist handelt es sich dabei um für die SBB stark optimierungs- oder klärungsbedürftige Themen, für deren Bearbeitung im Rahmen der Linientätigkeit, trotz offenkundigen Nutzens für den Konzern, Divisionen und Zentralbereiche, keine Zeit, keine Kapazitäten oder kein Wille existierten. Die Erkenntnis, den Konzern an erfolgskritischen Stellen durch den eigenen Einsatz rasch und entscheidend voran bringen zu können, verschafft ein hohes Maß an Befriedigung und Motivation. Befriedigung verschafft ferner die enge Zusammenarbeit mit erfahrenen, aufgeschlossenen und motivierten Beratern, die den eigenen methodischen Werkzeugkoffer und das eigene Repertoire rasch erweitern und denen das eigene Wissen weitergegeben werden kann.

Der Übertritt geht aber auch mit Veränderungen einher, die – je nach individueller Gewichtung – negativ wahrgenommen werden können: Für den Senior Advisor entfällt das Führungsteam und die Assistenten, welche die tägliche administrative Arbeit erleichtern. Ungewohnt ist auch, Beratungsaufträge zu akquirieren sowie sich einem für das Beratungsgeschäft üblichen, täglichen kritischen Dialog mit Auftraggebern und Projektmitarbeitenden zu stellen. Für Topkader kann diese Erkenntnis im ersten Moment ernüchternd sein. Bei genauem und objektivem Hinsehen überwiegen jedoch die Vorteile deutlich. Dies gilt sowohl für den Senior Advisor, seine Projektmitarbeitenden als auch den Auftraggeber: Eine win-win-win-Situation für alle Beteiligten.

Entscheidend für einen erfolgreichen Übertritt in die SBB Consulting ist eine ausreichende inhaltliche sowie mentale Vorbereitung auf den wichtigen Schritt für die letzte Etappe der eigenen Karriere. Auch hier gilt: „Gouverner c'est prévoir". Um dies zu unterstützen, beginnt der Übertrittsprozess spätestens zwei Jahre vor dem tatsächlichen Übertritt. Er umfasst neben maßgeschneiderten Vorbereitungsseminaren, Coachings, Gesprächen mit aktiven und ehemaligen Mitarbeitenden der SBB Consulting auch gezielte Einbindungen in das laufende Beratungsgeschäft der SBB Consulting. So besteht ausreichender Vorlauf, über die eigene Zukunft, die Chancen, Risiken und Herausforderungen des anstehenden Wechsels in die Beratertätigkeit zu reflektieren. Die Vorlaufzeit wird ferner genutzt, um einen ersten Projekt-

Auftrags-"Rucksack" für die erste Zeit nach dem Übertritt zu füllen. Gut vorbereitet, neugierig und getragen von einem realistischen Optimismus, im Hinblick auf die neue Herausforderung, wird die Lebensphase „Senior Advisor" zu einer sanften Landung. Noch mehr: Sie wird zu einer überaus spannenden und befriedigenden Phase vor der Pensionierung, die zudem hinsichtlich des Beschäftigungsgrades flexibel gestaltet werden kann und die Option bietet, auch nach der Pensionierung als Freelancer für die SBB Consulting tätig zu sein.

3.2 Berater: Consultants und Project Manager

Analog zum Aufbau externer Beratungen setzt sich die Gruppe der Berater – gestuft nach ihrer Berufserfahrung und Seniorität – aus Consultants, Senior Consultants und Project Managern zusammen.

Consultants sind in der Regel jüngere Kader der SBB oder ehemalige Mitarbeitende anderer Beratungen, die bereits über einige Jahre Berufserfahrung verfügen. Ihre akademische Ausbildung haben sie zumeist bei bekannten Hochschulen absolviert, beispielsweise an der ETH Zürich, der EPF Lausanne oder der TU Dresden – oftmals mit den Schwerpunkten Verkehrswirtschaft, Logistik oder Eisenbahntechnik. Nicht selten haben die Consultants praktische Bahn- und öV-Erfahrungen im Rahmen eines Trainee-Programms der SBB oder ihren ausländischen Partnern, im Rahmen von Praktika bei internationalen EVU und EIU oder Einrichtungen wie dem Internationalen Eisenbahnverband UIC erworben. In der unterstützenden Projektarbeit in gemischten Teams zusammen mit den Senior Advisors profitieren sie von deren Wissen und Erfahrung.

Jeder Consultant – ebenso wie jeder Senior Consultant und Project Manager – verfügt aus dem Kreis der Senior Advisors über einen persönlichen Coach, auf dessen Unterstützung er zählen kann. Zu seinen Aufgabengebieten zählen die Leitung kleinerer und mittlerer Projekte sowie die Teilprojektleitung größerer Projekte. Auf diese Weise setzen sie sich bereits frühzeitig mit dem Umgang komplexer Problemstellungen auseinander und übernehmen Verantwortung. Neben den Erfahrungen im Projektmanagement erweitern sie ihre Beratungskompetenz. Im Rahmen ihrer Tätigkeit gewinnen sie einen exzellenten Einblick in die verschiedensten Bereiche der SBB und bauen sich so ein solides SBB-Know-How auf. Für ihre spätere Karriere in einer Führungsposition können diese Kenntnisse und das dazugehörige Netzwerk von entscheidendem Vorteil sein.

Senior Consultants sind zumeist ehemalige Mitarbeiter anderer externer oder interner Beratungen, aber auch SBB-Kadermitglieder mit fundiertem Bahnwissen und „Beratungshintergrund". Sie verfügen entweder über eine mehrjährige internationale Beratungserfahrung im Bahn-/ öV-Bereich oder über eine wertvolle Methodenexpertise aus anderen Industrien, etwa aus dem Bereich der Prozessoptimierung oder dem Benchmarking. Sie leiten mittlere Projekte oder Teilprojekte großer Projekte.

Project Manager verfügen zumeist über einen vergleichbaren Werdegang wie Consultants, unterscheiden sich jedoch gegenüber Letzteren in ihrer Berufs- und Beratungserfahrung, die nicht selten zehn Jahre übersteigt. Sie sind in der Lage – ähnlich wie Senior Advisors – große Projekte eigenverantwortlich und souverän zu führen und zu akquirieren.

Mitarbeitende	Berufserfahrung	Aufgabenbereiche	Altersspanne
Senior Advisors	Mehrjährige Führungserfahrung im SBB Topmanagement (100 Topkader)	Leitung großer Projekte, Mandate, Akquisition	ca. 59 – 65
Project Manager	Studienabschluss, mehrjährige Führungs- und Projekterfahrung im Bahn-/öV-Bereich und/ oder im Management-Consulting	Leitung großer Projekte, Aufbau/ Betreuung Kompetenzfelder, Akquisition	≥ 35
Senior Consultants	Studienabschluss, mehrjährige Berufserfahrung im Bahn-/öV-Bereich und/ oder im Management-Consulting	Leitung mittlerer Projekte, Teilprojekte großer Projekte, Akquisition	≥ 30
Consultants	Studienabschluss, mehrjährige Berufserfahrung im Bahn-/ öV-Bereich	Leitung kleiner Projekte, Teilumfänge mittlerer/ großer Projekte	≥ 25
Freelancer	Mehrjährige Fach- und Führungserfahrung bei der SBB, u.a. ehemalige Senior Advisors	Fokus Fachexpertise, Projektmanagement	offen
Temporäre	Bei SBB beschäftigt	Fokus Fachexpertise	offen

Abb. 3.2   Mitarbeitende der SBB Consulting

3.3   Erfolgsrezept: Senior Advisors und Berater

Wie bereits dargestellt, bergen gemischte Teams aus Senior Advisors und Beratern große Potenziale im Beratungsgeschäft. Dies gilt einerseits für die Auftraggeber und andererseits für die beratenden Mitarbeitenden. Projekte, die gemeinsam durch Senior Advisors und Berater durchgeführt werden, profitieren von der außergewöhnlichen Kombination aus Topmanagement-Erfahrung einerseits und Methodenexpertise sowie einem hohen Maß an Innovation und Kreativität andererseits.

Berater erfahren im Rahmen ihrer Projekte täglich intensive Unterstützung und individuelle Förderung in ihrer eigenen Entwicklung. Sie profitieren sowohl fachlich als auch persönlich von einer steilen Lernkurve und einem raschen Überblick über die SBB und ihrem Umfeld. Für Senior Advisors ist die Zusammenarbeit mit jungen Menschen immer wieder eine positive Herausforderung. Sie begegnet der Gefahr, „stehenzubleiben" und in festgefahrenen Gleisen zu verrosten.

Um die konstruktive und wertschätzende Zusammenarbeit zwischen Senior Advisors und Beratern sicherzustellen, kommt fünf Punkten eine Schlüsselrolle zu: (i) dem Recruiting, (ii) dem regelmässigen teaminternen Austausch – etwa in Form kollegialer Fallberatungen –,

(iii) der kontinuierlichen Weiterbildung der Mitarbeitenden und (iv) der SBB Consulting als Ganzes sowie (v) einem ausgewogenen Anreizsystem für alle Mitarbeitenden. Dieses berücksichtigt neben Auslastungszielen, systematischen Kundenfeedbacks und Akquisitionszielen auch individuelle Beiträge zur Weiterentwicklung der SBB Consulting.

Ganz entscheidend ist das Recruiting: Neben fachlichen und methodischen Kenntnissen muss vor allem die Eignung und Bereitschaft einer übergreifenden, von gegenseitiger Wertschätzung geprägten Zusammenarbeit gegeben sein. Und dies ungeachtet der Altersunterschiede, der persönlichen und beruflichen Hintergründe.

4 Zusammenfassung und Ausblick

Die SBB Consulting existiert seit nun fast zehn Jahren. In dieser Zeit hat sie sich SBB-intern, zunehmend aber auch extern erfolgreich als Beratung mit Bahn- und öV-Bezug etabliert. Ihr zentraler Wettbewerbsvorteil ist ihre Umsetzungsstärke, ermöglicht durch umfangreiche praktische SBB-Erfahrung in Kombination mit Management-Beratungsexpertise. Das Ziel sind rasche „greifbare" Resultate sowie umsetzbare, nachhaltig erfolgreiche Beratungsansätze. Die detaillierte Kenntnis von SBB-Strategien und -Prozessen, Umsetzungsorientierung, Praxisbezogenheit und ein gutes Gespür für das Machbare sind klare Wettbewerbsvorteile, die SBB Consulting von anderen Beratungen im Bahn-/öV-Umfeld abheben. Einzigartig ist in der Bahnbranche auch die Möglichkeit der Bildung gemischter Teams aus Mitarbeitenden der SBB Consulting – Seniors Advisors und Beratern – sowie Externen.

Schwerpunkte der zukünftigen Ausrichtung der SBB Consulting sind die weitere kontinuierliche Professionalisierung, die Intensivierung des Dialogs mit aktuellen und potenziellen (auch externen) Auftraggebern sowie die behutsame und zielgerichtete Ausweitung des vorhandenen Know-hows.

Der integrierte Consulting- und Entwicklungsansatz der EnBW Akademie

*Robert Dörzbach**

---

* Leiter des Geschäftsbereichs Beratung der EnBW Akademie GmbH.

1   EnBW Akademie: Eckpunkte des Geschäftsmodells

Als erstes Unternehmen der Energiebranche in Deutschland gründete die EnBW AG im Jahr 2000 eine Corporate University – die EnBW Akademie GmbH als 100%ige Tochtergesellschaft. Personal- und Managemententwicklung werden als wettbewerbsrelevante Investitionsfelder verstanden. Dabei versteht sie sich als Entwicklungspartner in einem auf Dauer angelegten Prozess der Kompetenzentwicklung und Veränderungsbegleitung.

Von Anfang an stand die EnBW Akademie als GmbH voll im Wettbewerb mit externen Anbietern. Sämtliche Kosten wurden vom ersten Tag an auf Basis einer wettbewerbsfähigen Leistungsverrechnung eigenständig finanziert. Der Schwerpunkt lag zunächst im Bereich der Trainings und Seminare für Management sowie Mitarbeiter. Im Jahr 2002 entschied sich die Geschäftsleitung ein neues Geschäftsmodell zu entwickeln, in welchem drei vertikal differenzierte Geschäftsbereiche in enger Vernetzung und unter einer gemeinsamen Geschäftsleitung ein ganzheitlich ausgerichtetes Portfolio an Consulting- und Qualifizierungsdienstleistungen anbieten.

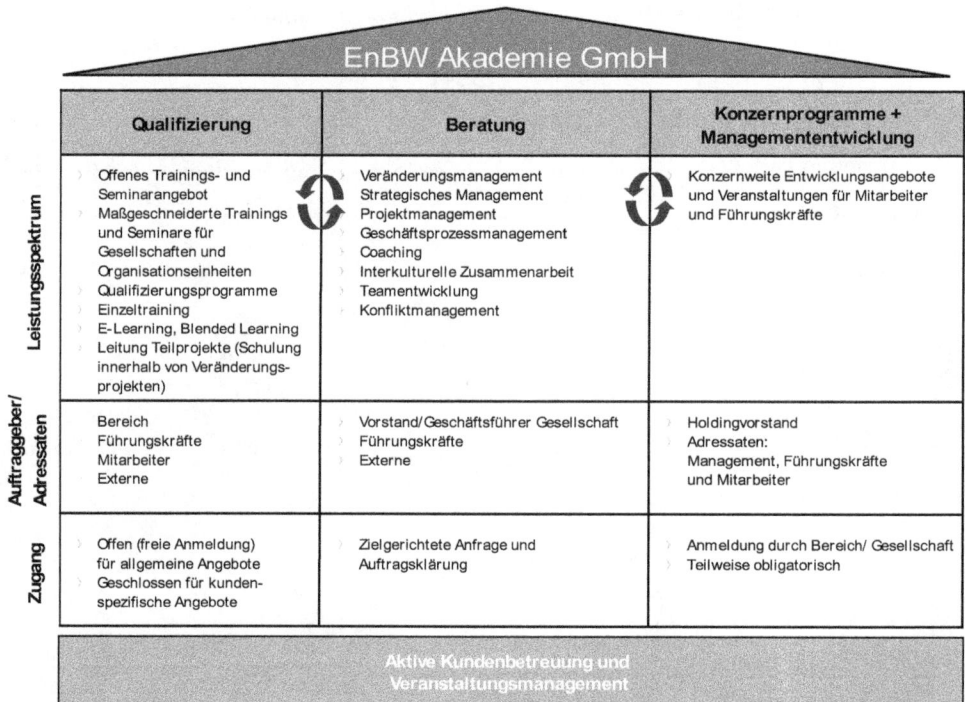

EnBW Akademie GmbH		
Qualifizierung	**Beratung**	**Konzernprogramme + Managemententwicklung**
Offenes Trainings- und Seminarangebot Maßgeschneiderte Trainings und Seminare für Gesellschaften und Organisationseinheiten Qualifizierungsprogramme Einzeltraining E-Learning, Blended Learning Leitung Teilprojekte (Schulung innerhalb von Veränderungsprojekten)	Veränderungsmanagement Strategisches Management Projektmanagement Geschäftsprozessmanagement Coaching Interkulturelle Zusammenarbeit Teamentwicklung Konfliktmanagement	Konzernweite Entwicklungsangebote und Veranstaltungen für Mitarbeiter und Führungskräfte
Bereich Führungskräfte Mitarbeiter Externe	Vorstand/Geschäftsführer Gesellschaft Führungskräfte Externe	Holdingvorstand Adressaten: Management, Führungskräfte und Mitarbeiter
Offen (freie Anmeldung) für allgemeine Angebote Geschlossen für kundenspezifische Angebote	Zielgerichtete Anfrage und Auftragsklärung	Anmeldung durch Bereich/ Gesellschaft Teilweise obligatorisch
Aktive Kundenbetreuung und Veranstaltungsmanagement		

Abb..1.1: Das 3-Säulenmodell der EnBW Akademie

Aus Sicht der Geschäftsleitung gilt es hier vor allem, den übergreifenden Auftritt und das Markenverständnis der EnBW Akademie mit einer stabilen Eigenständigkeit der drei Geschäftsbereiche zu verbinden. So muss in diesem, mit breitem Leistungsspektrum angelegten Geschäftsmodell, jeder einzelne Geschäftsbereich selbst eine kritische Größe und Qualität erreichen, um sich mit den jeweiligen Wettbewerbern messen zu können. Ansonsten bestünde die Gefahr, dass der Vorteil einer integrierten Offerte zu einem Qualitätsnachteil in den einzelnen Leistungen wird.

Um erfolgreich Aufträge zu erhalten und zu bearbeiten, benötigen die einzelnen Geschäftsbereiche einen unternehmerischen Freiraum für ein eigenes, aussagekräftiges Auftreten und Handeln.

Eine zentrale Herausforderung besteht deshalb darin, Integration nicht als kleinsten gemeinsamen Nenner zu verstehen, sondern gezielt die Gemeinsamkeiten und Differenzierungen unter einem gemeinsamen Dach zu fördern bzw. zu beachten.

Verbindende Klammer hierfür ist der allen Geschäftsbereichen zu Grunde liegende Konzernauftrag:

Als Entwicklungspartner unterstützt die EnBW Akademie tatkräftig mit einem breiten Spektrum an individuellen Trainings- und Beratungsleitungen die Menschen und Organisationen des EnBW-Konzerns.

2   Aktuelle Anforderungen und Erwartungen

Akquisitionen, Umstrukturierungsprojekte, Ausgliederungen von Unternehmensteilen oder der Umbau von ganzen Geschäftsmodellen verlangen bei der Veränderungsbegleitung verstärkt nach disziplinübergreifenden Antworten. Dies trifft auch auf den EnBW Konzern zu. Vor diesem Hintergrund fordert das Management verstärkt Beratungsunterstützung ein, die im besten Falle die strategischen, gesellschaftsspezifischen und operativen Sichtweisen und Belange berücksichtigt.

Folgende Ziele und Kernelemente werden durch das Geschäftsmodell der EnBW Akademieverfolgt:

- Förderung des Wissenstransfers innerhalb des Konzerns und seiner Bereiche zum Beispiel durch:
  - Einmalige Konzern- und Kulturkenntnis
  - Das zur Verfügung stellen von Plattformen für Wissenstransfer und Vernetzung (u. a. moderierte Dialogrunden mit dem Vorstand)

- Partner sein bei komplexen Problemstellungen und deren Lösungen
  - Systematisch nach Erfolgsmustern suchen, die für bisherige Erfolge in einzelnen Bereichen verantwortlich sind und diese im Konzern verankern.
  - Intensivierung der Kundennähe mit erhöhtem Kunden- und Marktverständnis durch Kundenbetreuer (siehe Seite 220)
- Mehrwert schaffen für den Kunden mit nachhaltiger Wirkung
  - Reduzierung von Know-how- und Mittelabfluss durch den gezielten Einsatz interner Consultants und Trainer
  - Bewusste Zusammenarbeit mit externen Beratern auf Basis klarer vertraglicher und inhaltlicher Vereinbarungen

Dieses Geschäftsmodell der EnBW Akademie GmbH zielt darauf ab, diese von ihren Kunden erwartete Integrationsleistung zu ermöglichen und sich damit als Entwicklungspartner für Management, Mitarbeiter und Organisationseinheiten im EnBW Konzern zu positionieren.

3   Die Anforderungen an das Inhouse Consulting

3.1   Rolle und Aufgabe des IHC

Mit dem Aufbau der internen Consultingeinheit in 2003 wurde eine Lücke geschlossen, die bis dahin bestanden hatte und deren Bedeutung für die Veränderungsfähigkeit und -bereitschaft eines Unternehmens nicht hoch genug eingeschätzt werden kann. Die Perspektive langfristiger Zusammenarbeit auf Basis der hervorragenden intensiven Kenntnisse des Unternehmens schafft Möglichkeiten nachhaltiger Wirkung, die durch den Einsatz immer wieder wechselnder externer Berater nicht möglich wären.

Damit Führungskräfte und Mitarbeiter von notwendigen Veränderungen überzeugt werden können, ist die Sicht auf kulturelle, verhaltensbezogene Faktoren wichtig. Doch sie reicht nicht immer aus. Man braucht dazu auch immer häufiger die inhaltlich-technische Lösungssicht. Da Veränderungen in immer kürzerer Zeit greifen müssen, ist es oft angebracht, „harte" und „weiche" Change-Themen nicht nur nacheinander, sondern integriert zu bearbeiten, d.h. harte Faktoren (wie Strukturen und Prozesse) und weiche Faktoren (wie Kulturmerkmale und innere Haltungen) sind in einem Change-Prozess gleichzeitig zu betrachten und zu bearbeiten.

3.2 Das Leistungsportfolio

Daher verknüpft das Leistungsportfolio des IHC das Wissen um systemischer Prozessbegleitung mit dem Know-how klassischer Fachberatung.

Die Zielsetzung dieses integrativen Ansatzes ist:

- Der Beratungsfokus zielt nicht ausschließlich auf Fachwissen und Ökonomie ab, sondern es existiert ein komplementäres Beratungsverständnis, d.h. es geht nicht nur darum inhaltlicher Experte, sondern auch Entwicklungspartner zu sein.
- Die Problemlösung setzt nicht ausschließlich an einem Defizit der Organisation an, sondern umfasst die Integration von Sach-, Zeit- & Sozialdimension.
- Das Vorgehen ist nicht nur kurzfristig linear, sondern soll mit dem Ziel nachhaltiger Veränderung die Umsetzung der Beratungsergebnisse beschleunigen.

Diese Zielsetzung spiegelt sich daher auch im aktuellen Beratungsportfolio wieder:

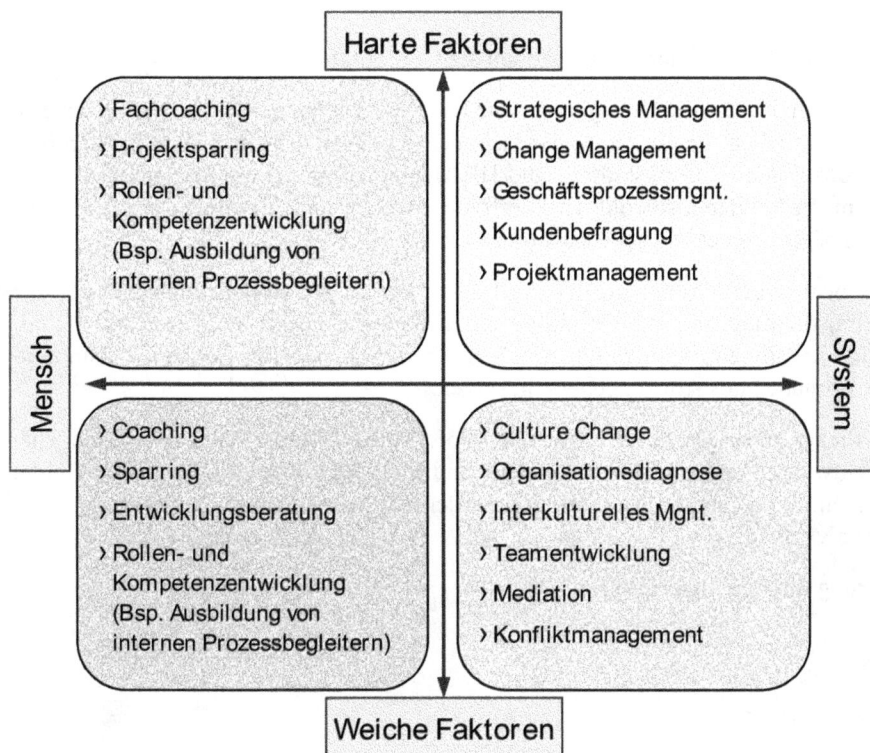

Abb. 3.1: Aktuelles Leistungsportfolio des Geschäftsbereichs Beratung

4   Das Zusammenspiel in der Praxis

4.1   Rollen und Aufgaben

Die enge Verzahnung des Inhouse Consulting mit den beiden anderen Geschäftsbereichen der EnBW Akademie, das Arbeiten „Hand in Hand" auf allen Ebenen und in allen Bereichen der EnBW AG ist von großem Vorteil.

Im Jahr 2008 wurde die strategische Ausrichtung dieses gesamten Geschäftsmodells erneut intensiv überprüft. Dies geschah vor dem Hintergrund eines deutlichen quantitativen Wachstums und den sich veränderten Kundenanforderungen in den Jahren seit 2004. Das Geschäftsmodell wurde an die zu erwartenden Herausforderungen der kommenden Jahre angepasst und auf qualitatives Wachstum ausgerichtet.

Da bislang die verschiedenen Tätigkeitsfelder von den Consultants eher generalistisch abgedeckt wurden, sind nun klare Rollen mit spezifischen Anforderungsprofilen ausdifferenziert worden.

Diese neuen und ausdifferenzierten Rollen stellen sich wie folgt dar:

Der **Kundenbetreuer** ist für das Management der Kundenbeziehungen in „seiner" Konzern-Gesellschaft verantwortlich. Er nimmt die Bedarfe der einzelnen Gesellschaften in Regelterminen mit den jeweiligen Führungskräften und HR-Businesspartnern auf und spielt diese in die Akademie ein. Er hat dabei sowohl die kurzfristigen, aber auch die mittel- bis langfristigen Entwicklungsziele „seiner" Gesellschaft im Blick.

Dem **Auftragsverantwortlichen** wird der Auftrag in der Regel vom Kundenbetreuer zur genaueren Auftragsklärung und zur Durchführung übergeben. Dieser wird sich bei Bedarf ein Team aus den jeweiligen Experten der Akademie und evtl. externen Partnern zusammenstellen und das Vorhaben des Auftraggebers umsetzen.

Der Verantwortliche eines **Center of Expertise** (CoE) ist der Treiber eines speziellen Themas. Das CoE entwickelt und verfeinert Konzepte und Methoden, über alle Kompetenzfelder der EnBW Akademie, und stellt dieses Know-how der EnBW Akademie und damit letztlich dem Konzern zur Verfügung.

Ausdifferenzierung der beteiligten Rollen:

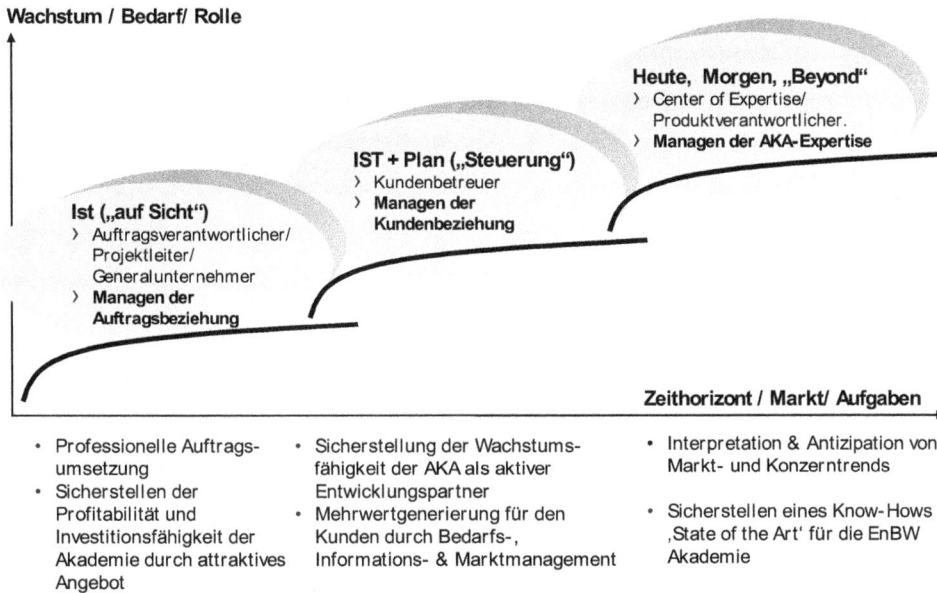

Abb. 4.1: Ausdifferenzierung der beteiligten Rollen (Generierung von Mehrwert durch Differenziertheit)

4.2   Praxisbeispiel

Im November 2006 wurde der zuständige **Kundenbetreuer** der Akademie mit der Konzeption einer konzernweiten Sensibilisierungskampagne zu den „EnBW Konzerngrundsätzen zur Sicherheit in der Informations- und Kommunikationstechnologie" (EKSIT@) **beauftragt**.

Mit der **Projektvorbereitung**, Strukturierung der Vorgehensweise, Stakeholderanalyse, verschiedenen Brainstorming-Workshops etc. wurde im Quartal 1/2007 begonnen. Seitens der Akademie wurde ein **Auftragsverantwortlicher** als zentraler Ansprechpartner für den Projektleiter benannt. Dessen Aufgabe bestand darin, die Aktivitäten der Akademie als Verantwortlicher zum Auftraggeber hinzu planen, zu koordinieren und Umzusetzen – ganz nach dem Prinzip „one face to the customer".

Das **Projektteam** der Akademie organisierte im Juni 2007 einen zweitägigen Impuls-Workshop, um sowohl der EnBW Akademie als auch den weiteren Beteiligten (Security Manager der einzelnen EnBW Gesellschaften) die Möglichkeiten zur Herangehensweise und die notwendigen Inhalte einer solchen Sensibilisierungskampagne deutlich zu machen. Mit anerkannten Referenten zum Thema IT-Sicherheit und Sensibilisierung konnte in den zwei Tagen ein einheitliches Verständnis der Thematik und zu den wichtigen Zielgruppen der Kampagne hergestellt werden.

Die **Zielgruppen** dieser Sensibilisierungskampagne, die Mitarbeiter und Führungskräfte des Konzerns sollten auf teils allgemeine, teils spezifische Art angesprochen werden.

Bereits hier zeigte sich der **Vorteil des integrativen Konzepts**. In das Team der Akademie waren sowohl Berater, Trainer als auch Veranstaltungsmanager einbezogen worden, welche schon während der Planung und vor allem während der Umsetzung ihre spezifischen Kenntnisse einbringen konnten.

Erstmalig im Konzern sichtbar wurde die Kampagne durch eine zweitägige **Auftaktveranstaltung** am 18./19. September 2007, dem „1. EnBW IT-Security-Event". Das Event stellte auch gleichzeitig den internen Kick-Off zum Start der weiteren Projektarbeit dar. Durch das **Zusammenwirken der einzelnen Spezialisten** aus den unterschiedlichen Bereichen konnte diese Veranstaltung mit ca. 200 Teilnehmern dem Kunden „aus einer Hand" angeboten werden.

Weiterer wichtiger Projektmeilenstein war, im Quartal 01/2008 die erstmalige Durchführung einer Messung der bestehenden Security-Sensibilisierung bei allen MA und Führungskräften auf wissenschaftlicher Basis im gesamten EnBW-Konzern. Hierbei waren vor allem die Mitglieder des AKA-CoE Evaluation gefragt die maßgeblich an der Erarbeitung des Konzepts mitgearbeitet hatten. Die Ergebnisse wurden konzernweit durch eine Plakataktion kommuniziert.

Ebenfalls im Quartal 01/2008 wurde mit der Konzeption so genannter „Sensibilisierungsveranstaltungen" begonnen, die in den einzelnen Konzerngesellschaften stattfanden und mit den jeweiligen Security Managern inhaltlich und organisatorisch unter Federführung der EnBW Akademie vorbereitet wurden. Im Zeitraum Juli 2008 bis Dezember 2008 wurden nahezu 40 Großveranstaltungen mit weit über 1.600 Teilnehmern durchgeführt.

Insgesamt lässt sich festhalten, dass für den Kunden sowohl die Konzeption als auch die Umsetzung und das Nachhalten des gesamten Projekts durch das integrative Geschäftsmodell wesentlich vereinfacht und beschleunigt werden konnte.

Beteiligte Rollen	Kernaufgaben
Kundenbetreuer	Regelmäßige Bedarfsanalyse bei definierten Gesellschaften
Auftragsverantwortlicher	Zentraler Ansprechpartner für den Kunden bei Auftragsumsetzung
Projektmitarbeiter (Berater, Trainer, Veranstaltungsmanager, etc.)	Durchführung der definierten Arbeitspakete je nach Spezialgebiet/-wissen
CoE Evaluation	Zur Verfügung stellen des notwendigen Spezial Know-hows

5 Resümee und Ausblick

In der Tat kann man bisher von einer sehr positiven Entwicklung sprechen: Im Jahr 2010 werden die EnBW Akademie GmbH 10 Jahre und der IHC Bereich 7 Jahre alt.

Gerade die Anfangsjahre waren von den typischen Merkmalen der sogenannten Pionierphase geprägt – Aufbruchstimmung, Wachstumschancen, persönliche Entfaltungsmöglichkeiten.

Der Fokus der eigenen Organisationsentwicklung liegt nun auf der Schaffung der Voraussetzungen für ein weiteres, erfolgreiches „Lebensjahrzehnt" mit der zentralen strategischen Zielsetzung **„Qualitatives Wachstum".**

Hierfür sind folgende Schwerpunkte gesetzt:

- Eine Verbreiterung und Vertiefung der Geschäftsaktivitäten mit einem steigenden Stellenwert des Top-Managements als Auftraggeber.
- Eine an den Anforderungen des Konzerns und der Gesellschaften orientierte Kundenbetreuung (Beziehungsmanagement)
- Die Weiterentwicklung der Kompetenz zum managen großer und komplexer Projekte in der Rolle des sogenannten „Generalunternehmers"
- Die Gestaltung von „Centers of Expertise" als Fokus unterschiedlicher Fachkompetenzen (Inhalte/Methoden)
- Die Darstellung und Evaluierung des Mehrwerts für den Kunden weiter zu intensivieren und zu standardisieren.
- Und nicht zuletzt die Ausdifferenzierung der oben beschriebenen Rolle erfolgreich zu bewältigen.

Heute ist davon auszugehen, dass sich Unternehmen und ihre Mitarbeiter in einem dauerhaften Wandel befinden. Veränderung ist demnach nicht mehr eine Veränderung in Phasen, die ein Ende mit einschließen, sondern eine permanente Adaptionsleistung.

Durch das integrierte Geschäftsmodell leisten wir einen Beitrag, um dem hohen Komplexitätsgrad von Veränderungsprojekten, der extremen Veränderungsgeschwindigkeit der Märkte und der klaren Resultatsorientierung der Auftraggeber gerecht zu werden.

MBtech Consulting –
von der Inhouse Beratung zur
ganzheitlichen Unternehmensberatung

Dr. Michael Müller*

---

* Managing Director, MBtech Consulting GmbH

1   Einleitung

Die Wiege von MBtech liegt in einer sehr komplexen Branche, die alle Facetten eines Marktes und seiner Problemstellungen kennt: in der Automobilindustrie. Sie war und ist ein hervorragender Ausgangspunkt, um unternehmensstrategische Beratungskompetenzen zu entwickeln. Heute ist MBtech ein gefragter Partner in verschiedenen internationalen Regionen in allen denkbaren Wirtschaftszweigen und unterstützt seine Kunden dabei, innovative Technologien zu entwickeln, mit Leben zu füllen und die Organisationsstruktur daran anzupassen.

Wie sollen Unternehmer ihr Unternehmen für die Zukunft wettbewerbsfähig ausrichten? Wie wird eine schlanke Unternehmensstruktur erreicht? Wie qualifizieren Manager ihre Mitarbeiter, trainieren Kompetenzen und entwickeln Persönlichkeiten? Wo liegt der nachhaltige Wachstumspfad für Unternehmen? Wie werden frühzeitige Trends und Entwicklungen erkannt? Bei der Beantwortung dieser Fragen unterstützt MBtech die Kunden.

Die MBtech Consulting GmbH ist ein hundertprozentiges Tochterunternehmen der MBtech-Group im Daimler-Konzern. Innerhalb weniger Jahre hat sich das Unternehmen von einem Inhouse-Beratungshaus zu einer Unternehmensberatung im freien Markt entwickelt.

Die Anfänge liegen im Jahr 2001, als das Unternehmen unter dem Namen LMC GmbH (Lean Manufacturing Consulting GmbH) als Inhouse-Beraterhaus für den Daimler-Konzern gegründet wurde. Im Jahr 2007, nach dem stetigen Ausbau der Geschäftsthemen, fand die Umbenennung in MBtech Consulting GmbH statt. Heute ist das Unternehmen ein weltweit führender Anbieter von Projektmanagement- und Consulting-Leistungen. Die globale Kundennähe ist durch vier Bürostandorte und Projektstandorte weltweit gewährleistet. Dazu gehören neben Sindelfingen die Standorte Detroit in den USA, Shanghai in China und Graz in Österreich.

Die MBtech Consulting berät produzierende Industrieunternehmen und hat dabei nach wie vor einen Schwerpunkt auf der Automotive-Branche. Entlang der kompletten Wertschöpfungskette verfügt die Consulting über Strategie-, Prozess- und Technologiekompetenz. Dazu gehören Research & Development, Manufacturing & Administration, Sales, Marketing & After Sales, Purchasing & Supply Chain Management sowie Program & Project Management.

2   Unternehmensentwicklung

Die Entwicklung der MBtech Consulting ist durch drei Kernfaktoren getrieben.

1) Orientierung an der Wertschöpfungskette

MBtech Consulting zeichnet sich durch fundierte Kenntnisse automobiler Märkte, Produkte und Prozesse aus. Hier verfügt das Unternehmen über umfangreiche Projekterfahrung bei Betreibern, bei Herstellern als auch bei Zulieferern. Dabei werden Engineering- und Consultingleistungen kombiniert. Das ist die Grundlage für Prozess-, Produkt- und Technologiekompetenz. Damit ist die Beratung in der Lage, umsetzungs- und ergebnisorientierte Problemlösung mit nachhaltiger Leistungssteigerung anzubieten. Die MBtech ist aber nicht nur für Unternehmen im Automobilbereich tätig, sondern überträgt die Kompetenzen erfolgreich auf andere Industriezweige.

2) Globalisierung

Das Beratungsunternehmen verfügt über ein hohes Prozessverständnis entlang der gesamten Wertschöpfungskette, die zunehmend internationaler wird. Die ganzheitliche Optimierung ist durch die Integration vielfältiger Kompetenzen möglich.

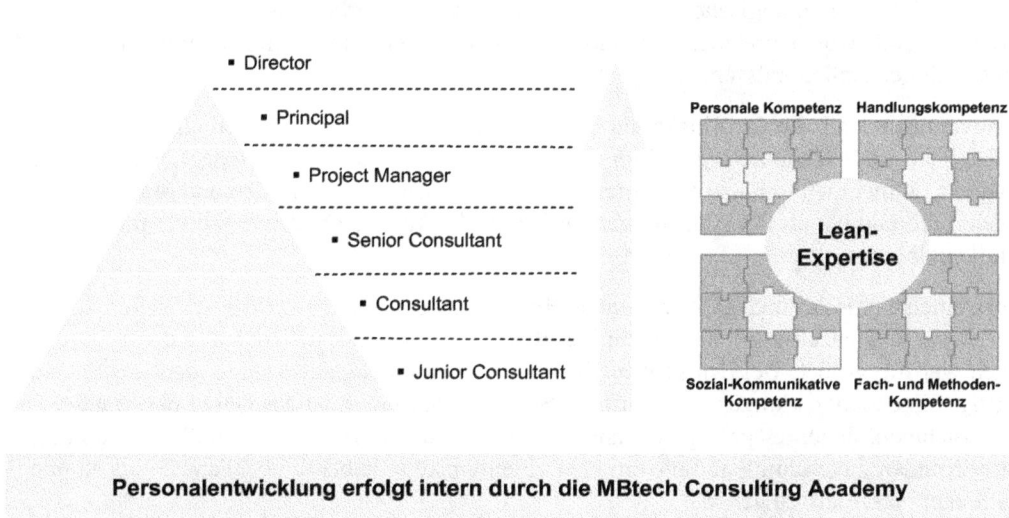

Personalentwicklung erfolgt intern durch die MBtech Consulting Academy

Abb. 2.1   *Personalstruktur bei MBtech Consulting*

3) Fokussierung des Portfolios

Die MBtech Consulting bietet umsetzungs- und ergebnisorientierte Problemlösungskompetenz mit nachhaltiger Leistungssteigerung sowie kurzfristige und flexible Beratungsunterstützung.

Ihre Herkunft und Ausrichtung ist auch in der Mitarbeiterstruktur sichtbar. Sie vereint Kompetenzträger aus der Industrie, die ihr Wissen meist in Führungspositionen in Vertrieb, Entwicklung und Fertigung gesammelt haben, mit erfahrenen klassischen Beratungsspezialisten. Die zielorientierte Personalentwicklung erweitert die Beratungskompetenz und ermöglicht den Wachstumskurs.

Die Personalentwicklung erfolgt intern durch die MBtech Consulting Academy. Bei den Mitarbeitern setzt die MBtech Consulting auf die nachhaltige Entwicklung der

1. personalen Kompetenz,
2. Handlungskompetenz,
3. sozial-kommunikative Kompetenz und
4. Fach- und Methodenkompetenz.

3   Innovation and Technology Consulting

Märkte verändern sich rasant. Die globale Vernetzung nimmt stetig zu, ebenso die Dynamik des Wandels. Technologische Trends fordern die kontinuierliche Anpassung der Prozesse, Produkte und Arbeitsmodelle. Das sind nur drei von vielen Herausforderungen, denen sich Unternehmen stellen müssen.

Innovationen sind die Eintrittskarten in den Markt von morgen. Unternehmen, die heute erfolgreich sind, haben zumeist schon vor Jahren den Grundstein dafür gelegt. Nur wer in der Lage ist, Kundenwünsche zu antizipieren, passende Lösungen zu finden und diese in erfolgreiche Produkte und Dienstleistungen umzusetzen, kann sich dauerhaft international im Markt etablieren.

Für mittelständische und kleinere Unternehmen war der Wettbewerbsdruck selten so stark wie heute. Gleichzeitig gilt aber auch: Der Raum für und somit die Bedeutung von Innovationen war nie größer. Bei den großen Herstellern bleiben Kapazität und Ausdauer für langfristige Eigenentwicklungen leicht auf der Strecke. Flexibilität ist das Gebot der Stunde: Die Unternehmen, denen es gelingt, treffsichere, genau auf die Bedürfnisse und Anforderungen ihrer Kunden zugeschnittene Innovationen zu entwickeln, haben gute Chancen, als strahlende Sieger vom Platz zu gehen.

3.1   Die Leistungen

Dank der strategischen und technologischen Symbiose weiss MBtech, was es heißt, neue Technologien zu entwickeln, die wahre Treiber für schlagkräftige Produkte, Produktfeatures,

Prozesse und Produktionsmethoden sind. Sie entwickelt für die Kunden Innovationsstrategien, füllt diese mit Leben und passt die Organisationsstruktur sowie das Netzwerk daran an.

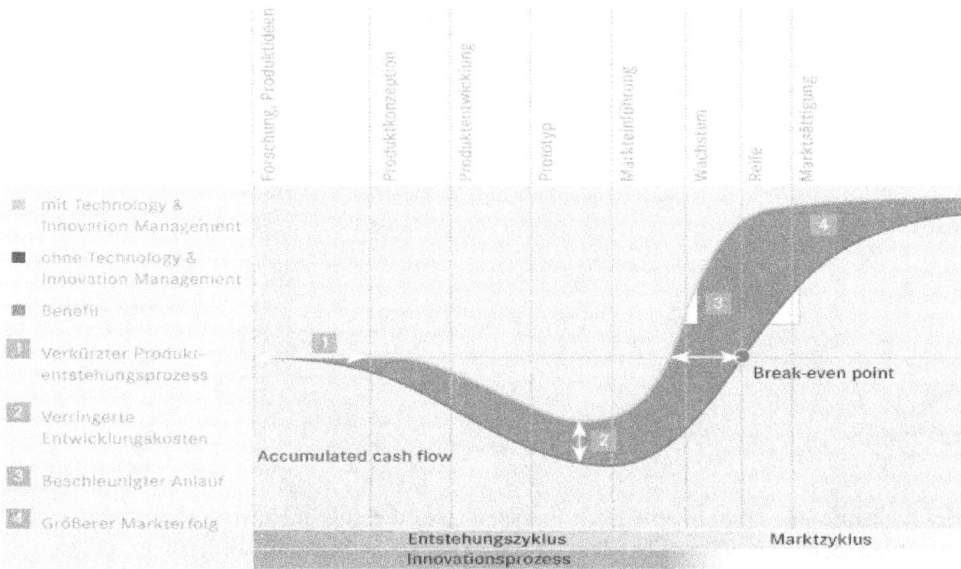

Abb. 3.1 *Technology- und Innovation-Consulting im Entstehungs- und Marktzyklus*

Konjunkturelle Schwankungen haben starken Einfluss auf die Investitionsbereitschaft. Wirtschaftlich schwierige Zeiten dürfen aber kein Anlass sein, die Aktivitäten in Forschung und Entwicklung herunterzufahren oder sogar einzufrieren. Gerade jetzt sind Innovatoren gefragt, die Kunden einen schnellen Return auf deren Investition bieten können. Und gerade diese Innovatoren, die sich flexibel auf veränderte Situationen einstellen können, werden schließlich ganz vorne stehen, wenn die Wirtschaft sich erholt.

3.1.1   Optimierung der Innovationsfähigkeit

Nicht immer kommt eine Erfindung zur rechten Zeit. Die Chance auf den Markterfolg hängt wesentlich davon ab, wann und wo die Innovation präsentiert wird. Es gilt, die Ideen mit den Bedürfnissen der Kunden zu synchronisieren. Wenn die Innovationszyklen mit dem Produktentstehungsprozess der Kunden im Gleichklang schwingen, erhöhen sich die Marktchancen der neuen Produkte erheblich.

Das Geheimnis der Harmonie in einem Ideenselektionsprozess:

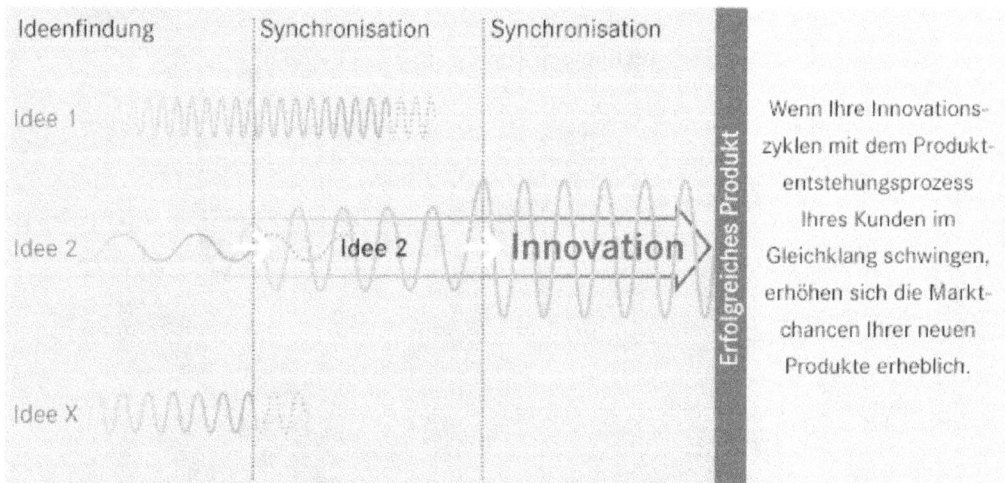

Abb. 3.2 *Harmonie des Ideenselektionsprozesses*

Ein Beratungsprojekt beginnt mit der Analysephase, die uns hilft, das Unternehmen und seine Innovationskultur besser kennenzulernen. Auf dieser Basis bietet MBtech Consulting maßgeschneiderte Unterstützung, um die Innovationsfähigkeit nachhaltig zu optimieren.

Es gilt, sich zukunftsweisend aufzustellen und dafür die Frage zu beantworten, wie kompatibel die richtigen Entscheidungen aus der Vergangenheit mit den Herausforderungen kommender Zeiten sind. Zwangsläufig entstehen bei Veränderungen Spannungen zwischen Kundenansprüchen und Konjunkturschwäche, zwischen steigenden Rabattforderungen und vorausgesetzten Qualitätsstandards, zwischen Produktoffensiven und Produktivitätssteigerungen. Diese gilt es auszuhalten und zu bewältigen.

Die Kunden der MBtech Consulting werden unterstützt in den Bereichen Strategie, Idee & Selektion sowie Entwicklung & Transfer. Die Beratungsleistungen zielen darauf, die Antworten auf die wirklich wichtigen Fragen zu finden.

1. Strategie:
   – Wird Ihre Unternehmensstrategie in Entwicklungsziele auf Abteilungsebene übertragen?
   – Wie leiten Sie die Suchfelder für Innovationen aus Ihrer Unternehmensstrategie ab?
   – Wer sind die Key Player und Wettbewerber in Ihrem Geschäft?
   – Welche Technologien und Werkstoffe werden für Ihr Geschäft zukünftig relevant?
   – Anhand welcher Kriterien überprüfen Sie den Erfolg Ihres Innovationsmanagements?
2. Ideen & Selektion:
   – Haben Sie Anreizsysteme zur Honorierung von Innovationstätigkeit installiert?
   – Welche Techniken zur Ideenfindung wenden Sie an?

- Beurteilen Sie Innovationsvorschläge nach objektiven Kriterien und haben Sie diese an Ihre Mitarbeiter kommuniziert?
- Wie integrieren Sie Kundenwünsche in den Innovationsprozess?
3. Entwicklung & Transfer:
- Wie schaffen Sie es, Ihre Innovationen trotz hohem Druck im Tagesgeschäft zum Erfolg zu führen?
- Wie priorisieren Sie Ihre Innovationsvorhaben und wie ordnen Sie Ressourcen zu?
- Welche Methoden setzen Sie zur präventiven Absicherung Ihrer Entwicklungen ein?
- Wie überprüfen Sie den Erfolg von Innovationen?
- Kennen Sie die richtigen Partner für Ihre Entwicklung?

3.1.2   Integration des Wandels

Es gilt, die Herausforderungen des Wandels in die Organisation und die Aktivitäten des Unternehmens zu integrieren. So entsteht eine solide Basis für ein schlagkräftiges Innovationsmanagement. Strukturen abseits des Tagesgeschäfts, die Raum für Innovation schaffen, sind gerade jetzt besonders wichtig.

Geschäftsprozesse zu optimieren verlangt eine überdurchschnittliche Gesamtprozesskompetenz. MBtech unterstützt Unternehmen dabei, die Prozess- und Systemlandschaft – entlang der gesamten Wertschöpfung – zu verbessern. Dabei verfolgen sie einen ganzheitlichen Lean-Ansatz. Er geht weit über effektive und effiziente Produktionsabläufe hinaus und umfasst die „schlanke" Optimierung von Produktion, Vertrieb, Marketing, Service sowie Forschung und Entwicklung. Auch funktionsübergreifende Prozesse im Einkauf, Supply Chain Management, Qualitätsmanagement und in der Administration werden in ihrem Beitrag zur Wertschöpfung verbessert.

3.1.3   Management von Programmen und Projekten

Jede Strategie ist nur so gut wie Ihre Umsetzung. Deshalb ist das Management von Programmen und Projekten essenziell. Dies beginnt bereits bei der Konzeption und Planung, erstreckt sich über die Steuerung und den Einsatz von Wissen und Ressourcen bis hin zur Nachbereitung. Basis dieses Ansatzes sind die international etablierten Projektmanagement-Standards. Die Consulting ist umsetzungsorientiert, flexibel, kreativ und gewährleisten maximale Effizienz und Effektivität für die Projekte entlang der gesamten Wertschöpfungskette.

Das Projektmanagement-Know-how und die fundierten Erfahrungen versetzt die MBtech in die Lage, Prozesse, Methoden und Tools optimal in vorhandene Prozesslandschaften zu integrieren. Sie begleiten die Projekte der Kunden und übernehmen bei Bedarf auch die Gesamtverantwortung.

Der spezifische und ganzheitliche Ansatz befähigt Projektmanager und -mitarbeiter, Projekte zielgerichtet und erfolgreich zu steuern und die stets wachsende Komplexität sowohl im Produkt als auch in der Prozesslandschaft zu beherrschen. Schließlich muss dem wachsenden Kostendruck standgehalten und Projekte in immer kürzeren Zeiträumen realisiert werden.

3.2   Erfolgsbeispiele

3.2.1   Betriebsmittelstrategie bei einem Automobilzulieferer

Ausgehend von der Analyse des gesamten Produktenstehungszyklus wurde MBtech Consulting mit einem Projekt zur Ausrichtung der Betriebsmittelstrategie für Druckgusswerkzeuge beauftragt. Bisher wurden die Erprobungsbauteile über Prototypenverfahren, z. B. Sandguss, hergestellt und aufwendig bearbeitet. Da dieser Prozess nicht dem Serienprozess entsprach, wichen auch die Eigenschaften der Prototypen von den Serienteilen ab. Im Zuge des Projekts wurde die Betriebsmittelstrategie bezüglich des Werkzeugbaus grundlegend umgestellt. Von ursprünglich mehr als 20 Modelleinrichtungen für den Sandguss wurde auf ein modulares Stammwerkzeug für den Druckguss gewechselt. Dadurch verkürzte sich der Entwicklungszyklus vom Funktionsmuster bis zum seriennahen Bauteil von drei Monaten auf drei Wochen. Die Kosten der Prototypenphase reduzierten sich um 40 Prozent. Durch die vorgezogene Serienreife gewann der Kunde Wettbewerbsvorteile, weil Kundenbemusterung und Tests rascher durchlaufen werden konnten. Erfolgt eine systematische Anwendung dieses Systems über alle Bauteilvarianten und Bauteilgenerationen, wird sich der Kostenvorteil über die Mehrfachnutzung des Stammwerkzeugs multiplizieren. Zur Unterstützung bei der Auswahl der idealen technischen Lösung wurden Werkzeuge wie ein Technologiekatalog sowie Kreativitätstechniken eingesetzt.

3.2.2   Lean Management im Personalbereich

Der ca. 800 Personen umfassende Personalbereich eines DAX-Unternehmens war durch Bündelung übergreifender HR-Themen inhaltlich sehr stark gewachsen. Um die Leistungsanforderungen der internen Kunden erfüllen zu können, sollten Prozesse verschlankt und Effizienzpotenziale von mindestens 10 % realisiert werden. MBtech Consulting begleitete dieses Projekt und etablierte einen KVP-Prozess (KVP = kontinuierlicher Verbesserungsprozess). Für jede Art der Geschäftsvorfälle wurde ein Pilotbereich definiert, um die Vorgehensweise zu erproben und schnelle Erfolge zu realisieren. Als Pilot für HR-Beratungstätigkeiten diente beispielsweise eine Betriebskrankenkasse mit 12 Kundencentern. Mit einer Anfragestrukturanalyse wurden Kundenanfragen über alle Kontaktkanäle aufgezeichnet und transparent gemacht, sodass sie nun differenziert gesteuert und effizient bearbeitet werden können. In Prozessworkshops erarbeitete MBtech gemeinsam mit den Mitarbeitern weitere Handlungsfelder und definierte konkrete Verbesserungsmaßnahmen. Dadurch stiegen unter anderem die Erreichbarkeit und Effizienz der Kundencenter deutlich an, während gleichzeitig die eingesetzten Kapazitäten reduziert werden konnten. Insgesamt spiegeln sich die umgesetzten Maßnahmen positiv in der Durchlaufzeit von Vorgängen, in der Anzahl offener Fälle und damit in der Kundenzufriedenheit wider.

3.2.3 Produktionsplanung & Engineering bei einem deutschen Automobilhersteller

Der Hersteller kämpfte mit stetig steigenden Anforderungen in Planung und Engineering.

Immer mehr und immer komplexere Produktprojekte sowie sinkende Ressourcenverfügbarkeit zwangen ihn, die Planungseffizienz deutlich zu steigern. MBtech Consulting sollte deshalb Ineffizienzen aufdecken und konsequent eliminieren. Durch die nachhaltige Verankerung von Lean Management in der Organisation sollten die Ergebnisse abgesichert werden. Im Projektverlauf konnten die Planungsschleifen deutlich reduziert und so 13 % der Ressourcen eingespart werden. Gemeinsam mit den Prozesseignern und Schnittstellenpartnern durchleuchtete MBtech die zentralen Kernprozesse mithilfe der Wertstrom-Methodik und der Auftragsstrukturanalyse und erarbeitete neue, verschwendungsarme Soll-Prozesse. Der Aufwand wurde so um weitere 16 % reduziert. Parallel wurden interne Lean-Experten ausgebildet und in den einzelnen Funktionalbereichen etabliert. Heute treibt die Produktionsplanung den kontinuierlichen Verbesserungsprozess aus eigener Kraft voran.

3.2.4 Projektleitung in der Anlaufphase bei einem Automobilzulieferer

Das Ziel für die MBtech Consulting lautete in diesem Projekt die Sicherstellung von reproduzierbaren Fertigungs-/Montageprozessen, die Verbesserung der firmeninternen Kommunikation sowie die Aktivierung und Motivation aller beteiligten Mitarbeiter. Zuzüglich galt es die internen Projektsteuerungsprozesse zu optimieren.

Für den erfolgreichen Projektabschluss wurden folgende Wege eingeschlagen: Analysieren und untergliedern der Montagelinie in Teilprozesse sowie die fachliche Beratung der Prozessverantwortlichen und Einbindung der Mitarbeiter zur Steigerung der Nachhaltigkeit. Die konsequente Dokumentation und Verfolgung der Optimierungsmaßnahmen ist ein wichtiger Bestandteil in der Durchführung. Die erhöhte Transparenz durch optimierte Regelkommunikation wichtig für den Gesamterfolg. Als Ergebnis konnte die Realisierung der geforderten Stückzahl verzeichnet werden, das Erreichen des Qualitätsniveaus gesichert sowie die Bestätigung durch Audits erreicht. Die Einhaltung des Produktionsstarts und die Absicherung der Supply Chain war erreicht. Abschließend wurde die Optimierung der Kommunikation zwischen Produktion und Entwicklung durch Einführung eines Eskalationsmodells gesichert.

4 Fazit und Ausblick

Der hier vorgestellte Fokus des Innovation & Technology Managements ist Bestandteil eines integrierten Lösungsansatzes für die Neuorientierung oder Justierung der Wertschöpfungskette zum Kunden: Von der Strategie, über die Unternehmensprozesse bis hin zur Umsetzung in allen Ebenen und Bereichen:

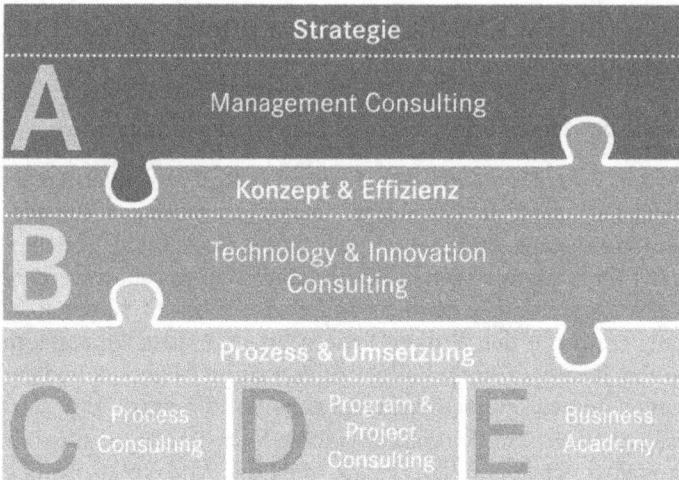

Abb. 4.1   Strategie und Umsetzung bei MBtech Consulting

Es werden Funktionalstrategien innerhalb der Unternehmensbereiche gestaltet und top-down/bottom-up verzahnt. Damit stellt die MBtech sicher, dass die Strategievorhaben der Kunden und die Auftragsabwicklung – in der Entwicklung, in der Produktion, im Einkauf, aber auch im Verkauf und Service – zusammengeführt werden. MBtech wendet dabei Lean-Prinzipien für das gesamte Unternehmen an. Das Ergebnis ist eine sichtbare Leistungssteigerung, individuell, punktgenau und effizient. MBtech Consulting begleitet hier nicht nur in der theoretischen Phase der strategischen Arbeit, sondern stellt auch die Praxistauglichkeit aller entwickelten Maßnahmen sicher.

Die Autoren

Paul-Vincent Abs begann nach einer Lehre und dem Studium der Agrarökonomie und Rechtswissenschaften an der Universität Bonn 1992 als Trainee bei der Deutschen Bank AG. Es folgten von 1993 bis 2000 Stationen bei der Dresdner Bank (Leipzig, Corporate Banking), als Unternehmensberater bei Mercer Management Consulting Dr. Seebauer (München) und als Abteilungsdirektor Strategie Firmenkunden beim Deutscher Sparkassen- und Giroverband (Bonn/ Berlin). Seit 2001 ist er Geschäftsführer der MCG Management Consulting Group GmbH, (München), dem E.ON Inhouse Consulting.

Michael Ahrens studierte Betriebswirtschaftslehre an der FSU Jena und der LMU München und schloss als Diplom-Kaufmann ab. Nach einer Tätigkeit als Referent Inhouse Consulting und Prozesscontrolling bei der Allianz Private Krankenversicherung übernahm er den Vorsitz der Unternehmensleitung der BKK Gesundheit in Frankfurt/Main und die Bereichsleitung IT und Organisation.

David Baer ist Diplom-Verkehrswirtschaftler und derzeit Consultant und Projektleiter bei der SBB Consulting. Zuvor war er am Lehrstuhl für Verkehrs- und Infrastrukturplanung der TU Dresden tätig, beim Internationalen Eisenbahnverband Paris (UIC) im Hochgeschwindigkeitsverkehr und bei der Deutschen Bahn im Fernverkehr.

Michael C. Blum MBA studierte Betriebswirtschaftslehre in Deutschland sowie Business Engineering in der Schweiz und in Kalifornien und erwarb hierdurch besondere Qualifikationen an der Schnittstelle von Ökonomie & Technologie. Er ist seit 1999 für Dornier Consulting tätig und verantwortet den Bereich Business & Mobility Consulting sowie die Geschäftsstelle Berlin. Herr Blum verfügt über langjährige internationale Erfahrungen in Projekten privater und öffentlicher Auftraggeber, vor allem in den Feldern Verkehr/Mobilität, Telematik und Logistik.

Robert Dörzbach, Leiter des Geschäftsbereichs Beratung der EnBW Akademie GmbH, einer hundertprozentigen Tochter des EnBW-Konzerns, sammelte nach seinem Jura- und BWL-Studium erste Erfahrungen mit Organisationsentwicklungsprozessen beim Automobilzulieferer Continental AG. In den folgenden Jahren war er als Berater und Trainer bei unterschiedlichen Unternehmensberatungen tätig und verantwortete ab 2001 die Personal- & Organisationsentwicklung der ABB Group Services Center GmbH mit bundesweit ca. 1300 Mitarbeitern. Nach zweijähriger Verantwortlichkeit bei IBM als HR-Partner ist Herr Dörzbach seit 2005 Leiter des Geschäftsbereichs Beratung der EnBW Akademie GmbH.

Andreas Dumm studierte Betriebswirtschaftslehre an der FH Riedlingen und schloss als Diplom-Betriebswirt ab. Nach einer Tätigkeit als Fachbereichsleiter Geschäftsprozessmanagement und Inhouse Consulting der BKK Gesundheit wechselte er als Senior Consultant zur adesso AG im Bereich Gesetzliche Krankenversicherung.

Dr. Thomas Duve studierte Geographie und Biologie in Berlin und Gießen, wo er über ein Pflanzenschutzthema promovierte. Er arbeitete von 1991 bis 2001 in der Entwicklungshilfe, zunächst vier Jahre in Westafrika als Experte der GTZ, dann in verschiedenen Funktionen in der KfW Entwicklungsbank. Von 2002 bis 2007 verantwortete er die Produktentwicklung und Abwicklung von Förderprogrammen der KfW in Deutschland, vornehmlich für energie-effizienten Wohnungsbau und -sanierung sowie Unternehmensgründungen. Seit Oktober 2008 leitet er das Interne Consulting der KfW Bankengruppe.

Dr. Meik Führing ist Project Manager in der Commerz Business Consulting GmbH, dem Inhouse Consulting des Commerzbank-Konzerns. Nach Studium der Betriebswirtschaftsleh-re in Trier und Montpellier arbeitete er am BWL-Lehrstuhl für Arbeit, Personal, Organisati-on an der Universität Trier und promovierte zum Thema „Risikomanagement und Personal – Management des Fluktuationsrisikos von Schlüsselpersonen aus ressourcenorientierter Per-spektive". Bei der Commerz Business Consulting leitet er das Topic Center „Organisations-gestaltung/Change Management".

Dr. Richard Glahn studierte Betriebswirtschaftslehre sowie Geistes- und Sozialwissen-schaften in Mannheim (Schwerpunkt: organisatorische und interkulturelle Aspekte) und promovierte anschließend an der TU Darmstadt. In einem mittelgroßen Konzern hat er dann ein effizientes Programm kontinuierlicher Verbesserung im In- und Ausland aufgebaut und danach mehrere Jahre den Bereich Verbesserungsprogramme in einer Konzerngesellschaft der Siemens AG geleitet. Er arbeitet heute als freiberuflicher Trainer und Berater und bildet Inhouse Consultants aus.

Dr. Caroline Heuermann studierte Betriebswirtschaftslehre in Köln mit den Schwerpunk-ten Unternehmensführung & Logistik, Handel & Distribution sowie Verkehrswissenschaft. Parallel nahm sie am europäischen Studienprogramm CEMS teil und erwarb 2001 ihren Abschluss zum CEMS Master's in International Management. Ihre Promotion absolvierte sie im Rahmen ihrer Tätigkeit als wissenschaftliche Mitarbeitern am Seminar für Allgemeine Betriebswirtschaftslehre, Unternehmensführung und Logistik der Universität zu Köln. Den Schwerpunkt ihrer Forschungstätigkeiten bildete dabei der Wettbewerb zwischen Bahn- und Fluggesellschaften. Ende 2007 stieg sie als interne Beraterin bei der TUI Deutschland GmbH ein und begleitet seitdem vielfältige Projekte im Umfeld von Prozessmanagement, Verände-rungsmanagement sowie Strategieentwicklung.

Marlon Jung war von 2007 bis 2008 Projektmitarbeiter am Lehrstuhl für Organisation und Unternehmensführung an der Universität Hamburg in einem empirischen Forschungsprojekt zu öffentlichen Gütern in Unternehmen. Darin hat er sich insbesondere mit der internen Be-reitstellung wissensintensiver Leistungen beschäftigt. Seit 2009 ist Marlon Jung Geschäfts-führer einer international tätigen Hilfsorganisation.

Dr. Ralf C. Klinge, ist Geschäftsführer der Commerz Business Consulting GmbH, dem Inhouse Consulting des Commerzbank-Konzerns. Nach dem Studium der Betriebswirt-schaftslehre und Wirtschaftsinformatik und einer ersten Tätigkeit in der Beratung kam er im

Rahmen eines Promotionsstipendiums zur Commerzbank, war dort in verschiedenen Funktionen tätig und wurde Assistent des Vorstandssprechers. Danach baute er in der E-Commerce-Hochphase als Bereichsleiter Strategieentwicklung und später als Vorstand die Commerz NetBusiness AG auf, woraus die heutige Commerz Business Consulting GmbH hervorging.

Thomas P. Kühn studierte nach einer Berufsausbildung bei der Mercedes-Benz AG Betriebswirtschaftslehre (Unternehmensführung & Controlling, Marketing, Automobilwirtschaft) an der Universität Bamberg. Er startete 1998 bei der TUI Deutschland GmbH als Referent im Controlling. Hier und während der Tätigkeit als Business Intelligence Consultant arbeitete er an umfassenden Prozessanalysen und Veränderungsprogrammen. Ende 2004 begann er mit dem Aufbau der internen Beratungseinheit Business Transformation und übernahm die Leitung. Neben der Begleitung verschiedener Strategieprozesse, Veränderungs- und Projektprogramme in unterschiedlichen Einheiten der Unternehmensgruppe gehört die Konzeption, Einführung und Weiterentwicklung von Prozessmanagement und KVP-Initiativen zu den zentralen Aufgaben.

Axel Krüger ist Senior Projektmanager im Inhouse Consulting der KfW Bankengruppe und beschäftigt sich schwerpunktmäßig mit Management- und Organisationsfragestellungen. Er war zuvor langjährig in verschiedenen, international tätigen Unternehmensberatungen sowie im Bankgewerbe tätig.

Hans Marquart war langjähriger Leiter einer Inhouse-Consultingabteilung eines Großkonzerns und ist seit 10 Jahren selbständiger Unternehmensberater. Er hat spezielle Erfahrungen bei Turnaround-Projekten und in den Gebieten Supply Chain Management, Einkauf und Organisation gesammelt.

Dr. Alexander Moscho, leitet das Geschäftsfeld Business Consulting der Bayer Business Services GmbH, die interne Unternehmensberatung der Bayer AG. Er studierte Biotechnologie an der TU Braunschweig und promovierte an der TU München. Alexander Moscho war Gastwissenschaftler an der Stanford University (Kalifornien, USA) und ist Gastprofessor für Bioentrepreneurship an der Donau-Universität Krems (Österreich). Vor seinem Wechsel zu Bayer im Jahr 2006 war er mehrere Jahre als Berater bei McKinsey&Company tätig, zuletzt als Mitglied des internationalen Pharma/Healthcare-Leadership-Teams.

Christoph Müller ist Senior Projektmanager im Inhouse Consulting der KfW Bankengruppe und beschäftigt sich schwerpunktmäßig mit Management- und Organisationsfragestellungen. Er war zuvor langjährig in verschiedenen, international tätigen Unternehmensberatungen sowie im Bankgewerbe tätig.

Dr. Michael Müller ist Diplomingenieur und seit Juli 2001 Geschäftsführer der MBtech Consulting GmbH, einem Unternehmen der MBtech Group im Daimler Konzern. Er verfügt über jahrelange Erfahrung in der Automobilindustrie aber auch im Baugewerbe. Vorgelagerte Stationen seiner beruflichen Laufbahn waren Leitungspositionen im Pkw-Entwicklungsbereich und im Personalentwicklungsbereich der Daimler AG.

Prof. Dr. Christel Niedereichholz ist Gründerin und wissenschaftliche Leiterin der HAfU GmbH, Gründerin und Leiterin des ersten MBA Studiengangs „IMC International Management Consulting", Gründerin des AIC „Arbeitskreis Internes Consulting", Herausgeberin „Handbuch der Unternehmensberatung" und Professorin für das Lehrgebiet „Management Consulting" an verschiedenen internationalen Hochschulen.

Prof. Dr. Dr. h.c. Joachim Niedereichholz ist Geschäftsführer der HAfU Heidelberger Akademie für Unternehmensberatung GmbH. Vor Übernahme dieser Funktion hatte er den Lehrstuhl für Wirtschaftsinformatik an der Universität Mannheim und davor den Lehrstuhl für BWL, insbes. Betriebliche Informationssysteme an der Universität Frankfurt inne. Er war als Kooperationspartner Projektleiter im Geschäftsbereich ISM – Information Systems Management bei SRI (Stanford Research Consulting Group International) in Frankfurt.

Dr. Jürgen Ortner ist Leiter der Strategie und Vernetzungen im Deutschen Zentrum für Luft- und Raumfahrt e.V. Zu seinem Verantwortungsbereich gehören die Entwicklung und die Umsetzungsverfolgung der Gesamtstrategie. Zu diesem Thema hält er Vorträge und veröffentlicht Artikel zur Weiterentwicklung des Themenkreises.

Thomas Paul ist Principal in der Commerz Business Consulting GmbH, dem Inhouse Consulting des Commerzbank-Konzerns. Nach dem Studium der Volkswirtschaftslehre, einemTrainee-Programm im Firmenkundengeschäft der Deutschen Bank und einer dort anschließenden Assistententätigkeit wechselte er zu einer externen Unternehmensberatung. In der E-Commerce-Hochphase ging Thomas Paul zur Commerz NetBusiness AG, in der er als Gruppenleiter die Entwicklung zur heutigen Commerz Business Consulting GmbH begleitete.

Samuel Ruggli ist Verkehrsfachmann und eidgenössisch diplomierter Speditionsfachmann. Vor seiner jetzigen Tätigkeit als Senior Advisor bei der SBB Consulting war er in diversen Funktionen bei der SBB tätig. Er hat langjährige Berufserfahrung im operativen Güterverkehrsgeschäft, in diversen Kaderfunktionen und strategischen Projekten bei SBB Cargo und bei der Danzas AG.

Dr. Martin Schenk ist Diplom-Wirtschaftsingenieur (TU Darmstadt) und promovierte daselbst zum Dr.rer.pol. Vor seiner jetzigen Tätigkeit als Geschäftsführer SBB Consulting waren seine beruflichen Stationen: Fachgebiet Wirtschaftspolitik (TU Darmstadt), Leiter der Geschäftsstelle ARGE Altauto beim Verband der Automobilindustrie, Projektleiter bei Roland Berger Strategy Consultants und bei der BMW Group, dort Inhouse Consulting und Leitung Zielemanagement, Strategieentwicklung Produktionsnetzwerk.

Manfred J. Senden ist Leiter des Bereiches Finanzen und Unternehmenscontrolling im Deutschen Zentrum für Luft- und Raumfahrt e.V. Zu seinem Verantwortungsbereich zählen ebenfalls die Unternehmensorganisation und das Betriebswirtschaftliche Informationssystem. Er hält u. a. zum Thema „Prozessmanagement (für Verwaltungen)" praxisorientierte Vorträge und Seminare. Beim Zentrum für Wissenschaftsmanagement in Speyer ist er als Dozent tätig.

Roland Springer ist geschäftsführender Gesellschafter der Suxxess GmbH. Er war langjähriger Berater, Projektleiter und Coach einer internen Beratung in einem internationalen Elektrokonzern und hat eine Industrieberatung bei einer Tochtergesellschaft des Unternehmens aufgebaut. Seit 1994 ist er im eigenen Beratungsunternehmen als strategischer Partner von Inhouse Consulting-Abteilungen tätig. Er hat spezielle Erfahrungen in Supply Chain- und Restrukturierungsprojekten sowie im Implementierungsmanagement gesammelt.

Siegfried Steininger hat Sozial- und Wirtschaftswissenschaften studiert, war wissenschaftlicher Mitarbeiter an den Universitäten Linz und Bochum und ist seit 1987 bei Dornier Consulting tätig, wo er heute das Geschäftsfeld Aerospace/Security leitet. Er hat seine beruflichen Kenntnisse und Erfahrungen in zahlreichen Wirtschaftsentwicklungs-, Managementberatungs- und Geschäftsentwicklungsprojekten, vor allem in Europa, Middle East und Zentralasien erworben und leitete im Kundenauftrag internationale Projekte, bevorzugt in den Bereichen Industrie, Transport und Logistik.

Dr. Rick Vogel war von 1998 bis 2005 Organisationsberater und ist seit 2005 wissenschaftlicher Mitarbeiter am Lehrstuhl für Organisation und Unternehmensführung an der Universität Hamburg. In seiner Forschung setzt er sich mit Wissensmanagement, insbesondere mit dem Konflikt der Genese neuen und der Nutzung vorhandenen Wissens, auseinander. Er war Leiter eines empirischen Forschungsprojektes zur praktischen Verbreitung und organisatorischen Gestaltung von Inhouse Consulting in DAX-Unternehmen.

Karen Voß war von 2007 bis 2008 Projektmitarbeiterin am Lehrstuhl für Organisation und Unternehmensführung an der Universität Hamburg in einem empirischen Forschungsprojekt zur praktischen Verbreitung und organisatorischen Gestaltung von Inhouse Consulting in DAX-Unternehmen. Darin war sie insbesondere für die Konzipierung, Durchführung und Auswertung einer Online-Umfrage verantwortlich. Seit 2008 ist Karen Voß Junior Product Managerin bei der Beiersdorf AG, Hamburg.

Liesa Wilsberg ist Consultant bei Business Consulting der Bayer Business Services GmbH. Sie studierte Wirtschaftsingenieurwesen mit dem Schwerpunkt Mikrosystemtechnik, Life Science Engineering und Strategisches Management an der Universität Karlsruhe (TH) sowie der Universidad Politècnica di Catalunya (Barcelona, Spanien). Ihre Diplomarbeit verfasste sie zum Thema „Internationalisierung von pharmazeutischer Forschung und Entwicklung" mit Schwerpunkt auf Indien.

Dr. Burkhard Zimmermann ist Principal und Head of Performance Improvement bei Business Consulting der Bayer Business Services GmbH. Er studierte Chemie an der Universität Karlsruhe (TH) sowie an der TU München, an der er auch promovierte. Vor seiner Tätigkeit bei Bayer war er bei McKinsey&Company sowie bei der Knappschaft in Bochum tätig. Hier war Burkhard Zimmermann zunächst als IT-Manager für die Krankenhäuser verantwortlich, später als Dezernent für Knappschaftsärzte und Integrierte Versorgung. Berufsbegleitend studierte er Gesundheitsökonomie an der European Business School.

www.ingramcontent.com/pod-product-compliance
Lightning Source LLC
Chambersburg PA
CBHW081536190326
41458CB00015B/5562